기독교사회복지

한국기독교사회복지학회 학술지 창간호

기독교사회복지

(Christian Social Welfare)

KCSi 한국학술정보[주]

차 례

기독교사회복지기관 운영주체에 따른 현황 분석에 관한 연구
-한국기독교사회복지총람을 바탕으로-

강성옥[1)]

요 약

본 연구는 현대사회복지의 주체가 다양화, 다원화됨에 따라 공공사회복지 서비스에서 제외되는 대상에게 전문적인 사회복지서비스를 용이하게 전달하는 기능을 수행하는 기독교사회복지기관의 현황을 분석하였다.

한국기독교사회복지협의회에서 현재 기독교기관, 교회, 교인이 활동하는 사회복지사업을 조사표를 통해 조사한 것을 재구성하여 기관의 운영주체에 따른 사업 분야, 시설장 전공, 사업목적, 예산, 종사자수(사회복지사수)에 따른 상관관계를 알아보고 향후 기독교사회복지기관에서 사회복지사업을 전개할 때 기관을 전문적으로 운영, 설계, 조직하는데 용이하게 접근할 수 있도록 방향을 제시해 보았다.

주제어: 기독교사회복지, 기독교사회복지기관 실태조사, 사회복지법인, 비법인

1. 서 론

1) 들어가는 말

현대사회 복지주체가 다양화되어짐에 따라 종교단체, 기업, 각종 유관기관, 단체등에서 사회복지서비스에 관심을 갖고 복지의 주체로 적극 참여해 가는 추세이다. 이는 복지를 국가 혼자만의 몫이 아닌

1) 서울장신대학교대학원 기독교사회복지 박사과정

복지 주체의 다양화 즉, 사회복지 다원화(welfare pluralism)가 현대 사회복지의 주 흐름임을 알 수 있다. 이러한 다양한 복지주체들로 인해 공공사회복지서비스에서 소외되거나 제외되는 대상에게 전문적인 사회복지 서비스를 용이하게 전달하는 기능을 수행하고 있다.

우리나라 사회복지 역사에서도 기독교가 사회복지서비스에 많은 기여를 했으며 지금도 사회적 책임을 갖고 서비스를 제공하고 있다. 앞으로도 기독교가 주체가 되어 다양한 사회복지서비스를 사회와 사회적 약자를 위해 봉사할 청사진을 가지고 있다. 그래서 한국교회가 사회복지를 주도한 지난 120여년을 돌아보고 아름다운 전통을 계승 발전 시키고 앞으로 기독교가 나아가야 할 방향성과 비전을 제시하는 장을 마련하기위해 「기독교사회복지엑스포 2005」를 처음 개최한 바 있고 기독교사회복지엑스포 행사를 지속적으로 실시하여 기독교가 사회복지를 어떻게 하고 있는지 앞으로 나아갈 방향에 대해 논의하는 장(場)으로의 역할을 하고 있다. 2004년 보건복지부 통계자료에 의하면, 기독교계에서 종합사회복지관 55개, 아동 17개, 청소년 28개, 모자가정 7개, 장애인 8개, 부랑인 5개, 노인 55개로 총 185개의 사회복지시설, 기관을 운영하고 있다.(박상열, 2006:36) 다른 조사에서도 조사에 의하면 기독교는 사회복지기관을 타종교보다 더 많이(김미숙, 홍석균, 이만식, 유장춘, 2000:57) 복지의 주체가 되어 사회복지활동을 적극적으로 실시하고 있다. 이러한 적극적인 활동은 첫째, 죄로 인해 타락된 인간이 잃어버렸던 하나님의 형상(Imago Dei)을 회복하게 되어 기독교사회복지의 궁극적인 목적을 구현하게 된다. 둘째, 이웃사랑과 사회에 빛과 소금을 역할을 감당하고 세상의 복지가 베푸는 사랑을 통해 실천된다면 기독교사회복지는 나눔의 사랑을 넘어 섬김의 사랑을 실천한다. 셋째, 기독교사회복지활동은 사회로부터 기독교에 대한 인식변화의 계기가 되며 기독교의 본질을 전파 할 수 있게 된다.

기독교가 사회복지활동과 실천에 참여하기 위해서는 단순한 봉사활동만이 아닌 전문 사회복지활동영역에서 관리 운영될 수 있는 접근방법들을 모색하여야 하고 기독교사회복지기관이 전문성을 갖기 위해서는 우선 교회나 교회사회복지시설에서 종사하는 복지인력의 전문화, 효과적인 기관의 계획을 수립, 설계하는 방안, 효율적인 예산관리방법, 인적자원관리, 정보관리. 지도감독, 평가가 중요하게 운영되는 것이 필요하다(Lewis, 2001:8). 그러나 기독교사회복지 선행연구에서는 이러한 분야 연구보다는 기독교사회복지에 대한 인식, 복지선교, 사회복지분야별에 대한 연구가 주를 이루었다. 대부분은 교단별로 조사가 이루어졌고 전체 교단을 대상으로 한 연구는 대학원 학위논문을 통해 부분적으로 시행되었고 본격적인 연구는 1989년 한국자원봉사능력개발연구에서 실시한 조사와 1999년 보건사회연구원의 조사, 2005년 기독교사회복지엑스포 2005년 대회에서 참가자를 대상으로 실시한 연구 등이다(이만식, 2007:8).

따라서 본 연구에서는 2006년 한국기독교사회복지협의회가 조사하여 한국기독교사회복지총람에 수록한 기독교사회복지관 실태조사표를 법인과 비법인(개인, 개교회 운영)으로 구분하여 기독교사회복지의 현황을 분석한다. 특히, 기독교사회복지기관의 운영주체에 따른 인력구성, 분야별 사업, 재정관리, 운영형태, 사업목적 등을 중점적으로 살펴보게 된다.

또한 기독교사회복지기관의 취약점과 문제점을 인식하고 이를 토대로 개 교회나 기독교 단체가 기독교사회복지실천을 실시함에 있어서 용이하게 전문적으로 접근 할 수 있도록 방향을 제시하고자 한다.

2) 연구방법

(1) 조사대상

본 실태조사는 사단법인 한국기독교사회복지협의회가 2006년 6월부터 조사하여 한국기독교사회복지총람에 수록된 조사표를 바탕으로 재구성하였다. 이 조사에 의하면 법인과 비법인을 분류하여 수록하였는데 법인은 사회복지법인, 교회유지재단, 사단법인의 직영이나 산하를 법인의 범주로 하고 그 외는 비법인으로 분류하여 본 연구에서도 법인 14항목, 비법인 13항목으로 구분하여 분석하였다. 또한 한국기독교사회복지협의회가 조사한 기독교사회복지기관은 보건복지부 및 문화공보부의 주소 현황, 한국기독교 주소록을 입수하여 조사한 것 중 응답한 것만 수록한 것을 재구성하여 하였다.

(2) 자료수집 방법 및 절차

기독교사회복지 현황조사표를 우편으로 송부하여 팩스, 우편, 홈페이지 다운받아 작성 후 이메일 송부하여 회수하여 기독교사회복지총람에 수록된 기관을 액셀로 재정리하니 법인 320개사업, 비법인 219개사업으로 구분되었다. 또한 편찬위원들이 사회복지분야별로 아동, 청소년, 노인, 여성, 장애인, 가족, 의료정신보건, 교정, 지역사회, 국제구호개발, 기타등으로 구분하여 조사했으나 법인인 경우 교정분야의 응답이 없었고 비법인은 가족, 교정, 국제구호개발분야의 응답이 없어 제외되었다. 본 분석에서도 편찬위원들이 분류한 방법에 의해 사회복지분야별로 분석하여 정리 수록하였다.

⑶ 자료분석 방법

조사표를 항목별로 부호화하여 엑셀에 입력하고 통계처리하였다.

⑷ 분석의 한계 및 의의

기독교사회복지협의회가 회수하여 총람에 수록한 조사표를 활용하여 기독교사회복지기관 539개를 분석한 것으로 전체 기독교사회복지기관을 대표한다고 볼 수 없다. 또한 조사표는 사업(프로그램)에 대한 조사로 기관현황에 대한 내용이 부족했고 조사표 항목 중 예산관련, 사회복지사수 질문에는 무응답 표시가 많았다.

아직까지 비법인의 기관에 대한 조사는 실시되지 않았기에 비법인에 대해 분석하므로 소규모기관에서 사회복지서비스를 제공하고자 하는 기관에의 기초자료로 사용 될 수 있다.

⑸ 용어정의

본 연구에서 기독교사회복지기관이라 함은 기독교(교단)가 사회복지사업을 운영함에 있어서 일정 조건(사회복지사업법 제2조등)에 맞게 법인을 형성하여 운영하는 주체가 되어 직·간접적으로 운영하는 사회복지기관·시설형태와 사회복지시설을 운영하는데 일정 조건(사회복지사업법 제2조등)을 갖추지 않고 개인 또는 교회목회자의 신념에 따라 사회복지사업을 직·간접적으로 운영하는 사회복지기관·시설형태로 운영하는 것을 총체적으로 지칭한다.

법인[2)]이라 하면 사회복지사업을 위하여 설립된 사회복지법인, 학교법인, 사단법인, 교회유지재단, 재단법인을 총괄하여 지칭한다.

비법인은 교회나 기독교교인이 등록하지 않고 사회복지사업을 실시하는 곳을 지칭한다.

2. 현황 조사 분석

1) 기독교사회복지기관 법인 현황

(1) 법인의 일반적 특성

기독교사회복지기관 실태조사에서 법인이 운영하는 사회복지분야는 <표 1>과 같이 조사되었다. 기독교사회복지기관이 가장 많이 운영하는 분야는 지역사회복지, 노인복지, 아동복지, 장애인복지로 조사되었는데 선행연구에서는 기독교사회복지기관의 사업분야가 아동복지, 노인복지, 청소년복지사업의 순으로 조사되었다(김미숙, 홍석균, 이만식, 유장춘, 2007:75). 특이하게 선행연구에서는 지역사회복지가 1.7%로 조사되었는데 본 조사에서는 지역사회복지관 운영이 77개로 85%가 위탁 운영하고 있는 것으로 조사되었는데 이는 기독교가 사회복지사업에 적극참여하고 있음을 시사하며 자활후견기관, 푸드뱅크 등의 사업을 실시하고 있다. 기타에는 외국인고용허가제로 인해 외국인근로자, 결혼이주여성이 증가됨에 따라 외국인근로자지원서비스,

2) 법인: 자연인이 아니면서 법에 의하여 권리능력이 부여되는 사단, 재단, 법률상권리와 의무의 주체가 될 수 있으며, 공법인과 사법인, 사단법인과 재단법인, 영리법인과 공익법인, 중간법인, 외국법인과 내국법인 따위로 나눈다.

노숙자쉼터등의 사업을 실시하고 있는 것으로 조사되었다. 또한 이만식이 조사한 한국기독교사회복지의 실태조사에서 지역사회의 문제에 대한 인식이 노인문제가 매우 심각하다(이만식, 2007:809)고 나타난 것과 같이 본 조사에서와 같이 교회는 시대적 요구와 상황에 맞게 기독교사회복지기관은 지역사회에서 필요한 사업을 전개해 나가고 있음을 알 수 있다. 따라서 교회(기독교)는 성서에 의거하여 사회적 약자인 노인, 장애인, 아동, 과부, 외국인근로자(결혼이주여성), 새터민, 빈곤계층등을 위한 복지사업과 지역사회주민에게 서비스를 제공하는데 주력하고 있음을 알 수 있다.

법인의 시설장 전공을 살펴보면, 사회복지사가 45.3%이고 그 다음으로는 신학전공이 24.4%로 나타났는데 이는 기독교사회복지기관의 대표가 개교회의 담임목사가 시설장을 겸직하는 경우가 있기 때문이다. 또한 유아, 아동관련 전공은 주로 아동복지기관에 종사하는 시설장이며 외국인노동자 쉼터나 노숙인 시설의 경우 사회복지 전공자가 보다 신학전공자가 시설장을 맡고 있었다. 무응답의 경우 법인에서 일정 정규교육의 수준보다는(대학학력) 현장의 경험과 연륜이 많은 교회의 장로, 권사가 시설장을 맡아 운영하고 있는 경우도 조사되었다. 또한, 기독교사회복지기관의 운영주체는 사회복지법인이 49.4%, 개교회가 31.6%, 기타법인, 교단유지재단에서 기관을 운영하고 있는데 각 교단에서 사회복지법인을 만들어 활동하고 있고 개교회가 예산을 출현하고 사회복지법인을 조직하여 기독교사회복지사업 활동을 하고 있다. 그리고 교단의 유지재단에서 미흡하나마 복지활동을 하고 있으며 기타법인으로는 학교법인, 재단법인, 사단법인으로 조사되었다. 기독교사회복지기관의 80%가 사회복지법인소속으로 활동하고 있음을 알 수 있다.

기독교사회복지기관의 운영형태를 살펴보면, 전체 320개 기관 중 교회, 법인에서 직접 운영하는 형태가 65.9%를 차지고 있으며 시, 군, 구의 위탁운영은 30.7%로 조사되었다. 특히, 장애인, 노인, 아동복지기관은 위탁운영보다는 교회, 법인이 직영시설로 운영하고 서비스를 제공하고 있음을 알 수 있다. 이는 교회가 사회적 약자를 위한 선별주의 서비스를 제공하고 있음을 알 수 있다. 또한 지역사회복지관처럼 비용과 인력이 많이 소요되는 사회복지사업에는 교회직영시설보다는 시, 군, 구의 위탁시설이 더 많게 조사되었다.

시설의 소유주는 전체 67.1%가 교회 소유시설을 활용하거나 독립된 시설에서 서비스를 제공하고 있고 10.7%는 임대, 월세, 전세를 시설을 운영하고 있음이 조사되었다. 기타의 경우는 시, 군, 구등의 위탁운영으로 응답하였다.

〈표 1〉 법인의 일반적 현황

(단위: 개, %)

구분	빈도	백분율
사회복지사업분야		
아동	59	18.4
청소년	8	2.5
노인	88	27.5
여성	12	3.8
장애인	43	13.4
가족	5	1.6
의료, 정신	4	1.3
지역사회	90	28.1
국제구호	2	0.6
기타	9	2.8
계	320	100

시설장전공		
신학	78	24.4
아동, 유아	18	5.6
사회복지	145	45.3
기타	58	18.1
무응답	21	6.6
계	320	100
운영주체		
복지법인	158	49.4
개교회	101	31.6
유지재단	13	4.0
기타법인	44	13.8
무응답	4	1.2
계	320	100
운영형태		
위탁시설(시,군,구)	98	30.7
직영시설(교회,법인)	211	65.9
무응답	11	3.4
계	320	100
시설소유주		
교회소유시설	215	67.1
임대	22	6.9
전세	5	1.6
월세	7	2.2
기타	66	20.6
무응답	5	1.6
계	320	100

① 운영주체와 사업분야

기독교사회복지기관의 법인 운영주체와 사업분야를 <그림 1>에서와 같이 사업별로 살펴보면, 아동복지사업은 복지법인보다 개교회가 활발하게 활동하고 있고 노인복지사업은 다른 주체보다 복지법인에서 활발한 활동을 실시하고 있음을 알 수 있고 여성복지사업의 사업주체는 복지법인이나 개교회가 별 차이가 없었다. 복지법인은 노인복지 31.0%, 지역사회복지 26.0%, 장애인복지 20.9%, 아동복지 12.6%

순으로 사업을 실시하고 있고 개 교회는 아동, 노인, 지역사회 순으로 활동하고 있음을 알 수 있다. 개 교회의 사회복지사업분야는 단위사업별로 접근이 용이하고 비교적 적은 예산으로 서비스를 제공할 수 있는 아동복지 33.8%, 노인복지 25.9%, 지역사회복지 20.9%로 조사되었다. 유지재단, 기타법인은 지역사회복지관을 위탁 운영하는 지역사회복지사업에 서비스를 제공하고 있음을 알 수 있다. 복지법인의 운영주체는 비교적 사업규모가 크거나 전문적인 서비스를 제공하는 대상에게 사업을 실시하고 있음을 알 수 있고 각 교단의 유지재단에서 사회복지사업이 다른 주체들보다 소극적이므로 적극성을 가지고 사회복지사업을 해야 함을 보여주고 있다.

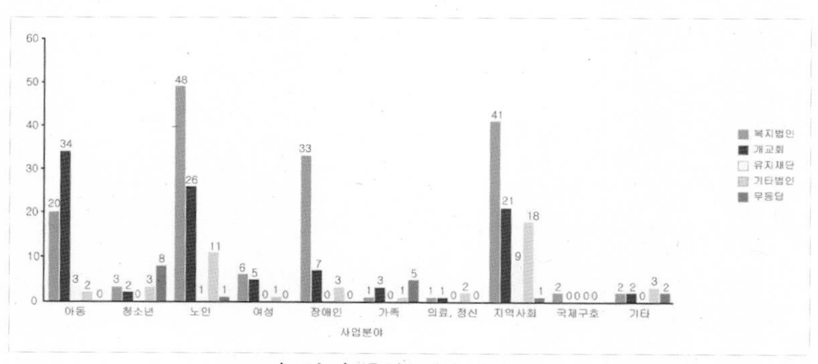

〈그림 1〉 운영주체와 사업분야

② 법인과 비법인 사업분야

법인과 비법인의 사업분야에 대한 차이를 알아보기 위해 교차분석을 실시하였다. <그림 2>와 같이 비법인은 아동복지사업 43.3%, 노인복지사업 30.7%로 조사되었고 법인은 아동복지보다 노인복지사업을 많이 운영하고 있다. 법인의 노인복지사업은 요양시설운영이 가장 많았고 노인복지관 운영, 가정봉사서비스등의 순이며 아동복지사업은 어린이집운영 52.5%, 지역아동센터 23.7%, 아동보육시설(수용) 13.6%가 운영되고 있었다. 비법인의 노인복지사업은 법인과 달리 노인대학(학교)가 가장 많았고 양로시설, 요양시설 순으로 조사되었다. 아동복지사업은 지역아동센터. 어린이집, 공부방 순으로 사업을 실시하고 있었다. 이와 같이 분야별 사업도 운영주체에 따라 단위사업의 성격이 달라지는 것을 알 수 있었다. 반면, 사업의 용이성과 대상자의 접근성에서는 비법인이 쉽게 접근하여 서비스를 제공하고 있음을 알 수 있다.

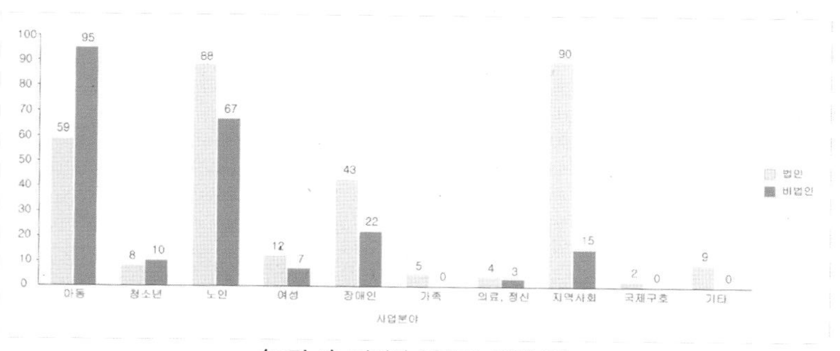

〈그림 2〉 법인과 비법의 사업분야

③ 운영주체와 운영형태

운영주체의 운영형태에서와 같이 사회복지법인보다는 개교회가 운영하는 법인에서는 시, 군, 구의 위탁보다는 직영으로 시설을 운영하고 있음을 알 수 있다. 직영으로 운영한다는 것은 개교회는 정부나 지방자치단체의 지휘, 통제를 받기 보다는 자발적으로 독립적 성격을 가지고 사업을 운영함을 알 수 있다. 그리고 정부에서 사회복지기관을 위탁 운영시 개 교회법인보다는 규모가 큰 법인, 기관에 위탁하고 있음을 알 수 있다.

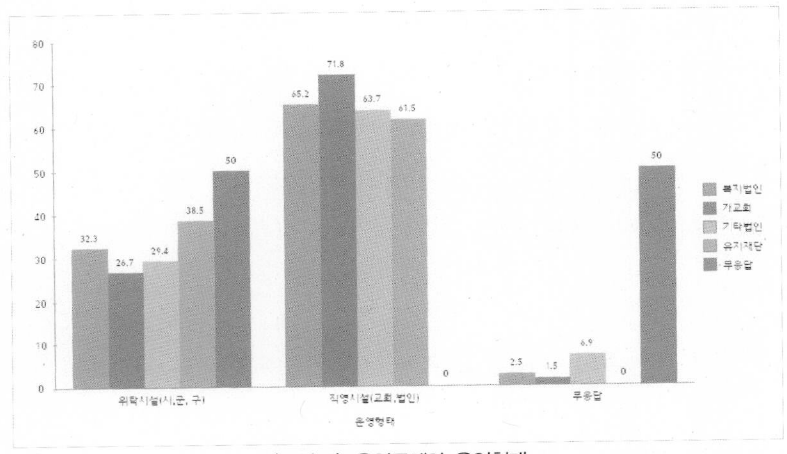

〈그림 3〉 운영주체와 운영형태

(2) 법인의 사회복지예산특성

시설, 해당사업의 년간 운영예산을 <표 2>와 같이 살펴보면, 1억이상~10억미만이 155개로 4892%, 1억미만 25.9%, 10억이상~20억미만 17.5%, 20억이상 3.7%로 각각 조사되었다. 사업 예산의 경우 최소 291만원부터 최대 460억원까지 편성되어 프로그램을 운영하고 있었다. 여성, 가족복지사업은 1억미만이 각각 7, 3개소로 가정・여성상담소가 이에 해당되었다.

연간예산 중 교회지원금 비율은 0~10%가 107곳으로 전체 33.5%로 나타났으면 반면 응답하지 않은 기관(시설)도 107곳으로 조사되었다.

전체 기관 중 교회예산으로 100%지원하는 곳은 14곳이며 연간예산 중 교회지원비율 50%이상 지원하는 곳은 10.3%로 그치고 있는 실정이다. 노인복지사업 중 91~100% 지원하는 경우 프로그램이 무료급식, 노인대학등 단위사업을 할 수 있는 프로그램에 예산지원을 하고 있음을 알 수 있다. 또한, 전체 320개사업중 예산을 90%이상 지원하는 16개 사업(프로그램) 예산이 모두 1억미만의 예산이 소요되고 있는 프로그램으로 조사되었다.

〈표 2〉 법인의 사회복지예산현황

(단위: 개, %)

구분	빈도	백분율
사회복지 예산현황		
1억미만	83	25.9
1억~10억미만	156	48.9
10억~20억미만	56	17.5
20억이상	12	3.7
무응답	13	4.0
계	320	100
예산중 교회지원률		
0-10%	107	33.5
11-20%	39	12.1
21-30%	14	4.4
31-40%	9	2.8
41-50%	11	3.4
51-60%	3	0.9
61-70%	5	1.6
71-80%	6	1.9
81-90%	3	0.9
91-100%	16	5.0
무응답	107	33.5
계	320	100

① 운영주체와 사회복지 예산현황

사회복지법인과 개교회의 예산현황을 비교해 보면 <그림 4>와 같다. 1억미만 예산으로 사업을 운영하는 비율은 개교회는 35.7%, 사회복지법인 24.1%, 기타법인 18.2%으로 조사되었다. 1억~10억미만은 71개사업을 복지법인에서 실시하고 있었고 개교회는 47개 사업, 기타법인은 28개사업, 유지재단은 9개사업을 실시하고 있었다. 대부분의 조사된 운영주체들은 1억~10억원 미만의 사업에 중점적으로 시행하고 있음을 알 수 있었다. 10억~20억원의 사업은 복지법인에 25.9%로 다른 운영주체들보다 예산을 많이 사용함을 알 수 있다.

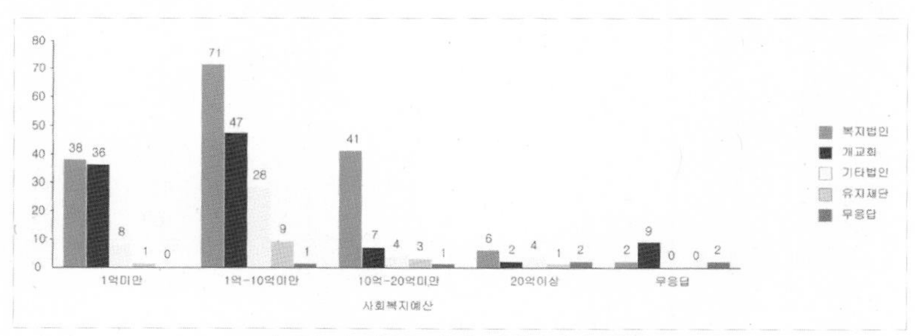

〈그림 4〉 운영주체와 사회복지예산현황

② 예산과 교회예산지원율

예산과 교회예산 지원율의 교차분석을 살펴보면, 1억미만의 예산으로 사업을 운영하는 경우 90~100%는 19.2%, 0~10%는 18.0%를 지원하고 있고 1억~10억미만의 예산으로 사업을 하는 경우 0~10% 지원이 36.5%, 11~20%는 14.7%으로 나타났다. 사업예산이 클수록 교회가 지원하는 비율은 적음을 알 수 있고 1억미만의 사업인 경우는 1개 사업을 제외한 15개 사업에서 100% 지원하고 있었다. 따라서 사업예산이 적을수록 지원하는 비율 높음을 알 수 있다. 이만식의 조사에 의하면 개교회의 이상적인 사회봉사비 비율은 10%이상이 96.4%로 조사되었는데(이만식, 2007:816) 개교회가 이상적으로 집행하는 비율과 실제적으로 집행되는 비율과는 유사함을 알 수 있다.

〈표 3〉 사회복지사업예산과 교회예산 지원율 교차표

(단위: 개, %)

구분	1억미만	1억이상~10억미만	10억이상~20억미만	20억이상	무응답	계
0-10%	15(18.0)	57(36.5)	30(53.6)	4(33.4)	1(7.7)	107
11-20%	8(9.6)	23(14.7)	5(8.9)	1(8.3)	2(15.4)	39
21-30%	7(8.4)	7(4.5)	-	-	-	14
31-40%	1(1.2)	7(4.5)	-	-	-	8
41-50%	9(10.8)	2(2.4)	-	-	-	11
51-60%	3(3.6)	-	-	-	-	3
61-70%	3(3.6)	2(2.4)	-	-	-	5
71-80%	4(4.9)	1(0.6)	-	-	-	5
81-90%	2(2.4)	1(0.6)	-	1(8.3)	-	4
91-100%	16(19.2)	1(0.6)	-	-	-	17
무응답	15(18.0)	55(35.2)	21(37.5)	6(50.0)	10(76.9)	107
계	69	102	45	26	3	245

(3) 법인의 종사자 특성

전체 직원수의 경우 1~10명이 근무하는 기관이 161곳으로 전체 응답의 50.4%, 그 다음은 11~20명이 86곳으로 26.9%, 21~30명이 34곳으로 10.6%를 차지하고 있음을 조사되었고 반면 51명이상인 경우 14곳으로 4.4%로 조사되었다. 아동기관의 경우 직원이 69.5%가 1~10명이 종사하고 있고 지역사회기관은 11명이상 68.8%가 종사하고 있다.

기관에서 사회복지사의 수를 조사한 결과 1~5명미만이 141곳으로 전체 44.0%를 차지하고 있으며 응답하지 않은 기관이 86곳으로 26.9%를 차지하고 있다. 전체 320기관 중 52개기관(44.0%)이 사회복지사가 1명으로 조사되었다. 노인기관 사업의 61.3%가 사회복지사수가 1~5명이고 아동의 경우 어린이집등에서 응답 하지 않았다.

〈표 4〉 법인의 종사자 현황

(단위: 개, %)

구분	빈도	백분율
직원수		
1-10명	161	50.4
11-20명	86	26.8
21-30명	34	10.6
31-40명	14	4.4
41-50명	6	1.9
51명이상	14	4.4
무응답	5	1.5
계	320	100
사회복지사수		
1-5명	141	44.0
6-10명	52	16.3
11-15명	25	7.8
16-20명	37	11.5
21-25명	3	0.9
26명이상	3	0.9
무응답	86	26.9
계	320	100

① 운영주체와 사회복지사수

운영주체와 사회복지사수의 교차표를 살펴보면, 복지법인에서 사회복지사는 1~5명이 72개사업에 45.6%, 개교회는 53개사업에 52.6%가 종사하고 있고 유지재단은 사회복지사가 6~10명이 7개사업 53.9%로 나타났다. 기독교사회복지기관의 운영주체에 따라 사회복지사수의 차이는 없었다. 사회복지수가 1~5명이 모든 복지운영주체 항목에서 다 높게 조사되었는데 이는 복지운영주체들이 소규모 사업 또는 단위사업을 실시하고 있음을 알 수 있다.

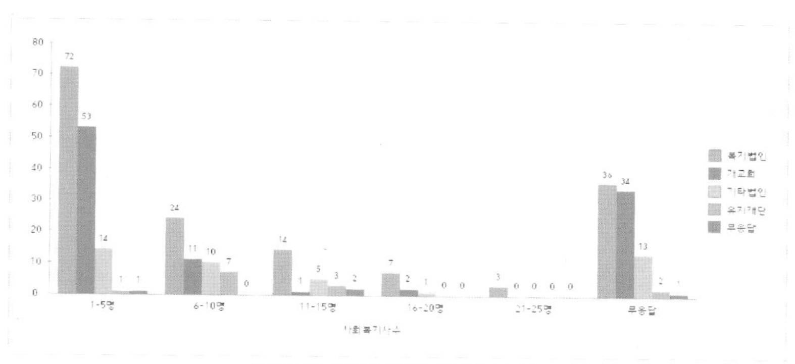

〈그림 5〉 운영주체와 사회복지사수

② 사업분야와 사회복지사수

사업분야와 사회복지사수의 교차분석을 한 결과, 아동, 노인, 장애인복지사업에는 대체적으로 1~5명의 사회복지사가 종사하고 있고 다기능적인 사회복지서비스를 제공하는 지역사회복지사업에는 6~10명(36.6%), 11~15명(23.3%)의 사회복지사가 종사하고 있어 비교적 다른 사업분야보다 사회복지사의 많이 종사하고 있음을 알 수 있다. 사업의 규모가 크고 다양할수록 사회복지사 종사자 수도 많음을 알 수 있고 특히, 아동복지사업의 경우 사회복지사 보다는 유아, 아동 전문인력(보육교사와 겸직)이 종사하고 있음을 알 수 있었다.

<표 5> 사업분야와 사회복지사수 교차표

(단위: 개, %)

구분	1-5명	6-10명	11-15명	16-20명	21-25명	25명이상	무응답	계
아동	26(44.0)	1(1.7)	-	2(3.4)	-	1(1.7)	29(49.1)	59
청소년	5(62.5)	1(12.5)	-	-	-	-	2(25.0)	8
노인	54(61.3)	11(12.5)	4(4.5)	1(1.1)	-	1(1.1)	17(19.3)	88
여성	7(58.3)	-	-	-	-	-	5(41.6)	12
장애인	23(53.4)	4(9.3)	-	3(7.0)	2(4.7)	-	11(25.5)	43
가족	2(40.0)	1(20.0)	-	-	-	-	2(40.0)	5
의료,정신	1(25.0)	-	-	-	-	-	3(75.0)	4
지역사회	18(20.0)	33(36.6)	21(23.3)	4(4.4)	1(1.1)	-	13(14.4)	90
국제개발	-	-	-	-	-	1(50.0)	1(50.0)	2
기타	5(55.5)	1(11.1)	-	-	-	-	3(33.3)	9
계	137	57	25	26	3	3	83	311

(4) 법인의 사업목적 특성

시설, 기관 이용자수는 1~100명이 55.0%, 501명이상이 20.9%, 101~200명이 7.8% 순으로 조사되었다. 기독교사회복지기관을 이용하는 수는 1~100명이 가장 많고 501명이상이 두 번째로 높게 조사된 것과 같이 기독교 사회복지기관의 규모와 성격에 따라 이용자수 차이가 있음을 알 수 있다.

기독교사회복지기관들이 사회복지사업을 실시하는 목적을 살펴보면, 사회복지구현이 69.0%, 선교와 사회복지를 동시에 목적하는 것이 18.4% , 선교와 전도 목적이 10%순으로 조사되었다.

〈표 6〉 법인의 이용자수 및 사업목적

(단위: 개, %)

구분	빈도	백분율
이용자수		
1-100명	176	55.0
101-200명	25	7.8
201-300명	10	3.1
301-400명	10	3.1
401-500명	11	3.5
501명이상	67	20.9
무응답	21	6.6
계	320	100
사업목적		
선교, 전도	32	10.0
사회복지	221	69.0
선교와 사회복지	59	18.4
무응답	8	2.6
계	320	100

① 운영주체와 사업목적

운영주체와 사업목적의 교차분석은 운영주체가 복지법인인 경우 사업목적이 소외된 이웃에게 전문적인 사회복지서비스를 제공하기 위해 116개 사업(73.4%)을 실시하고 있고 반면, 개교회는 복지법인보다 사회복지사업의 목적이 선교, 전도를 중요시하는 것을 알 수 있다. 그러나 대부분의 기독교사회복지기관은 사회복지서비스를 제공하는 것이 선교, 전도의 목적뿐 아니라 전문적인 사회복지서비스를 제공하고 있음을 알 수 있고 앞으로도 기독교가 사회에 공헌하는 역할을 하는데 있어 그 목적이 어떤 것인가가 중요함을 시사한다.

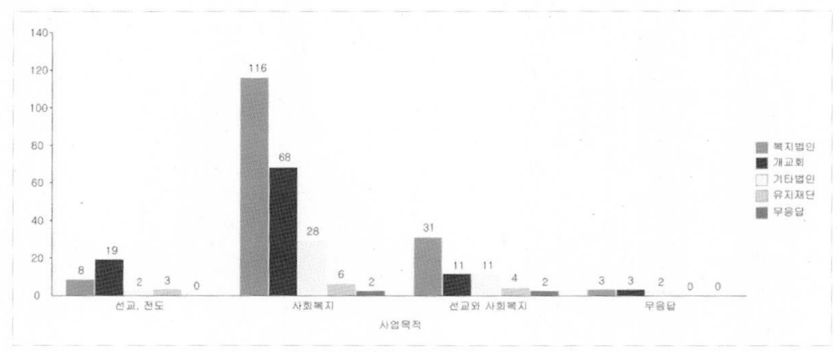

〈그림 6〉 운영주체와 사업목적

2) 기독교사회복지기관 비법인 현황

(1) 비법인의 일반적 현황

비법인 기독교사회복지기관 시설분야를 <표 7>에서 살펴보면, 219기관 중 아동시설 95곳, 노인시설 67곳, 장애인 22곳으로 조사되었다. 이만식의 조사에서와 같이 사회봉사 활동을 대표하는 프로그램은 노인, 아동, 청소년의 순으로 조사되었다(이만식, 2000:820). 비법인 기독교사회복지기관도 사회적 약자를 위한 아동, 노인, 장애인을 위한 사회복지서비스를 제공하고 있음을 알 수 있다. 지역사회복지사업에는 자활후견기관, 무료급식, 문화센터, 도서관, 문고 사업도 포함되었다. 조사에서와 같이 비법인은 도움이 직접적으로 필요한 대상에게 선별적 서비스를 제공하는데 이는 사회봉사적 형식으로 보아진다.

기독교사회복지기관의 시설장 전공을 살펴보면, 56.6%가 신학을 전공하였고 사회복지전공 20.0%. 기타 9.5%, 무응답 7.3%, 유아, 아동교육은 6.4% 순으로 조사되었다. 시설장 학력이 중졸, 고졸인 경우

무응답으로 처리하였다. 법인과 달리 시설장의 전공인 신학이 높은 비율로 차지하고 있는데 이는 개인의 소명, 사명감과 신앙적 신념을 가지고 순수한 봉사정신으로 사회봉사 서비스를 제공하고 있음을 알 수 있다.

운영주체를 개교회, 개인, 기타단체로 구분하여 살펴보면, 개교회는 84.1%, 기독교 개인의 운영은 6.6%, 기타단체는 5.9%로 나타났다. 개교회 목회자가 사회봉사, 복지에 사명감을 가지고 운영하고 있음을 알 수 있다.

운영형태는 직영시설(교회, 기관, 개인)이 81.8%이며 위탁시설(시. 군. 구)은 6.9%로 운영하고 있음을 알 수 있다. 법인과 유사하게 시, 군, 구의 위탁시설보다는 개인, 교회, 기관에서 직영으로 운영하고 있었고 법인보다 직영시설 운영이 15.8%나 높음을 알 수 있다.

비법인 기독교사회복지기관의 시설소유는 교회 소유시설을 가지고 직접 운영하는 경우 78.9%, 임대, 전세, 월세가 20%가량으로 조사되었다. 조사에서와 같이 대부분의 경우 교회자체 시설을 활용하여 서비스를 제공하고 있음을 알 수 있다. 반면, 임대, 전세, 월세등 시설여건이 어려운 상황에서도 사업을 운영하고 있음을 알 수 있다.

〈표 7〉 비법인의 일반적 현황

(단위: 개, %)

구분	빈도	백분율
사회복지사업분야		
아동	95	43.3
청소년	10	4.5
노인	67	30.7
여성	7	3.3
장애인	22	10.
의료, 정신	3	1.4
지역사회	15	6.8
계	219	100
시설장전공		
신학	124	56.6
아동, 유아	14	6.4
사회복지	44	20.0
기타	21	9.5
무응답	16	7.3
계	219	100
운영주체		
개교회	184	84.1
개인	14	6.6
기타단체	13	5.9
무응답	8	3.4
계	219	100
운영형태		
위탁시설(시, 군, 구)	15	6.9
직영시설(교회, 기관, 개인)	179	81.8
무응답	25	11.3
계	219	100
시설소유		
교회소유시설	173	78.9
임대	7	3.2
전세	7	3.2
월세	16	7.3
기타	12	5.6
무응답	4	1.8
계	219	100

① 운영주체와 시설장 전공

운영주체와 시설장 전공의 교차분석을 살펴보면, 운영주체 시설장의 대부분이 신학을 전공하였으며 교회가 운영하는 경우 보다 개인 운영의 시설장의 신학전공자의 비율이 높았으며 이만식의 조사에서 교회의 사회봉사 유급직원의 유무에서 없다가 85.9%로 조사되었는데(이만식, 2007:818) 이와 같이 비법인의 경우 기관운영자의 전공이 사회복지보다는 신학이 많은 것은 김인숙의 조사에서 48.6%가 사회복지유급직원의 필요성을 느끼는(김미숙, 2000:73) 것과 일맥상통한다고 볼 수 있다. 이러한 전문 인력의 부재는 기관의 전문성이 저하되어 전문적인 접근보다는 단순 서비스 제공에 그칠 수 있다.

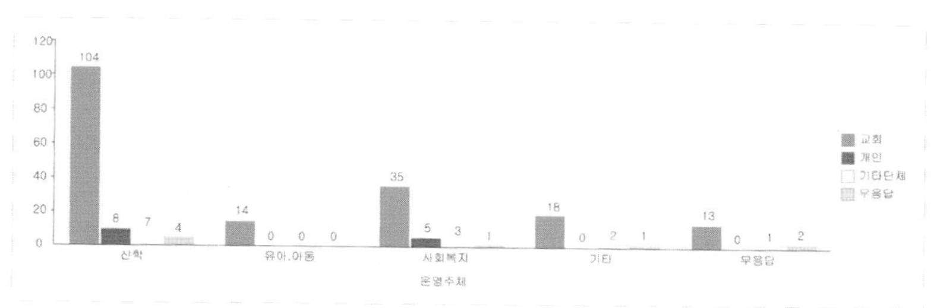

〈그림 7〉 운영주체와 시설장 전공

② 운영주체와 운영형태

운영주체와 운영형태의 교차분석을 살펴보면, 비법인 운영주체의 대부분이 교회, 개인의 직영시설로 운영되고 있으며 교회가 시, 군, 구로부터 위탁받은 사례는 자활후견기관, 지역아동센터등이며 개인이 운영하는 경우 위탁시설은 없는 것으로 조사되었다. 운영형태에 있어서 비법인이 법인보다 시설을 운영하는데 제도권의 간섭을 받지 않고 자율권을 가지고 운영하고 있음을 알 수 있다. 비법인이라도 사적인 개인보다는 공적인 교회에 시, 군, 구가 위탁 운영하고 있음을 알 수 있다.

〈표 8〉 운영주체와 운영형태 교차표

(단위: 개, %)

구분	위탁시설	직영시설	무응답	계
교회	13(7.0)	156(84.8)	15(8.2)	184
개인	-	12(85.8)	2(14.2)	14
기타단체	1(7.7)	10(76.9)	2(15.4)	13
무응답	1(12.5)	1(12.5)	6(75.0)	8
계	15	179	25	219

(2) 비법인의 예산특성

비법인 기독교사회복지기관의 예산현황을 살펴보면, 1,000만원이상~1억원미만 50.6%, 1억이상~5억원미만 25.6%, 무응답 11.5%, 1,000만원미만 10.5%, 5억원이상 1.8%로 조사되었다. <표 6>과 같이 1,000만원미만의 예산은 운영주체인 교회에서 이미용사업, 공부방운영, 노인(경로)대학, 도서관운영등의 사업을 실시하고 있다. 예산 현황을 통해 비법인 사업이 법인 사업에 비해 규모가 적음을 알 수 있는데 이는 비법인은 사업의 특징상 소규모 단위사업을 하고 적은 비용으로 혜택을 줄 수 있는 사업을 중점적으로 하고 있음을 알 수 있다.

예산중 교회에서 지원하는 비율은 무응답이 28.3%로 가장 많았으며 0~10%가 18.8%, 91~100%가 12.8%, 21~30%가 10.9%, 11~20%가 9.2%로 조사되었다. 교회에서 지원하는 비율이 최소비율과 최대비율이 각각 높게 나타났다. 교회에서 100% 모두 지원하는 기관은 전체 기관 중 24곳으로 조사되었다.

〈표 9〉 비법인의 사회복지예산현황

(단위: 개, %)

구분	빈도	백분율
예산현황		
1000만원미만	23	10.5
1000만원~1억원미만	111	50.6
1억원~5억미만	56	25.6
5억이상	4	1.8
무응답	25	11.5
계	219	100
예산중 교회지원비율		
0-10%	41	18.8
11-20%	20	9.2
21-30%	24	10.9
31-40%	6	2.7
41-50%	16	7.3
51-60%	2	0.9
61-70%	6	2.7
71-80%	9	4.1
81-90%	5	2.3
91-100%	28	12.8
무응답	62	28.3
계	219	100

① 운영주체와 예산현황

운영주체와 예산현황 교차분석 결과에 따르면, 교회는 1,000만원이상~1억원미만의 사업비용이 가장 많았고 개인이 운영하는 경우 교회가 운영하는 경우보다 14.7%로 높게 예산을 집행하고 있고 법인이 경우 1억원미만이 26.6%인 반면 비법인인 경우 1억원미만이 61.1%로 주된 사업의 예산이 1억원미만임을 알 수 있다.

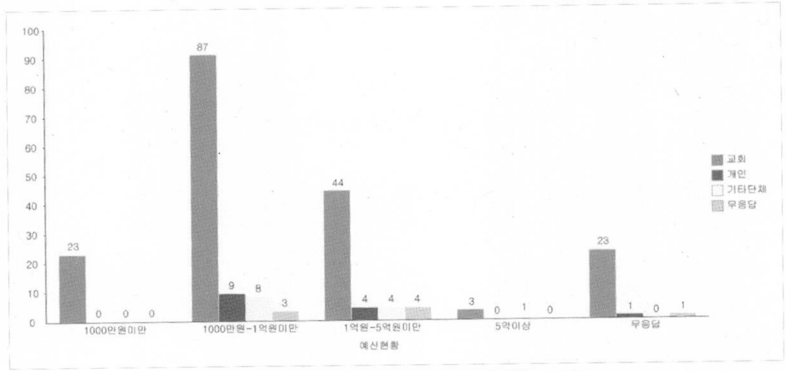

〈그림 8〉 운영주체와 사회복지예산현황 교차표

(3) 비법인의 종사자 특성

비법인의 직원수는 1~5명 53.5%, 6~10명 30.2%, 11~15명 6.3% 순으로 조사되었다. 대체적으로 직원수를 통해서 알 수 있듯이 비법인 경우 기관이 소규모임을 알 수 있고 6개기관에서 직원 1명이 종사하는 것으로 나타났다.

비법인의 사회복지사수는 무응답이 45.2%로 가장 많았고 1명이 30.2%, 2명이 16.9%, 3명이 5.4%의 순으로 조사되었는데 비법인인 경우 기관이 영세하여 사회복지사가 없이 운영하고 1명인 경우도 목사나 사모가 사회복지사 자격증을 소지하고 근무하고 있다.

〈표 10〉 비법인의 종사자수 현황

(단위: 개, %)

구분	빈도	백분율
직원수		
1-5명	117	53.5
6-10명	66	30.2
11-15명	14	6.3
16-20명	2	0.9
21명이상	8	3.7
무응답	12	5.4
계	219	100
사회복지사수		
1명	66	30.2
2명	37	16.9
3명	12	5.4
4명	2	0.9
5명이상	3	1.4
무응답	99	45.2
계	219	100

① 운영주체와 사회복지사수

운영주체와 사회복지사수의 교차분석결과, 운영주체가 교회인 경우, 사회복지사 1명 종사가 30.9%로 가장 많았고 운영주체가 개인인 경우, 35.9%로 사회복지사 2명이 종사하는 기관이 가장 많았다. 사회복지사수는 기관에서 운영하는 것보다 개인운영기관이 더 채용을 해 사업을 운영하고 있음을 알 수 있다. 따라서 김인숙의 연구에서와 같이 사회복지 전문 인력보다는 목회자, 선교회, 평신도등이 사회복지를 담당하고 있으므로(김미숙외, 2000:73) 비법인의 경우 사회복지 전문 인력보다는 교회 내에서 사업을 수행할 수 있는 인력으로 사업을 운영하고 있음을 유추할 수 있다.

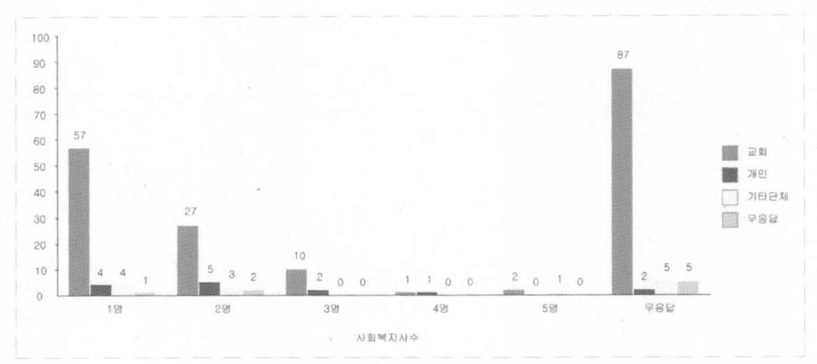

〈그림 9〉 운영주체와 사회복지사수

(4) 비법인의 사업목적 특성

기관 이용자수는 1~50명이 59.9%로 가장 많고 51~100명이 13.3%로 나타났고 201명이상도 7.3%로 조사되었다. 아동의 경우 전체 이용자수가 1~50명이 70.5%를 차지하고 있다. 이용자수는 법인, 비법인 비슷한 양상을 보이고 있다.

비법인인 경우 사업목적은 53.9%가 소외된 계층에 사회복지서비스를 제공하려는 목적으로 사업을 실시하고 있으며 35.7%가 선교, 전도의 목적으로 사회복지서비스를 제공하고 있음을 알 수 있다. 특히, 노인, 장애인사업의 경우 사회복지서비스 보다는 개인의 영혼구원, 사후의 거듭남을 강조하며 서비스를 제공하고 있다.

〈표 11〉 비법인의 이용자수 및 사업목적

(단위: 개, %)

구분	빈도	백분율
이용자수		
1-50명	131	59.9
51-100명	29	13.3
101-150명	15	6.8
151-200명	5	2.2
201명이상	16	7.3
무응답	23	10.5
계	219	100
사업목적		
선교, 전도	78	35.7
사회복지	118	53.9
선교와 사회복지	19	8.6
무응답	4	1.8
계	219	100

① 법인과 비법인의 사업목적

법인과 비법인의 사업목적을 살펴보면, 법인의 사업목적은 선교, 전도가 10.0%인데 반해 비법인은 35.7%로 법인보다 사회복지사업을 하는 목적이 선교와 전도의 방법으로 사용됨을 알 수 있다. 이는 사업운영에 있어서 법인이 비법인보다 사회복지 전문성을 가지고 접근하는 것이며 교회(기독교)가 사회복지사업을 실시하는 목적이 아직까지도 사회복지 전문 서비스를 제공하는 것이 아니라 선교와 전도의 수단, 방법으로 사용되고 있다.

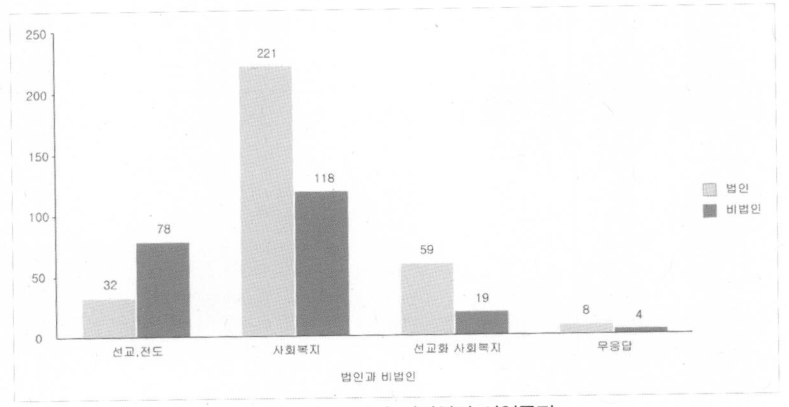

〈그림 10〉 법인과 비법인의 사업목적

3. 요약 및 제언

본 연구는 한국기독교사회복지협의회에서 현재 기독교기관, 교회, 교인이 활동하는 사회복지사업을 조사표를 통해 조사한 것을 기관의 운영주체에 따라 사업분야, 시설장 전공, 사업목적, 예산, 종사자수(사회복지사수)에 따른 상관관계를 알아보았고 향후 기독교사회복지기관에서 사회복지사업을 전개할 때 기관을 전문적으로 운영, 설계, 조직하는데 용이하게 접근 할 수 있도록 방향을 제시하는 것이 본 연구의 목적이었다.

그래서 운영주체도 법인과 비법인으로 구분하였고 법인도 복지법인, 개교회, 기타법인, 교단의 유지재단으로 구분하였고 비법인도 개교회, 개인(기독교인), 기타단체로 구분하였다. 법인과 비법인의 사업내용에서 가장 큰 차이점은 정부에서 지역사회복지관을 운영하는데 교회법인이나 교단법인에 위탁하여 사업을 전개해 나가고 있는 점이

법인과 비법인의 사업내용에서 차이를 보였다.

연구결과 6년전과 비교해 보면, 사회복지에 대한 인식에 변화가 있었던 것으로 조사되었는데 예를 들면 사회복지사업분야 중 가장 필요한 사업이 노인복지사업으로 조사되었는데 본 조사에서 법인, 비법인 모두 노인복지사업에 주력을 하고 있음을 알 수 있고 교회, 기관에서 사회복지를 담당하는 전문 인력 수도 증가되었고 신학을 전공한 목회자가 사회복지를 전공하여 기관을 운영하는 사례가 증가되고 있음을 알 수 있다.

선행연구에서는 목회자를 대상으로 실태조사를 한 것이지만 본 연구조사에서는 기독교사회복지기관의 전반적인 현황과 사업내용에 대한 조사를 실시한 것이 가장 큰 특징이다.

따라서 본 연구를 통해 분석과 결과는 다음과 같다.

1) 기독교사회복지기관에서 서비스 대상은 법인, 비법인 모두 지역사회에 접근이 용이한 대상에게 서비스를 제공하고 있다. 노인, 아동은 교회나 기독교단체에서 직접적인 서비스를 제공하는 쉽게 접근할 수 있고 장애인, 여성, 외국인노동자등과 같이 사회적 약자를 위한 프로그램을 개발하여 서비스를 제공하고 있음을 알 수 있다. 운영주체에 따라 법인은 복지법인을 가지고 있는 기관에서 전문성이 있어야 접근 할 수 있는 장애인, 여성, 국제구호에서비스를 제공하고 있고 개교회가 법인을 갖고 있는 경우 보편적인 복지 서비스를 제공하고 있었다.

2) 기독교사회복지기관의 운영방법으로 대부분 기관이 교회가 직접 운영하는 직영형태이며 교회소유기관을 활용하여 서비스를 제공

하고 있다. 지역사회복지사업은 시, 군, 구의 위탁운영으로 이루어지고 있다. 비법인의 운영주체가 개인인 경우 주로 집단거주시설을 운영하고 있다. 또한 사업진행에 있어서 교회는 자체 건물과 시설이 있으므로 시설적인 측면에서는 용이하게 공간, 시설활용을 할 수 있는 장점이 있음을 알 수 있다.

3) 기독교사회복지기관의 연간예산은 사업 성격에 따라 예산 지원 금액 차이가 많았고 대체적으로 법인은 1억이상~10억미만의 예산으로 사업을 운영하고 있으며 비법인은 1,000만원~1억원미만의 예산을 가지고 사업을 운영하고 있었다. 또한 교회가 지원하는 예산비율은 프로그램 성격과 규모에 따라 전액 지원하는 교회(기관)이 있었다.

4) 기독교사회복지기관의 직원수는 법인인 경우 1~10명이 가장 많았고 비법인도 1~5명이 가장 많았다. 운영주체별는 사회복지사수는 유지재단이 6~10명으로 가장 많았고 대부분의 기독교사회복지기관의 사회복지사수는 1~5명이 가장 많았다. 교회가 운영하는 비법인에서 사회복지사수가 1명이 가장 많은 반면 개인이 운영하는 기관은 2명이 가장 많았다.

5) 기독교사회복지기관에서 사업을 행하는 목적은 법인과 비법인 모두 도움이 필요하고 소외된 이웃에게 사회복지서비스를 제공하는 것이지만 법인 10.0%, 비법인 35.7%가 사회복지사업을 행하는 목적이 선교와 전도, 영혼구원이라고 조사되었다. 따라서 기독교사회복지기관이 일반사회복지기관과 달리 사업을 행하는 목적에 대한 명확한 방향성을 갖아야 한다.

위의 결과를 토대로 다음과 같이 제언하고자 한다.

(1) 기독교사회복지기관의 고유한 특성을 활성화해야 한다

법인을 가지고 있는 기독교사회복지기관은 일반사회복지기관과 차이 없이 정부의 운영지침에 의거하여 대부분 운영되고 있으나 기독교사회복지기관은 고유한 특성을 갖고 사업을 운영하는 것이 필요하다. 이는 법인에서 운영하는 사회복지기관은 일정금액을 정부예산, 총회나 노회의 예산으로 운영하기 때문에 이들 기관의 통제와 관리를 받게 되므로 기독교사회복지기관이 추구하는 고유한 특성을 갖기 어려울 수 있다. 따라서 사업 분야 선정을 할 때 기관의 목표와 비젼을 고려하고 시대적 흐름에 맞는 사회복지사업을 개발해야한다.

(2) 기독교사회복지기관의 예산확보의 중요성이다

비법인의 경우 사업운영을 하기 위한 예산을 확보하는 것에 어려움이 있기 때문에 전문적인 서비스를 제공하는데 장애요인을 갖게 된다. 반면 예산을 자체적으로 충당하기 때문에 사업을 진행하는데 자율권을 가질 수 있는 장점이 있다. 따라서 기독교사회복지기관의 효율적이고 효과적인 재정관리, 예산확보와 집행이 필요하다.

(3) 기독교사회복지기관에 전문 인력을 통한 서비스제공과 기관을 통제 관리할 수 있는 조직이 필요하다

기독교사회복지기관의 종사자는 법인인 경우 사회복지기관(시설) 운영규정에 의해 인력을 선발 배치하여 전문성을 발휘하는 반면 비법인의 경우 전문성을 가진 인력보다는 열정을 가지고 서비스를 제

공하는 경우가 있다. 그래서 영세한 기관(시설)에서 전문인력의 부재로 인해 지도, 관리감독이 소홀 할 수 있으므로 전문적인 서비스를 제공하는데 어려움을 초래할 수 있다. 따라서 법인, 비법인 기독교사회복지기관을 전반적으로 관리, 지도감독 할 수 있는 행정적인 조직체가 필요하다.

(4) 기독교사회복지기관에서 사업을 실시하는 목적의 중요성이다.

기독교사회복지기관은 일반사회복지기관과 달리 종교적인 특성을 가지고 사각지대 대상자를 발견하여 서비스를 제공하고 기독교가 사회의 일원으로 빛과 소금의 역할을 하는 목적이 있다. 서비스를 제공하는 목적이 단순히 선교와 개인 전도를 통한 영혼구원을 위한 것인지 일반사회복지와 같은 베품의 사랑만을 실천하는데 목적을 두어야 하는지에 대한 올바른 판단이 정립되어야 한다. 따라서 기독교사회복지 사업의 목적은 기독교의 이웃사랑정신과 하나님 형상 회복을 위해 전문사회복지 지식과 기술을 가지고 사회복지서비스를 제공해야 한다.

참고문헌

김미숙, 홍석균, 이만식, 유장춘, 2000, 『종교계 사회복지 참여 현황 및 활성화 방안 연구』, 서울: 한국보건사회연구원.

김기원, 2010, 『기독교사회복지론』, 교육과학사.

박상열, 2006, "한국교회 사회복지의 운영실태와 활성화 방안에 관한 연구", 『서울시립대도시과학대학원 사회복지학과 석사학위논문』.

이만식, 2007, 『한국기독교사회복지의 실태』, 한국기독교사회복지총람.

한국기독교사회복지협의회, 2007, 『한국기독교사회복지총람』, 사단법인한국기독교사회복지협의회.

Lewis, 2001, 『Management of Human Service Programs』, N.Y: Brooks/Cole.

사회봉사명령제 정착을 위한 사회사업적 개입

구종회[3)]

요 약

사회봉사명령제는 인간애 사상에 기초하여 출현 실천모델로서 이 모델의 의미는 보호관찰제도의 비용절감이라는 경제적 원리도 내포하고 있지만 지역사회에 기반을 둔 재활모델로서 교육과 예방에 초점을 준 클라이언트 중심의 전인격 회복을 시도한 점에서 높이 평가할 수 있다. 사회봉사명령제를 사회봉사보다는 명령제(order)에 초점을 두고 책임제의 운영은 수혜자는 물론 그의 가족, 교정전문가등이 프로그램을 계획하고 실천하는 전문가와 모든사람들의 책임이라는 의미를 부각한다. 관주도형에서 벗어나서 민간교정기관의 지원체계확립 요구와 의식전환이 필요하며 민간교정단체의 활성화와 비행청소년과 범죄예방 대책을 진지하게 논의 평가해야 한다.

주제어: 사회봉사명령제, 사회복지실천, 교정사회사업, 미국의 교정사회사업, 사회봉사명령 대상 재활 프로그램, 청소년

1. 서론

1) 연구의 목적과 내용[4)]

인류의 역사를 통해서 빈곤 질병 고통 사회해체는 주요 사회문제

3) 前 강남대학교 사회복지학부 교수

4) 이글은 필자가 '한국사회복지 선교연구원'에서 출판된 「선교와 사회복지」(2004)에 게재한 논문을 필자가 수정 게재한 것임.

로 존속해 왔다. 산업사회와 첨단과학문명이 급속도로 변화되어 온 새로운 세기, 즉 현대사회에서 비행과 범죄(deliquenty and crime)는 핵심적인 사회문제로 드러나고 있다(Skidmore, 2000:236). 특히 비행은 청소년층에서 두드러지게 나타나고 있으며 수적증가나 비행유형의 다양성, 잔인성, 비행의 조직적이고 고도의 두뇌가 요구되는 범죄유형으로 가속화되고 있다.

선진국인 미국의 예에서도 갱 폭력(Gang violence)은 최근 20년간 사회적으로 심각한 문제로 드러나게 되었다(Skidmore, 2000:238). 한국에서도 최근 경제 성장과 급속한 사회변화의 영향으로 가족기능의 상실과 가치관의 혼돈 현상은 청소년 비행을 증가시켰고 이에 대한 법적 제도적 대응은 물론 교정사회사업적인 전문적 서비스와 프로그램 개발의 필요성이 절감하게 요구되고 있다.

이에 대한 대안으로 보호관찰제도를 개선하는 노력이 계속되어 왔다. 1988년부터 주무부서와 민간의 협력체계하에 교육명령제와 사회봉사명령제(community service order)를 실시하여 왔으며 이에 대한 논의와 개선방안의 연구가 계속되어 왔다. 그러나 청소년의 비행과 성인의 범죄행위에 대한 처벌과 재활이라는 측면에서 사회봉사명령제의 의의와 그 효과성에 대한 논의는 폭넓게 수렴되지 못하고 있는 것이 우리의 현실이다.

인간봉사전문직(human service professions)의 전통적 시각에서 고찰해본다 하여도 정신의학적 임상심리적 진단과 치료, 실천신학의 선교적 개입, 사회사업가의 인간의 사회기능적(social functioning) 이해가 객관화되지 않는 상태에서 법률적 해석만을 중시해 왔다. 그러나 인간봉사전문직의 1차적 목적은 인간의 존엄성을 최대한 존중하고 회복하는데 참다운 의미가 있다. 이러한 의미에서 보호관찰제도를 효율적으로 운영 관리하기 위해서는 전문가의 팀 접근방법을 개방하고 프로그램을 개발 적용해야 하는 것은 지극히 당연하고 타당성 있는 시각이다. 특히 황지은 등(1998)의 연구에서 사회봉사명령제도의 효율적 관리에서 전문가의 부족을 사회봉사 명령제의 목적을 올바로 유지하며 이수하도록 운영하기가 쉽지 않은 실정이며 비행청소년의 교정을 목적으로 두고 있으면서도 명령 시간을 이수시키는데 급급한 실정을 문제로 지적하고 있다. 그러므로 본 연구에서는 다음과 같은 목적을 설정하였다.

첫째, 사회봉사명령제의 의미를 사회사업적 시각에서 고찰하고「사회정의」관점에서 해석해보고자 한다.

둘째, 청소년의 사회심리적 특성과 발달과업의 이론을 정립하고, 미국의 교정사회사업 프로그램을 소개한다.

셋째, 사회봉사명령 대상자의 재활 프로그램의 기초적 틀을 만들고 프로그램 개발 모형을 제시하고자 한다.

2) 사회봉사명령제의 의의

사회봉사명령제의 역사적 기원은 영국의 엘리자베드 프라이(Elizabeth Fry, 1780~1845)의 헌신적인 교정선교에서 출발되었음을 알 수 있다. 엘리자베드 프라이는 당대의 이름난 퀘이커 가문의 출신으로서 17세의 어린 나이에 그는 경건한 신앙생활을 하기 시작하고 학교 교사 생활로 봉사하였다. 20세 때 부호 조세 프라이와 결혼하여 11명의 자녀를 낳아 기른 훌륭한 어머니이기도 하다. 그가 33세 때 평생 처음으로 뉴케이트 감옥을 방문하였는데 실로 「땅위의 지옥」이었다고 묘사하였다. 그는 감옥 당국과 교섭하여 감옥 안에서 죄없이 갇혀 있는 어린이들을 위해 학교 교육을 시작하게 되었다. 수감중인 여자 죄수 한 명을 교사로 채용하고 감옥 안에서의 교육을 시작하였다. 여죄수들이 뜨개질이나 다른 일을 통해 돈벌이를 하도록 해서 감옥생활을 하는 죄수들의 생활에 큰 변화를 주었다. 이러한 헌신적인 봉사활동이 3개월이 지난 동안 벌써 "맹수들 같던 그들이 친절하고 무해한 사람"들로 변하기 시작하였다. 불과 1년만에 런던 법원은 그 여자의 놀라운 업적을 찬양하고 엘리자베드 여사의 노력이 남자 죄수들에게도 적용된다면 감옥이 "교도소"로 바뀔 수 있을 것이라고 예견하였다. 당시 영국의 여왕을 제외하고는 유일한 여성으로 의회나 국무회의 초청을 받고 감옥 개선에 대한 의견을 개진할 수 있었던 엘리자베드 프라이었다.

그 당시 미국 대사가 자기 가족에게 쓴 글에는 다음과 같은 진귀한 표현이 있었다. "런던에는 두 개의 위대한 풍모를 보았는데 그 하나는 성바울 성전이고, 다른 하나는 뉴게이트 감옥에서 죄수들에게 글을 읽어주는 엘리자베드의 모습이었다"고 술회하고 있다. 그녀가 60세가 되었을 때 다시 새로운 개척자의 역할을 하였다. 영국에서 처음으로 간호원을 훈련하고 교육과정을 높은 수준으로 끌어 올려 전문직의 면모를 창출하였다. 나이팅게일이 크리미아 전쟁에 나갈 때에는 엘리자베드가 교육한 간호원들을 데리고 갔다. 한 교사가 또는 가정주부로서, 11명의 자녀를 기르는 어머니로서 거의 초자연적인 사회개혁의 의지를 보여준 사건이다(이윤구, 교회와 사회, 1985). 이것은 한 여인의 사회적 양심이 불붙을 때 관료들의 의식변화와 관료적인 제도가 개선될 수 있다는 것을 보여준 역사적 사건으로 해석할 수 있다. 그녀의 헌신적인 노력이 계기가 되어 영국의 형벌제도는 벌칙주의에서 인권을 중시하는 인간중심적인 개혁의 변화가 시작되었음을 알 수 있다.

영국의 사회봉사명령제도는 1970년 우튼위원회(Wotton Committee)로 알려진 형벌제도자문위원회(The Advisory Council on the System)가 "시설의 형벌과 중간적 형벌(Non-Custodial and Semi-Custodial Penalties)"라는 보고서에서 처음 제안한 후 진지하게 논의되다가 1972년 형사재판법(The Criminal Justice Act)에 의하여 채택되었는데, 영국은 실증되지 않은 이 제도의 도입을 위하여 1973년부터 2년간 6개 지역에서 시험 실시를 시행하였다. 그리고 이에 대한 평가를 내무부성 연구팀에서 담당하도록 하였다. 마침내 1974년 8월 22일 내무부성장관은 이 제도가 시행할 만한 가치가 있는 개혁이라고 평가하고 1973년 3월에는 전 영국에서 실시하고 시작하였다.

영국의 사회봉사명령제도는 16세 이상의 자가 징역형을 선고받을 수 있는 죄를 범하였을 경우 징역형 대신 사회봉사명령을 선고받고 12개월 이내에, 16세인 자는 40시간 내지 120시간, 17세이상인 자는 40시간 내지 240시간 동안 무보수로 사회봉사 할 것을 명령하는 제도이다(박은옥, 1995:13). 이 제도는 영국에 이어, 미국, 독일 등 서구제국에 전파되어 오랫동안 여러 국가에서 시행되고 있으나 우리나라에서는 1988년 소년법의 전면 개정과 보호관찰법의 제정에 의하여 소년원에 대한 보호처분의 부수적인 조치로서 도입되었다.

(1) 수강명령

수강명령이란 비교적 비행성이 약한 범죄자들에 대하여 일정 시간 동안 수강센터(Attendance Centers)에 출석하여 강의, 훈련 또는 상담 등을 받도록 하는 처분이다. 이 제도 역시 영국에서 창안되어 오늘날 세계 각국에 널리 보급되었고 보호관찰의 일부를 이루어 실시되고 있다.

수강명령제도는 범죄자들로부터 주말의 여가시간을 박탈하고「짧고 강한 충격」(short, sharp, shock) 요법으로 교정효과를 얻기 위해 영국의 형사재판법(1948)에서 채택된 것이다(정동기, 1990:123~126) 수강명령은 비행이나 범죄의 초기단계에서 보호관찰에 대한 보충적 성격으로 실시되는 것으로 영국에서는 수강시간을 12시간 이내에 함을 원칙으로 한 17~20세의 자들에게는 36시간까지도 선고할 수 있도록 하고 있다. 영국의 수강센터에서는 보통 육체적 훈련과 함께 수공예, 사회적 기술, 교정 교육(correctional education) 및 상담 등을 실시한다(이무웅, 1990:211).

우리나라 보호관찰에 있어서의 수강명령제도 역시 사회봉사명령 제도와 마찬가지로 법원이 소년법 적용 대상자에게 보호처분으로서의 보호관찰을 결정할 때 병과하는 명령으로서 비교적 죄질이 경미한 소년을 구금시설에 수용하는 대신 자유로운 생활 속에 보호관찰을 실시하면서 일정 시간 정신교육, 적법교육 및 특수교육 등을 받도록 명령하는 것이다. 이는 보호관찰 대상자 중 필요하다고 인정되는 자에게 적절한 교육을 실시하여 그들의 사회 적응력을 기르고 가치 있는 심성개발을 도움으로써 재범방지는 물론 자력개선을 도모하여 보호관찰의 효과를 높이려는 것이다(이무웅, 1990:212).

(2) 사회봉사명령

사회봉사명령(Community Service Order)은 유죄가 인정된 범죄자 및 비행청소년들로 하여금 형의 선고, 보호처분 또는 이에 수반하는 조건으로서 일정한 기간 내에 지정된 시간 동안 무보수로 근로에 종사하도록 하는 것이다. 이 제도는 영국에서 1972년부터 창안 실시된 것으로서 널리 보급되어 보호관찰제도의 일부로 활용되고 있고 21세기 사회 내 처우의 중심적 위치를 차지할 것으로 예측하고 있다.

또 다른 사회봉사명령제의 개념은 형사사법제도상의 현격한 재정적 보상을 할 수 있는 경제적 여유가 있는 범죄자 수가 상대적으로 적어짐으로써 사회봉사가 그 대안책으로 활용되어져 왔다. 범죄자들은 공공부문이나 개인의 비이익 단체에서 금전적은 보상 없이 사회봉사를 하도록 명해진다. 이들 범죄자들은 주로 자신들의 형을 마치기 위해 밤이나 주말을 이용해 사회봉사를 하였다. 사회봉사명령의 형벌적인 측면은 범죄자의 시간과 자유에 가해진다고 볼 수 있다. 형벌의 전통적 역할을 하는 동시에, 사회봉사는 과거에 할 수 없었던 봉사 행위를 통해 공공에 직접적인 혜택을 주도록 하는 것이다(문선화 역, 2000:145).

사회봉사명령의 이념적 요소는 범죄에 대한 처우(Punishment), 피해자에 대한 배상(reparation), 범죄자의 사회에의 재융합(reintegration and community involvement)으로 요약된다. 많은 국가가 사회 내 처우를 Probation과 Parole중심으로 운영해오면서 보다 효과적인 다양한 기법을 추구해 왔다. 그 결과 영국에서 시작한 사회봉사명령제도가 성공을 거두면서 급속하게 발전된 것이다. 사회봉사명령은 「전통적인 형사정책으로부터의 획기적인 이탈」이라고 평하기도 한다(이무웅, 1991:206). 그러나 범죄자에 대한 처우형태로서 노동에 의한 공공봉사명령 발상은 새로운 사실이 아니다. 그 사상적 기원을 멀게는 구약성서에서 찾는 견해도 있으나 일반적으로 유형, 유치장, 범죄자의 해군징용, 사형수의 군대징용 등을 그 공통적 사상 기반으로 들고 있다(이무웅, 1991:1).

이러한 사회봉사명령제도를 각국이 도입, 실시하는 이유로는 인도주의경향 (humanitarianism), 자유형의 효과에 대한 회의, 교도소, 수용밀도 급증, 예산절감 등을 들 수 있다.

사회봉사명령이 비행 내지는 범죄자에게 가지는 교정효과는 ① 사회적 책임성의 조장, ② 다른 봉사자들과의 접촉, ③ 여가의 선용, ④ 새로운 경력(new careers), ⑤ 근로습관의 회복 등으로 볼 수 있다(정동기, 1990:98~108).

우리나라 보호관찰에 있어서의 사회봉사명령은 소년법 적용을 받아 소년법원으로부터 보호처분으로서의 보호관찰을 결정할 때 동시에 부가적으로 명령하는 것이다. 사회봉사명령은 보호관찰대상자가 스스로 땀흘려 노력하는 사회봉사활동을 통하여 사회 참여의 보람을 찾게 하고 자신의 사회적 위치와 가치를 재인식시켜 재범을 하지 않도록 유도하고 건전한 시민으로서의 복귀를 도모하려는 것이다.

사회봉사명령은 보호관찰대상자들의 특성과 환경에 적합하고 현실적이며 거부감이 없이 긍지를 가지고 사회봉사활동을 할 수 있는 봉사환경을 선택, 실시되어야 하며 사회봉사활동 프로그램에는 정신교육, 레크리에이션, 단체게임, 자유토론 및 평가, 소감문 작성 등도 포함. 실시하는 것이 효과적일 것이다.

사회봉사활동은 당해 보호관찰대상자의 특성을 감안하여 정서함

양이 필요한 자에게는 화초, 정원수, 관상수 등의 손질이나 정리 등을 실시하고 근로정신 함양이 필요한 자에게는 도서관의 책상수리, 눈치우기 등 힘을 요하는 봉사활동을 실시하여 사회봉사활동의 효과를 제고하도록 하여야 한다(이무웅, 1991:209~210).

우리 사회봉사명령제도는 소수의 보호관찰관의 노력에 힘입어 단기간에 괄목할 만한 성과를 거두는 한편 사회봉사활동에 대한 일반의 관심 고조에 따라 점차 그 긍정적 측면이 부각되고 이에 따라 1997년 1월 1일부터 시행되는 개정형법(1995.12.29. 공포 법률 제5057호)에 의하여 성인에까지 확대되기에 이르렀다.

특히 사회봉사명령의 대상 성인에게도 급속히 증가하고 있고, 사회봉사명령을 이행하는 범죄자나 비행청소년들의 긍정적 태도, 또한 집행위탁을 받은 기관 단체들의 적절한 집행, 단순히 보호관찰만을 선고받은 범죄자 비행청소년에 비하여 비교적 죄질이 무거운 사회봉사명령 이수자들의 재범률이 현저히 낮다는 점은 사회봉사명령의 괄목할 만한 성과라고 할 수 있다.

사회봉사명령제도는 도입된 지 불과 10년 정도의 짧은 기간에 도약적인 발전을 거듭하여 형법상의 집행유예의 독립한 조건으로서의 지위를 차지하였으나, 여전히 인권중심이나 수혜자의 욕구에는 복지적인 서비스 프로그램의 부족함을 인식하여야 한다.

3) 청소년의 사회심리적 특성

청소년 심리학의 대표적인 학자 코레(Cole, 1965:4)는 인간을 출생에서 죽음까지를 다음과 같이 단계적으로 나누었다.

신프로이트 학파의 대표적인 학자 에릭슨(Erikson, 1902)은 인간의 성장단계를 심리학적 관점에서 8단계로 나누고 청소년기의 연령을 12~17세까지로 보았으며, 미국의 대부분의 심리학자들은 코레의 이론처럼 9세 또는 10세에서 20세까지를 청소년기로 보고 있다.

그리고 한국의 청소년 백서(1984)에서는 청소년기를 9~24세 까지를 청소년기로 보고 있으나, 근로청소년기는 14~24세로 보고 있다.

코레(Cole, 1965:4)는 <표 1>과 같이 청소년기를 4단계로 세분화해서 설명하고 있으며, 여성과 남성을 구분해서 연령을 다시 다르게 표현하고 있다. <표 1>에서 볼 수 있듯이 청소년기에서 남성보다는 여성이 나이가 낮게 나타나고 있는데 이러한 점은 한국의 심리학적 개념과 비슷하다.

특히 우리나라 청소년기가 시작되는 시기가 미국과 비슷하게 9세(초등학교 4,5학년)로 보는 견해는 경제성장과 영양상태가 좋아져 청소년기가 미국과 비슷하게 시작되는 것으로 해석할 수 있다.

이와 같은 청소년기의 이론적 기초에 의해서 성숙을 위한 준비단계로서 신체적, 정서적, 지적, 도덕적, 종교적 특성 등을 구분해서 설명하면 다음과 같다.

〈표 1〉 인간의 성장단계(청소년기를 중심으로)

<table>
<tr><th>발단단계</th><th>연령</th><th>구분</th></tr>
<tr><td>1) 유아기(Infancy)</td><td>출생 ~ 2세</td><td rowspan="3">아동기</td></tr>
<tr><td>2) 아동전기(Early Childhood)</td><td>2 ~ 5 세</td></tr>
<tr><td>3) 아동중기(Middle Chilhood)</td><td>6 ~ 10세(여) 6 ~ 12세(남)</td></tr>
<tr><td>4) 아동후기 및 청소년기
(Preadolescence late Childhood)</td><td>11 ~ 12세(여) 13 ~ 14세(남)</td><td rowspan="2">청소년기</td></tr>
<tr><td>5) 청소년전기(Early Adolescence)</td><td>12 ~ 24세(여) 15 ~ 16세(남)</td></tr>
</table>

<table>
<tr><td>6) 청소년중기(Middle Adolescence)</td><td>15 ~ 17세(여) 17 ~ 18세(남)</td><td rowspan="2">청소년기</td></tr>
<tr><td>7) 청소년후기(Late Adolescence)</td><td>18 ~ 20세(여) 19 ~ 20세(남)</td></tr>
<tr><td>8) 성년초기(Early Adulthood)</td><td>21 ~ 34세</td><td rowspan="3">성년기</td></tr>
<tr><td>9) 성년중기(Middle Adulthood)</td><td>35 ~ 49세</td></tr>
<tr><td>10) 성년후기(Late Adulthood)</td><td>50 ~ 64세</td></tr>
<tr><td>11) 노년초기(Early Senscence)</td><td>6 ~ 10세(여) 6 ~ 12세(남)</td><td rowspan="2">노년기</td></tr>
<tr><td>12) 노년기 (Senscence)</td><td>65 ~ 74세</td></tr>
</table>

(1) 청소년기의 심리사회적 특징

① 신체적 발달특성

신체적, 생리적 성장과 발달을 향한 첫 번째 단계가 신체적 변화와 급격한 성장에서 최초로 나타난다. 청소년의 적절한 이해를 위해서 신체적 변화와 정신적 기능의 변화에 어떤 특별한 관계가 있으며 어떤 변화가 있는 지 아는 것은 필수적이다(Kelly, 1965:116~118).

초기 청소년기에 나타나는 많은 신체적 변화는 두드러진다. 다른 부분도 똑같지만 가장 두드러지게 성장하는 것은 내분비선 활동의 증가이다. 그리고 내분비선의 활동이 증가되면 신진대사가 활발해지면서 개인의 정서가 크게 확장되도록 영향을 미치게 된다.

그리고 뇌하수체의선은 체유선발육호르몬(somatotrophin)과 생식선호르몬(gonadatotrophin)의 생산을 증가시킨다. 전자는 신체적 성장에 영향을 주고, 후자는 특별히 성(sex)선의 기능적 성숙에 영향을 준다(Pikunas and Albrecht, 1961:174~174).

생식적 생산의 기본적인 기관(organs)으로 여성은 난소, 자궁, 질이고 남성은 고환, 전립선, 그리고 정액의 소낭(sominal vercles)이다. 이러한 기관들의 점진적인 확대와 성장은 기본적으로 성적 특성으로 나타난다.

이와 같이 이차적인 성적 특성으로서 소녀의 가슴발달, 소년의 어깨의 넓어짐 등의 생리적 변화로 나타난다. 또 다른 특성은 목소리의 변화, 피부의 탄력성, 음부, 얼굴 그 외 보조기관(겨드랑이) 등에 음모가 나타난다. 이러한 모습들은 다양하게 변화하면서 나타나지만 일련의 과정은 거의 질서 있게 일률적으로 나타난다. 후기 청소년기(late adolescence)인 18~20세 초기까지 소녀들은 모유에 있어서 성인에 가깝게 완벽해지고 기능이나 구조면에서 통합되어진다(Papalia and Sally Wendkos olds, 1986:314).

이 단계에 있는 초기에는 개인들은 키는 90%, 몸무게는 성인의 2/3에 달하게 된다. 계속적인 근육성장을 통해서 각 개인들은 더 나은 조정(coordination), 힘의 증가, 기술의 획득과 발달을 위한 기본적인 운동능력을 획득한다.

대부분의 청소년들은 사춘기의 신체적 변화에 성공적으로 발달하게 된다. 그리고 그들은 어린 시절에 미흡했던 개인적, 신체적 사회적 적응이 어느 정도 심리적인 사회로 남을 수도 있다(Hurrocks, 1976:42).

그리고 청소년들의 관심이 되고 있는 생리적인 성장의 대표적인 학자 프로이트(1962)는 정신분석학적 성적 단계를 5단계로 나누고, 마지막 성숙단계를 청소년기의 성기기(18~19세)로 표현했다.

이 시기의 성역할의 발달을 강조하면서 미근친상간적인 이성교제를 하면서 선택하게 된다고 설명했다. 정신분석적 자율성이 생기면서 부모의 권위에서 벗어나려고 하는 것이 청소년기 정신분석적 자아확립의 세 번째 변화이다. 이 과정을 거치면서 개인은 부모의 권위에서 벗어나려는 자율심이 생기고, 이에 따른 의존적 자아의 탈출을 때로

「독립화」라고도 한다(Blos, 1962).

소위 자아도취적 우정이라고 불리는 동성애는 애욕적인 요소를 가지고 있어 사춘기 때 서로 자위하는 것처럼 공공연한 행위로 표현되기도 한다. 이성을 의식하는 것(이성에 대한 사랑)은 후기 청소년기에 명백해진다. 비록 그들이 정신분석학적 주체의식을 성취했다 하더라도 청소년들은 이성간의 성교를 경험해서는 안된다. 여전히 이성을 통한 성충동은 몽상적인 것이다.

이 나이의 어린이들은 성에 대해서 어려서부터 제멋대로 행동하거나 이 시기가 되면서 갑자기 억제되기 때문에 많은 콤플렉스를 가질 수 있다. 자위나 기타 다른 성적 행위 때문에 겪게 되는 정신적 콤플렉스는 공포, 불안으로 인한 신경증, 우울증 등을 유발하기도 한다. 그렇게 되면 개인 스스로 죄책감에 사로잡혀 자신은 구원받을 수 없다고 생각하게 된다. 따라서 적절한 교육의 부족은 젊은 영혼을 정신적 번뇌와 고통에 빠뜨리게 한다.

무분별한 섹스는 청소년 비행, 부도덕적 행위, 범죄의 근원이다. 건전한 육체활동과 음악, 아침에 일찍 일어나는 것, 그리고 적절한 섹스는 실외경기나 스포츠, 규칙적 활동같은 창조적 활동을 하는 데 있어 자기조절에 도움이 되고, 자위행위를 하는 버릇을 고치는데 도움이 된다. 자유와 통제의 균형을 유지하는 것은 청소년들이 정상적으로 성장하고 자기조절을 할 수 있도록 돕는다. 학교에서 정규과목으로 성교육을 하는 것은 청소들의 성에 대한 이해에 도움이 된다. 성에 대한 청소년들의 호기심을 객관적이고 편견 없는 태도로 교육함으로써 만족시켜 줄 수 있다. 몇몇 저자들에 따르면, 남녀 혼성 교육이 남학생들과 여학생들 사이에 성도덕 개념을 증진시킨다고 말한다.

② 정서의 발달

한편 정서는 인간행동의 가장 중요한 양상 중의 하나이다. 그것은 생활에 관심, 흥미 그리고 의미를 만들어주는 것이다. 일반적으로 청소년기의 발달 중에 눈에 띄는 특성은 정서의 양상으로 생각할 수 있다. 정서는 또한 그 기간에 나타나는 이상, 열정, 자기주정, 독창력, 모순, 기분, 갈등에 있어서 기본적인 요소이다.

정서에 대한 이론적 연구가 제임스, 랑게, 캐논, 아놀드(W. James, G.C. Lange, Cannon, Arnold Leeper) 등에 의해 수행되었지만, 홀(G. Stanley Hall)의 이론은 청소년의 정서적 특성의 상세한 설명을 제공해준다.

사실 초기 G. Hall(1904~1916) 연구의 결과로 수 십년 동안 내부 정서적 갈등과 격동으로 특징 지워지는 "폭풍과 스트레스"의 시기로서 청소년을 기술하는 것은 일반적이 되었다. 또한 청소년에게 일어나는 생물학적인 변화와 점점 증가하는 복잡한 사회적 요구에 공헌했다. 청소년기에 정서가 범위, 질, 깊이에 있어 발달한다는 것은 두말할 필요가 없다(Kelly, 1965:128).

그러나 그러한 발달이 정서적 안정시기인 청소년기에 꼭 나타난다는 것은 고려해 볼 만하다. 생애 중 한결같이 격동의 시기로서 청소년을 보는 홀의 견해는 많은 젊은 관찰자들에 의해 그리고 그 밖의 다른 사람들에 의해 경쟁적으로 수용되어졌다(Papalia, 1986:377).

청소년의 일반적인 정서적 패턴은 공포, 걱정, 불안, 분노, 괴롭힘, 좌절, 질투, 선망, 호기심, 애정, 슬픔 그리고 쾌락과 즐거움의 행태이다. 정서적 순화에 도움을 받아 청소년 자신의 정서를 통제하는 시간과 방법을 배우는 청소년은 사회집단에서 정서적으로 성숙한 사람으로 여겨진다(Hurlok, 1976:66~67).

더욱더 청소년기에 나타나는 다른 발달 특성들은 인지적인 능력, 생생한 이미지의 증가, 논리적 능력의 개선, 사회의식 확장, 그리고 성인행동에 대한 관심과 경험, 대상, 사건 그리고 활동에 대한 더욱더 깊은 정서적 중요성에 매력을 줄 수 있다.

③ 인지적・지적 발달

청소년기의 인지적 발달은 지식의 보다 나은 조직, 배열, 분석, 분류를 통해서 학습 과정을 나타내 주는 것이다. 학습능력은 성인에게서 나타나는 것인 만큼 잠재적이기 때문에 청소년기의 학습시기는 최적의 시기로 볼 수 있다(Kelly, 1965:127).

청소년기의 지적발달을 더욱 잘 이해하기 위해서는 피아제(Piaget)의 인지이론을 언급해볼 필요가 있다. 청소년기가 시작되면서 가설의 사실작용과 연역적 사고는 피아제에 의해 기술된 가장 높은 단계의 인지에 속한다(Hopkins, 1983:28).

〈표 2〉 피아제의 인지발달4단계

단계	인지발달특성
1단계	감각적 운동기(출생에서 1~2세) : 감각적 운동의 행동의 Schimes는 발기・잡기・반사행동 등
2단계	전조작기(1・2세~6세) : 사물과 사건의 표상, 표상과 언어의 상징획득
3단계	구체적 조작기(6세~사춘기까지) : 사물에 대한 현재와 지금의 사실조작
4단계	형식적 조작기(청소년기에서 성인기) : 가설적・연역적・명제적 논리의 전개

청소년기의 사고에 대한 이해를 위한 피아제 이론은 다음과 같은 세 가지 가치 있는 공헌을 했다.

첫째, 피아제의 발견은 구체화된 과학적 논리를 통해 청소년과 어린아이의 기본적 차이를 제시해준다. 그것은 체계적 실험, 독립변인을 통한 결정적인 검증 디자인, 복잡한 문제의 이해, 경험적 자료를 통해 얻은 합리적인 결론을 도출해 나가는 능력을 통해 증가되고 개선된다는 것이 명백함을 제시해주었다.

둘째, 피아제는 청소년의 행동을 기술하고 설명하는 발달과업의 기본적 모델을 제시하였다. 제시된 논리의 체계의 적절성에 다소 의문을 가질만 하지만 피아제는 이러한 지적 발달의 모델을 확립하려고 시도한 매우 드문 유아발달이론가라는 사실을 부인할 수 없다.

셋째, 피아제는 청소년의 사고발달에 있어서 개인적인 흥미와 역할에 관한 재미있는 제안을 했다. 이 제안은 개인과 교차문화의 연구에 있어서 검증방법을 위한 중요한 암시를 제공하였다.

④ 도덕적 특성

도덕성 발달이론에는 피아제, 콜버그, 프로이트 이론이 있다. 그러나 피아제 이론에서 유추한 콜버그 이론이 일반적이다(Gensbburg, 1989: 206~207).

일반적으로 피아제의 도덕적 판단의 발달은 아동기의 두 가지 도덕성 즉 초기의 제약의 도덕성과 후기의 협동의 도덕성으로 볼 수 있다. 피아제 이론은 소수변인에 기초한 어떤 문화에 한정된 것이기는 하지만 폭넓게 수용되고 있다.

콜버그이론은 피아제의 발견을 재조명한 확장된 개념이다. 콜버그는 6단계의 발달 단계를 제안하였다. 세 개의 도덕적 단계는 여섯 단계의 하위수준을 포함하고 있다. 각 단계는 두 개의 하위수준을 가지고 있는 것이다. 각 도덕판단의 수준에 도달하면 더 높은 도덕수준으로 옮겨간다. 가장 높은 도덕적 판단의 수준에 도달하면 부가적인 발달과정이라기보다는 초기사고의 양상으로 복귀한다. 마지막으로 도덕적 발달은 불변하는 수준이 되고, 그 수준은 국가적 또는 문화적인 집단에 상관없이 불변하게 남아 있게 된다.

프로이트의 정신분석적 접근은 아동기의 부모의 사랑을 잃는 것에 대한 불안에서 그 후의 재난에 대한 불안으로 옮겨간다. 피아제의 인지적 접근과 반대로 프로이트는 자아정체감과 죄의식이라는 기본적인 입장에 서있다. 프로이트의 초자아체계는 양심과 맞서고 있다. 최근에 도덕적 발달에서는 방어기제와 적응적인 자아를 강조하고 있음을 볼 수 있다(Hurrocks, 1976:312).

4) 청소년의 직업적 특성

또 청소년기는 직업선택의 시기이다. 청소년기에는 대부분 그들의 직업적 생애, 목적, 결정 (특히 직업선택이 정체문제에 있어 가장 중요한 것으로 믿는 에릭슨과 같은 사람의 직업적 의사결정)과 같은 중요한 결정을 한다.

직업적 의사결정은 전적으로 자유선택에 의하지 않는다. 서열을 매기는 기적들에 관한 결정에 의해 나타났다(Hopkins, 1983:330).

직업계획과 직업선택에 관한 연구들은 로 Roe(1951), 슈퍼 Super(1963), 홀랜드 Holland(1996) 그리고 긴즈버그 Ginzberg(1951)에 의해 수행되었다. 긴즈버그(1951)의 직업계획의 3단계인 환상기, 시험기, 이상기는 다음과 같다.

환상기는 초등학교 때에 나타난다. 그리고 그들의 직업선택은 현실적이 아니라 활동적이고 흥미에 관련된 것이다. 그들의 결정은 실제적이라기 보다는 감정적이다. 사춘기에 시험안내자는 능력과 가치에 흥미를 접목하려는 현실적인 노력을 더 한다. 고등학교를 마칠 무렵의 현실적인 단계는 그들의 직업의 요구에 만족시키는 올바른 교육으로 계획을 세우도록 한다(Papalia, 1986:330).

긴즈버그의 직업선택은 다음 네 가지 중요한 가치를 포함한다(Hurrocks, 1976:541~542).

① 현실적인 변인: 청소년은 사회, 동료, 직업결정을 하는데 있어 다른 중요한 사람들의 기대와 압력에 반응적 위치에 있다.

② 교육적 변인: 자연성과 개인의 현재상태 또는 교육을 받을 기회를 포함하여 직업선택을 위해 교육받은 양에 의해 영향을 받는다.

③ 정서적 변인: 직업적 선택을 위해서는 그의 환경에 대한 개인의 정서적 반응은 도움이 되지 않지만 조건과 영향은 줄 수 있다.

④ 개인적 가치변인: 개인과 직업을 바라보는 가치에 접목시킴으로써 그의 직업적 선택의 질은 영향을 받는다. 하비거스트는 비록 적은 부분에서 노력한 계획이지만, 유사한 접근을 했다.

머징은 "발달과업들"이라는 그의 개념을 쉽게 인식할 수 있는 윤곽으로 일종의 "인간의 직업적 나이"라고 한 것과 접목시켰다. 그것은 다음과 같다(Brow, 1966).

〈표 3〉 인간의 직업적 발달단계

나이	직업발달단계	표명된 직업발달 단계
5~10	할 수 있는 일의 확인	자아이상의 본질적 부분으로서 일의 개념
10~15	근로의 기본적 습득과 획득	허드렛일과 학교일을 수행할 수 있는 자신의 시간과 에너지를 조작하는 것을 학습
15~25	근로자로서의 정체감 획득	직업의 선택과 준비
25~40	생산적인 사람이 됨	자신의 직업 기술을 연마

5) 청소년의 발달과업과 목표

(1) 청소년기의 발달과업

청소년기의 목적수행과 발달과업은 청소년기 이후의 생활에 중요한 의미를 가지고 있다. 특히 발달과업은 청소년의 발달순서상 특정 기간에 나타난다. 그 과업의 성공적인 수행은 행동의 적응을 이끌고 성공적으로 다음 과업을 수행할 수 있게 된다. 그 과업의 실패는 부적응, 사회적 비난과 계속되는 과업수행에 어려움을 갖게 된다(Brow, 1966:312).

하비거스트(1956)는 인간에게 발달과업의 3요인이 있다고 언급했다. 즉 첫째, 신체적 성숙 둘째, 문화적 기대 셋째, 개인적 열망이다. 또 하비거스트(Havighurst)는 청소년의 발달과업을 다음과 같이 열거했다.

① 양성의 또래들과 새롭고 보다 성숙한 관계획득: 그것은 목적은 여자로서 소녀, 남자로서 소년의 모습을 배운다. 성인들 사이에서 성인이 되어간다. 일반적인 목적, 개인적인 감정의 무시 때문에 다른 사람들과 배우고 일하며, 지배하지 않고 인도하는 것을 배운다.

② 남성, 여성역할 획득: 그 목적은 사회적으로 승인된 성인으로서

남성, 또는 여성의 사회적 역할을 배우고, 수용하는 것이다.

③ 자신의 체격수용과 그 신체의 효과적 사용: 그 목적은 자신의 신체에 자신감을 갖게 되거나, 최소한 인내심을 갖게 되는 것이다. 자신의 신체를 효과적으로 사용하고 보호하는 것 그리고 개인적 만족감을 갖는 것이다.

④ 부모와 다른 성인들에게서 정서적 독립 획득: 그 목적은 어린 시절의 부모에 대한 의존에서 자유롭게 되는 것이다. 그들로부터 가진 의존심 없이 부모의 정서를 발달시키고, 다른 성인들에 대한 존경을 발달시킨다.

⑤ 확실한 경제적 독립의 획득: 그 목적은 필요하다면 생활을 영위할 수 있다고 느낄 수 있는 것이다. 이것은 사회적으로 소년들의 기본적 과업이 지만 소녀들에게도 그 중요성이 증가하고 있다.

⑥ 직업의 선택과 준비: 그 목적은 능력에 맞는 직업을 선택하고, 직업을 준비하는 것이다.

⑦ 결혼과 가정생활 준비: 그 목적은 가정생활과 육아에 대한 긍정적인 태도 발달과 가정관리와 육아에 대한 지식을 얻는다(주로 소녀).

⑧ 시민으로서의 역할수행에 필요한 지적인 기술과 개념 발달: 그 목적은 현대세계에 적합한 법, 통치, 경제, 정치, 지리, 인간본성 그리고 사회관례를 발달시킨다. 현대 민주주의에서 나타나는 문제를 효과적으로 대처하는데 필요한 언어적 기술과 합리성을 개발시킨다.

⑨ 사회적으로 책임 있는 행동에 대한 갈망과 성취: 그 목적은 현실화 가능성으로서 일련의 가치를 형성하여, 이러한 현실적인 가치의 자각된 목적을 개발시킨다. 다른 물리적 세계와 다른 인류와 관계된 인간의 위치를 확인한다. 자기의 세계관과 각 개인과 조를 이루는 가

치를 지킨다(Havighurst, 1953:111~158).

발달과업의 획득은 청소년기에 있어 결코 쉽거나 단순하지 않다. 그러나 각 과업은 청소년의 궁극적인 목적에 공헌하는 것으로서 개인들이 수행해야 하는 중요한 것으로 제시되고 있다. 말하자면 성인으로 특징지어지는 사고, 결정, 행동, 활동의 성숙한 패턴에 도달하는 것이다.

이와 같은 과업을 수행하기 위하여 청소년은 ① 그의 환경에 대한 완전한 이해를 획득, ② 자기 확신감 확립, ③ 또래집단이나 그 후의 성인의 집단에서 자신의 위치를 확립하기 위하여 폭넓은 사회관계 획득, ④ 능력, 흥미, 한계에 따른 성공 획득, ⑤ 자기 관리 완성, ⑥ 개인적 독립 발달, ⑦ 중요한 생활 결정, 특히 장래 직업을 위한 선택과 준비에 따른 결정, ⑧ 정서적 성숙 획득, ⑨ 성숙한 가치와 사회적 책임성 등을 획득해야만 한다.

에릭슨의 심리적 과업 8단계 중에서 5단계인 정체성 성취시기는 사춘기 전이다. 에릭슨은 자신이 어느 시기에 속해 있고, 그의 존재를 어떻게 느끼는가와 관련지었다. 그는 또한 자신의 역할과 그 시대의 직업의 전형(원형)과 사춘기 전에 배우는 기술(skills)에 관심을 가지고 있다.

5단계의 주된 일은 자아정체감이다. 이 시기에 개인들은 자신에 귀착하려고 노력한다. 그리고 그의 생활의 자아개념을 확립하려고 노력한다. 그런데 그와 같은 자아정체감은 사회적 경험이 싹트고 사회적 역할의 책임이 싹트는 통합감을 제시해(제공해)준다. 불행하게도 청소년의 자아는 아직까지 희미하기 때문에 동료나 이상적인 상에 관해 과장된 정체감이나 역할혼란을 경험한다. 사랑에 빠지는 것은 다른 사람과 자신의 자아정체의 혼란을 투사하는 수단이 되기도 한다(Kelly, 1965:42~43).

아동기에서 성인으로 넘어가기 위하여 청소년은 많은 문제를 해결해야만 된다. 청소년은 이성에 대한 흥미를 발달시켜야만 하고 가정의 지도감독으로부터 자유스러워져야 한다. 그리고 현실에 대한 새로운 정서, 사회적 적응을 해야 하고 생활철학을 발전시키기 시작한다. 그리고 경제적, 지적인 독립을 획득하고 이러한 성취감들을 어떻게 조절해야 하는지 배워야 한다. 만약 이러한 성취를 하는데 실패하게 되면, 완전한 성숙을 획득하는데 실패하게 된다(Cole, 1965:9).

그러므로 청소년의 발달과업과 목적을 수행하는 것은 아주 중요하다. 반면에 청소년은 대부분 다른 단계들보다 급속한 변화와 발달을 한다. 특히 청소년의 경험은 자아정체감을 확립하는 것과 마찬가지로 신체적, 지적, 정서적, 도덕적, 종교적으로 변화하고 성장한다. 그러므로 청소년은 그들의 생애를 계획하고 선택해야 하고 정치, 사회, 문화적 환경에 민감하게 영향을 받는 것을 극복하도록 노력해야만 한다.

그들의 행동반경은 학교에서 수행된다. 그러므로 교육내용을 강조하는 것은 당연한 것이다. 한국에서 중등교육이라 하면 전인교육이라기 보다는 고등교육기관에 입학하기 위한 학문적인 쪽에만 거의 초점을 두고 있다. 생활지도와 상담서비스는 내일의 사회를 주도할 청소년들에게 가장 초점이 두어져야 한다. 중등교육에서 실제적으로 전인교육을 지향하고 이상적인 모델을 현실화하는 것은 학교 상담교사들의 의무이다.

(2) 청소년기의 목표

청소년기는 아동기를 벗어나는 시기이므로 아동기처럼 천진난만한 인간의 자연적 특성도 소멸되면서 인격의 전반적인 영역에서 미숙하고 불안정한 상태라고 볼 수 있다. 특히 그 특성은 정서적인 면, 이성에 대한 관심, 사회적 성숙, 가정의 통제, 지적 성숙, 직업의 선택, 여가 선용, 인간 삶의 철학, 자기 주체성 등의 영역에서 나타나고 있는데 미완성의 상태에서 보다 바람직한 방향으로 노력하는 것이 청소년기의 목표라고 할 수 있는데 <표 4>와 같다.

〈표 4〉 청소년기의 발달 목표

영역	청소년기의 특성	발달목표
1) 일반적 정서적 성숙	정서의 파괴적 표현 정서의 건설적 표현 아동기의 공포와 동기 갈등으로부터의 도피습관	정서의 건설적 표현 상황에 고려하여 객관적인 해석 성인다운 정서표현 갈등과 직면하고 해결하려는 습관
2) 이성관의 정립	동성동료내에서의 배제 가능한 여러 이성과의 경험 성적발달의 급격한 인식	이성동료간의 관심 성적성숙의 점진적 수용 갈등과 직면하고 해결하려는 습관
3) 사회적 성숙	또래집단 수용의 불안정감 사회성의 어색함 사회의 비수용 또래의 맹목적인 모방	또래집단의 수용의 안정감 사회성의 균형 사회의 수용 자유로운 선택
4) 가정에서 독립	부모의 통제에 의존 안정을 위한 부모에게 의존 부모와 같은 모델 동일시	자기통제능력 자기자신의 신뢰 부모를 가까운 친구처럼 대하는 태도
5) 지적인 성숙	권위에 대한 맹목적인 수용 사실을 열망한다 많은 일시적인 관심과 흥미	수용전에 증거를 요구 사실의 설명을 위해서 소수의 안정적인 관심과 흥미
6) 직업의 선택	매력적인 직업에 관심 많은 직업에 대한 흥미 자기자신의 능력의 한계를 무시 흥미와 능력에 부조화	실제적인 직업에 관심 하나의 가능한 직종에 흥미 자기자신의 능력에 적절하게 흥미와 능력에 맞는 조화

7) 여가의 활용	원기왕성하고 비조직적인 게임 개인적인 무술에 관심 게임에 참여	팀게임과 지적중심의 게임 팀의 성공에 관심 게임을 통한 관객적 흥미
8) 삶의 의미와 철학	많은 장기에 대한 호기심 일반적 원리에 대한 무관심 특별 쾌락추구와 고통의 회피	한・두개 정도에 호기심 일반적 원리의 이해와 관심 도덕적 기준에 의한 행동설정 양심과 책임을 기초한 행동
9) 자아주체성	자기자신의 지각부족 다른 사람의 생각을 중요시하지 않는다 실현 불가능한 목표의 동일시	자기자신에 대한 적절한 지각 자기생각보다 다른 사람 생각을 중요시 실현가능한 목표의 동일시

2. 교정사회사업과 사회사업가의 역할

1) 교정사회사업이란

교정이란 교도소내에서 행해지는 권력적인 현행과 대립되는 개념으로서 비뚤어진 것을 바로잡아 고친다는 의미를 내포하고 있다. 또한 교정기관이란 경찰서, 교도소, 구치소를 비롯하여 소년원, 치료감호소, 보호감호소, 보호관찰소, 민간 갱생보호단계, 갱생보호선교단체, 청소년 비행복지기관 등을 일컫는다. 그러므로 교정기관의 목적은 비행과 범죄의 원인을 규명하고 치유-보호하며, 사회복귀를 돕는 것을 1차적 목적으로 하고 있다. 2차적으로 비행과 범죄의 예방을 통하여 사회적 질서유지와 안정된 사회복지공동체를 건설하는 것이 모든 인류의 희망이며 꿈이기도 하다. 그리고 교정에 강조해야 될 것은 사회복귀 또는 재활(rehabilitation)의 개념이 강조되고 있는데 재활의 주된 목적이 도덕적 체계와 형사재활 제도에의 모순을 제거하는 데 초점을 두고 있다(문선화 역, 2000:143).

교정사회사업은 교정기관에서 비행과 범죄(deliquency & crime)로 인하여 조사받거나 수용보호, 또는 처벌 대상자, 그리고 교육명령, 사회봉사명령제에 가담하는 교정 수혜자와 그들의 가족들에게 사회사업의 윤리와 철학에 기초하여 사회적 기능(social functioning)을 회복시켜 주며 예방시키고 보다 안녕(well-being)된 사회생활을 돕는 전문직이라고 정의할 수 있다. 그러므로 교정사회사업은 실제로 직접적인 서비스(direct service in social work) 영역이다. 미국의 전통적인 사회사업 방법인 케이스웍과 집단사회사업의 기술을 응용하는 능력이 필요하다.

사회사업의 기술이란 어떠한 사회적 상황하에서도 인간을 깊고 폭넓게 이해하며 전문적인 사회사업 지식을 응용하는 전문가의 능력이다(Trecker, 1965).

교정분야에서의 사회사업가가 준수해야 할 몇 가지 원칙을 제시하면 다음과 같다.

① 인간관계 기초 이론과 기술을 활용하여 클라이언트와 그 가족을 돕는 것.

② 옳고 그름을 판단하기 보다는 클라이언트 자체를 있는 그대로 받아 들이고 그들의 행동과 클라이언트의 과거를 수용하는 것.

③ 클라이언트의 권리를 존중하고 자기 결정권을 인정하며 그들이 생각하고 느끼는 것을 보조하는 자의 역할을 그들의 문제와 상황하에서 존중하는 것. 그러나 그들을 위하여 결정을 대신하지 않고 그들이 당면하고 있는 문제를 바로 볼 수 있도록 원조하고 감정을 확인하며 정당한 방법으로 문제의 해결책을 돕는 일이다.

④ 새로운 사건을 학습할 수 있도록 지지하고 정상적인 행동을 이

해하며, 반사회적인 행동도 함께 인식하고 포괄적으로 사회적인 약속을 어겼을 때 왜 사회적인 처벌을 받고 무엇을 보상해야 하는지를 이해하는 것.

⑤ 클라이언트에게 안정되고 보장된 정신적 휴식을 제공하는 반면, 육체적인 처벌을 금지하는 것.

⑥ 긍정적으로 클라이언트 자신이 스스로를 돌볼 수 있도록 안내하고 그들이 당면한 문제와 상황을 볼 수 있도록 돕는 것(Skidmore, 2000:241~242).

2) 교정사회사업가의 기능과 역할

사회사업가는 계획적 변화노력에서 여러 유형의 전문가와 함께 일한다. 보호관찰관(probation officer)은 집행유예를 받은 사람 그의 가족, 학교, 고용주, 법원, 변호사, 그 자신의 소속기관 그리고 그 지역의 관련 기관들과 더불어 일을 하게 된다(Minahan, 1973:53). 그러면 무엇이 비행청소년을 위한 명백한 사회사업가의 기능인가에 대해 알아보자.

(1) 청소년 개인의 장점을 동기화 하도록 돕는 것이 사회사업가의 기능이다. 많은 청소년과 소녀, 그리고 성인들은 그들 자신의 인생을 돕지 않고 행동하지 않는 경향이 있다. 사회사업가는 그들과 동정적이고 이해력 있게 대화를 통해서 좋은 관계를 이루어야 한다. 그들 자신이 스스로를 알 수 있고 느끼도록 지지해주며, 그들이 누군가 도와주고 이해하고 있다는 사실만으로도 많은 부분을 사회사업적인 접근이라고 부를 수 있다.

(2) 청소년 개개인이 그들의 느낌을 자유롭게 표출할 수 있도록 돕는 것이 사회사업가의 기능이고 전문적인 서비스이다. 많은 젊은이들과 성인들이 감금소에 찾아오는데 대부분 그들이 깊숙이 쌓인 감정과 자신감, 두려움 그리고 좌절감과 함께 희망과 포부도 갖고 있다. 하나의 예로써 한 클라이언트는 60분 동안 단지 사회사업가에게 말하는 경우가 있는데 이것은 하나의 사회사업가, 즉 듣는 이로써의 역할 또는 고개를 끄덕이는 역할만 했다고 한다. 나중에 상담이 끝난 후 클라이언트는 "나는 기분이 아주 좋아졌습니다. 선생님의 훌륭한 조언에 감사합니다."라고 말했다고 한다. 사회사업가는 젊은이들에게 보다 더 그들의 내적 감정을 표현하고 그 감정을 말로 표현할 수 있도록 돕는 기능을 하고 있다.

(3) 비행청소년들에게 적합한 정보를 제고해주는 기능이다. 교정사회사업가는 많은 클라이언트에게 그들의 누구인가를 이해하도록 돕고 지금 어디로 가고 있는지, 그리고 어디로 행해 가고 있는지를 돕는 기능이다. 많은 경우에 클라이언트는 이 사회 안에서 어떠한 위치로서 소속되어 있는지 잘 인지하지 못하는 경우가 많다. 그리고 사회사업가는 클라이언트 자신이 보다 통찰력 있고 스스로 자신을 이해하도록 도와야 하며, 그들의 할 수 있는 역할과 그들에게 적합한 사회적인 역할을 찾도록 도와주는 기능이다.

(4) 모든 교정복지전문가와 같이 범죄자들이 자기 문제를 스스로 결정할 수 있도록 도와야 하는 기능이다. 사회사업가는 그들의 결정을 대신 내려서는 안된다. 그러나 그들을 돕는데 심사숙고하고 객관적이며 그들의 문제와 양자택일의 상황을 스스로 볼 수 있도록 지원한다. 그들이 계속 직장인으로 남아있어야 하는가, 그들이 그들의 가

족들과 함께 머물러 있어야 하는가? 또는 거주지를 이사해야 하는가, 그들이 그들의 옛 친구들과 계속적인 관계를 형성해야 하는가? 그들은 학교로 다시 되돌아가야 하는가? 어떻게 그들의 행동 양식을 바꿀 수 있을까? 이러한 전형적인 질문에 대한 답변은 클라이언트 스스로를 찾아낼 수 있다는 것을 인지하는데 돕는 것이 사회사업가의 기능이다.

(5) 교정 수혜 대상자의 처하고 있는 상황을 사실 그대로 확인하도록 도와주는 기능이다. 비행과 범죄자들은 그들 스스로 문제와 상황만을 생각하는 것이 아니라 그 상황 안에서의 감정을 이해하는 데 중점을 두고 있다.

(6) 교정 수혜자에게 적합한 환경을 조성해주는 것이 중요한 기능이다. 사회사업가는 지역사회에 관련된 지식과 요소를 파악하고 개인 및 가족의 경제적인 것과 사회적인 자원들을 개개인에게 적합하도록 충족시키는 것이 중요하다. 사회사업가는 때로는 클라이언트가 일 할 수 있도록 전일제 또는 시간제로 직장을 연결해주어야 한다. 그리고 그들 스스로 개인이 독립적으로 살 수 있도록 장소를 마련해 준다. 적절한 사회적 기술과 교육을 받도록 하여 스스로 가치 있는 시민으로서 안정된 삶을 살 수 있도록 한다.

(7) 범죄자들을 다시 그들의 행동양식을 정리할 수 있도록 돕는 것이 사회사업가의 기능이다. 이러한 기능은 사회사업가로서 도울 수 있는 어려운 기능중에 하나이다. 심각한 알코올 중독자, 약물 남용자 그리고 성격 이상자들이 그 좋은 예이다. 때로는 사회사업가는 다른 기관에 연결하여 클라이언트가 갖고 있는 성격적 증상과 그들이 과거에 집착하여 스스로에게 의존적인 클라이언트 그리고 교육과 경험

을 다른 전문 기관의 전문의들과 협동하는 경우가 있다. 이러한 경우 클라이언트는 장기간의 치료를 요할 경우가 많고 경우에 따라서는 만성적이고 결코 치료할 수 없는 경우도 있다.

(8) 또 다른 하나의 중요한 기능은 유관 기관에 의뢰하는 촉진자의 기능이다. 다른 전문인들이 클라이언트의 상황에 따라서 적절하게 치료하고 개입할 수 있는 경우가 종종 있다. 사회사업가의 장점은 전문적이고 다양한 지식과 지역사회의 자원을 파악함으로써 클라이언트에게 적합하고 그들에게 필요한 서비스를 제공받을 수 있도록 돕는 기능을 할 수 있다(Minahan, 1973:244).

위와 같은 8가지 사회사업가의 기능에 기초하여 중요한 역할을 소개하면 다음과 같다.

첫째, 교정사회사업가는 비행과 범죄인의 개인과 인간을 존중하는 인간애 사상에서 출발하여야 하며 민주주의 실현사상에 기초하여 사회사업가의 윤리와 가치를 준수해야 한다.

둘째, 비행과 범죄자는 물론 그들의 가족을 돕는 데 처벌과 형벌의 개념이 아닌 사회사업이념에서 그들과 그들의 가족을 전문적으로 이해하고 돕는 전문가이며 변화매개인이라는 인식을 스스로 확보해야 한다.

셋째, 교정사회사업은 지역사회의 인적 물적 자원의 토대 위에서 범죄를 예방하고 치유하며 사회공동체적인 삶의 질을 향상하는데 공헌하고 있음을 확신해야 한다.

3) 교정사회사업의 서비스와 프로그램

교정사회사업은 19세기 말 전문사회사업의 기반이 빠르게 발전하면서 범죄자들을 위한 전문적인 개입이 시작되었다. 미국에서는 1885년에 교도소 개혁, 감옥과 경찰, 그리고 사회문제에 관련된 예방에 전념하는 주제가 발표되었다.

최근 들어 사회사업가들을 통하여 다시 부활시킨 영역이 교정으로서 범죄자의 재활에 초점을 두고 있다.

교정사회사업은 미국 사회사업교육위원회(The Council on Social Work Education)의 교과과정 전형으로 선택되었다. 교정사회사업은 비행자나 범죄자를 형벌하고 죄로 낙인찍는 통념적 개념에서 벗어나야 하며, 교정사회사업가는 전문적인 서비스와 프로그램을 제공하는데 기본적으로 사회사업의 가치와 윤리가 보다 확고해야 한다. 그 예로서 교정사회사업가는 다음과 같은 인식의 전환과 교정에 대한 자세가 요구되고 있다.

첫째, 교정사회사업가는 비행소년 소녀가 갖는 문제를 사회적인 법과 함께 처벌을 준다기 보다는 기본적으로 보다 바람직한 방향으로 나아지는 것으로 사회사업가의 과제가 주어진다.

둘째, 교정사회사업가는 보복하거나 또는 처벌하는 것이 아닌 범죄자들을 돕는데 초점을 맞춘다. 교정사회사업가의 목적달성은 유용한 전문적인 지식과 기술을 교정적인 태도로 활용해야 한다. 클라이언트의 개인적인 교정, 그들을 돕고 사회 안으로 다시 복귀할 수 있도록 지원하고 다시 자기 자신의 편안한 상태로 회복될 수 있도록 돕는 것이다.

셋째, 교정사회사업가는 범죄자들의 행동양식을 긍정적으로 바꾸고 그들이 사회적으로 또는 그들과 관련된 집단에 다시 받아들여질 수 있도록 돕는다. 구체적으로 교정사회사업가는 범죄자를 도울 때, 열등의식이나 부적절한 심각한 감정들, 사교성의 미흡, 결핍된 상태, 친지들에 대한 부정적인 감정, 형제간의 질투와 경쟁심, 가족해체 등이 좋은 예이다. 교정사회사업가는 그들의 문제를 표현할 수 있도록 용기를 주고, 느낌을 자유롭게 표현하도록 돕고, 통찰력있게 그들 스스로 이해할 수 있도록 도와야하며 사회적으로 건전한 행동을 하도록 유도하는 것이 교정사회사업가의 기초적인 역할이다(Skidmore, 2000:240~241).

교정사회사업가의 전문적인 서비스와 프로그램의 이해를 돕기 의하여 사회사업 백과사전(1995년판)에 수록되어 있는 미국의 교정사회사업 프로그램은 보호관찰과 가석방제도(Probation and parole)가 실시되면서 전문화 과정을 거치게 되었다.

대표적인 교정프로그램으로서 가족교정프로그램(family views in correction programs), 청소년교정프로그램(juvenile corrections), 지역사회에 기반을 둔 교정프로그램(community-based corrections), 형사범의 재활서비스(rehabilitation of criminal offenders)로서 피해자와 증인지원 프로그램(victim series and victim-witness assistance program)과 고문과 외상서비스(victim of torture)등이 있다. 여기에 대해 보다 자세히 알아보기로 한다.

(1) 가족교정프로그램

가족지원프로그램은 중요한 사회적 서비스와 교정 목표에 도움을 주며, 인간적이고 실용적인 이유에서 정당하다고 볼 수 있다. 투옥된 동안 가정 결속을 지원함으로써 가족구성원 개개인의 복지를 향상시키고 가족의 기능이 유지되도록 도와주면 공공의 안녕을 조성할 수 있다. 재소자들의 가족관계는 정신보건과 석방 후에 성공적인 사회복귀를 하는데 대단히 중요하다. 가족과 교도소 밖의 인간관계를 유지하는 문제는 재소자들이 박탈당했다고 가슴깊이 생각해 온 가장 중요한 문제이다. 재소자들은 가족과 자녀 그리고 사랑하는 사람들과 일상생활을 할 수 없다는 무력감을 심각한 심리적 압박과 고통의 원인이라고 한다. 특히 만성정신질환자나 실직자, 복합적인 장애인의 가족지원프로그램의 사각지대에 있으며 무의탁 출소자를 양산하는 또 다른 심각한 사회 문제를 야기 시키고 있음을 주지해야 한다.

(2) 청소년교정프로그램

청소년교정서비스는 법 집행관이나 법원이 주목할 만한 행동을 실제로 했거나 했다는 협의를 받고 있는 청소년들에 대한 일정 범위의 개입을 의미하는 폭 넓은 개념으로 해석할 수 있다.

청소년구금과 같은 몇몇 프로그램은 원래는 체포되어 법원의 판결된 심리를 기다리는 청소년을 주된 대상으로 삼는 것이다. 보호관찰, 집단가정, 훈련학교, 그 밖의 거주, 비거주 프로그램 등과 같은 다른 프로그램은 판결 후 법원의 배치 명령을 받은 청소년들을 수용하기 위해서 만들어진 것이다. 청소년교정서비스 프로그램은 주정부 기관이 책임질 수 도 있고, 군의 보호관찰, 소년법원 혹은 민간 영리기구 또는 비영리 기구의 책임 일 수도 있다. 청소년프로그램의 사회사업가는 주와 지방의 행정기관의 소속직원, 법원종사자, 감독관, 교도관,

사건담당관정책분석가, 프로그램 평가자, 변호사로서 청소년교정에서 주요한 역할을 담당한다.

(3) 지역사회에 기반을 둔 교정프로그램

전통적인 수용보호 중심성격의 사회사업형태가 점차적으로 탈시설화, 지역사회 중심적인 서비스형태로 발전 변형되어 왔다. 가장 잘 알려진 지역사회교정프로그램은 보호관찰과 가석방제도로서 교육명령과 사회봉사명령제 도입의 직접적인 계기가 되었다. 지역사회교정프로그램의 역할을 이해하기 위해서는 징계와 교정을 구분할 필요가 있다. "징계"는 범법자가 법을 침해한 것에 대한 보복적인 대응을 말한다. 징계를 통하여 사회는 폭력, 절도 그리고 불법적인 약물 사용 등과 같은 형태의 사회적인 불호를 예시하고 있다. 징계의 부가적인 목적은 미래에 발생할 수 있는 범법자의 침해행위를 제기하는 것이다. 그러나 징계는 일차적으로 잘못된 행동의 사회적인 보복을 의미한다.

한편 "교정"이란 일차적으로 불법적인 행동을 바로 잡거나 영향을 미치기 위한 노력이다. 교정프로그램은 어떠한 행동이 잘못되었고 부정적인 결과를 초래하고 다른 종류의 행동이 불법적인 행동을 대처할 수 있다는 것을 범법자에게 가르침으로써 미래에 발생할 수 있는 법의 파기를 감소시키는 것이다.

「징계」가 단지 하나의 사건인 반면에 「교정」은 행동의 결과가 얻어지는 하나의 과정이다. 지역사회교정프로그램은 징계뿐만 아니라 교정의 요소와도 관련될 수 있다.

지역사회교정프로그램은 선고받은 청소년과 기소된 성인을 감금하는 것에 대한 대안을 제공한다. 잘 운영 관리만 되면 이 프로그램은 사회복지, 통제, 그리고 징계의 목적을 달성하는데 비용 교화적일 수 있다. 자신의 지역사회에 머무는 범법자들은 잠정적으로 자신들의 사회복귀 능력을 향상시킴으로써 감금의 부정적인 효과를 피하게 된다.

(4) 피해자와 증인지원 프로그램

피해자와 증인지원 프로그램의 철학적 이념은 인권의 옹호와 회복에 그 의미가 있다. 미국에서도 1970년대에는 피해자의 권리 옹호단계, 피해자를 위한 서비스, 피해자의 증인지원 프로그램이 거의 없었다. 그러나 1990년대 중반에 와서 미국 전역에 걸쳐 6,000여개의 피해자의 증인 프로그램, 매맞는 여성의 집, 강간피해자 프로그램, 강력범죄 피해자 지원 그룹 등이 생겨났다. 이러한 프로그램의 양적 증가가 가능해진 것은 바로 1984년 연방 범죄 피해자 보호법(Federal victime of crime act)에 따라 자금 지원이 가능했고 주 및 카운티가 보조금을 지급하게 되었으며, 가해자에 부과되는 벌과금 사정액 및 징수액의 일부를 지원할 수 있게 되었다.

우리나라에서도 최근 인권회복운동이 강화되면서 피해자와 증인지원 프로그램 일부가 시민단체 등이 주동이 되어 연구 개발되고 있음은 매우 다행스러운 일이라고 평가할 수 있다. 피해자의 인권옹호와 권리회복을 위하여 사회재활전문가의 팀웍 서비스 프로그램이 요청되고 있다.

3. 사회사업개입

1) 정신역학(psychodynamic theory)에 기초한 실천

(1) 목적

개인으로 하여금 그들의 내적 사고와 갈등감정을 좀더 잘 이해하게끔 도움으로써 개인의 사회적 기능을 향상시키는 것이다.

(2) 적용

이러한 접근 사용하는 데 있어서 선행조건은 클라이언트가 정기적으로 계획된 상담에 적극적으로 참석할 수 있어야 하며 동기가 높아야 하고 언어능력이 높아야 한다. 이 접근은 지적능력이 제한적이고 화학적 의존상태이거나 급성 위기 상태에 있는 클라이언트에게는 거의 도움이 되지 않는다. 불운한 사회적 여건이나 경제적 여건(예: 빈곤, 빈약한 주택)과 관련된 문제로 부담감을 느끼는 클라이언트에게도 부적당하다.

(3) 내용

이 준거틀은 정신분석 이론과 치료에 근거를 두고 있다. 행동에 대한 정신역동적 설명들과 변화에 대한 그런 접근은 무의식적 동기(unconscious motivation)와 모든 행동 밑에는 심리적 목적이 숨겨져 있다고 믿는 신념에 기초하고 있다. 기본욕구와 충동(예: 배고픔, 고통을 피하려는 욕구, 性, 안전 등)의 힘을 인정하고 주요 정서(예: 두려움, 분노, 미움, 공격성, 질투심, 복수심, 성적 매력 등)를 통제하는 것이 어렵고 사회적으로 수용되는 태도로 기본욕구를 충족시킬 때 발생하는 내적 갈등을 인정한다. 불안과 정신내적 갈등을 다스리는 데 도움이 되는 자아방어기제(ego defense mechanisms)로 불리는 정신적 과정들의 가동을 전제로 한다.

자아(ego)라는 용어는 원초적인 충동과 외부 현실과 사회규범의 요구사이를 중재하는 다양한 개인내적 과정을 말한다. 자아는 성격의 문제 해결적, 현실지향적 부분이다. 그러므로 자아지지치료(ego supportive treatment)와 같은 용어는 문제 해결력과 적응력을 유지시키고 향상시키는 개입을 의미한다. 개인내적, 개인간에 일어나는 문제는 아동초기의 경험에 그리고 분열된 성격발달단계에 뿌리를 두고 있다고 가정한다. 대상관계 개념(concept of object relations)은 현 사고방식, 감정 그리고 행동이 무의식적인 수준에서 다른 사람 특히 부모 존재와 아동기의 관계를 반영한다고 설명하고 있다.

변화는 내적 갈등을 표현하여 카타르시스를 얻을 때, 그리고 과거 경험이 현 문제를 일으키는 사고, 감정과 행동에 어떻게 작용하는가를 통찰하게 되므로 일어난다. 변화 과정은 개인적인 생각과 감정을 표현하는 것을 격려할 수 있을 정도의 길고 강한 사회사업가와 클라이언트와의 관계를 필요로 한다.

펄만(Perlman, 1957)의 문제해결적 접근(problem-solving approach)은 개인의 문제 해결 부분으로서 자아의 개념을 도입하고 있다. 환경과 기관 내의 인간의 맥락하에서 원조과정을 설명하기 위해 펄만은 4Ps, 즉 개인(person), 문제(problem), 장소(place), 과정(pross)을 활용한다. 장소는 원조과정에 영향을 미치는 실천장면을 의미한다.

터너(Turner, 1988:108)는 심리사회치료는 사회사업 초기로 거슬러 올라가기 때문에 전통적인 사회사업접근으로 불리어질 수 있으며, 그런 치료는 정신분석이론의 영향을 많이 받았고 그러한 영향은 지속될 것이라고 설명한다. 심리사회치료는 클라이언트의 기능에 영향을 미치는 사회적, 환경적 요인보다 클라이언트의 내적 사고와 감정에 더 많은 관심을 기울인다. 최근 심리사회학의 공헌으로 인지행동 치료와 좀더 환경에 더 관심을 기울이는 여러 다양한 가족치료이론과 같은 다른 접근들로부터 끌어낸 개념을 통합시킨다(Sheafor · Horejsi, 1998, 62-64).

정신역학이론에 기초한 실천모델에 개발은 콜브(Kolb, 1973:150~156)의 정신의학적 조사, 펄만(Perlman, 1957)의 문제해결접근, 구종회(1984, 32~39)의 개별사회사업의 진단모델에 적용하여 만성무의탁 출소자의 개별사례진단-재활중심의 모형을 도표화하였다. 주요 항목은 일반적 사항, 가족관계, 비행 및 범죄내용, 성(sex)생활, 학교적응, 종교생활, 군대생활, 직장생활, 건강상태, 현재의 당면과제, 앞으로의 생애계획 등으로 분류 기호화했다.

〈표 5〉 개별사례진단-재활중심모형

1) 성명	2) 성별	3) 출생지	4)가족관계			5)비행-범죄내용			6)학교적응
			① 처	② 자녀	③ 현재생활	① 죄명	② 교도소	③ 수형생활	
① 한글: ② 한문:	① 남 ② 여	① 대도시 ② 중소도시 ③ 농촌 ④ 모른다	* 있다 * 없다 -이혼 -사별 -별거 * 이혼 횟수 __회	* 남: 명 * 여: 명 * 기타	* 이성 교재중 * 교재없다 * 교재계획 * 재혼예정	* ── * ── * ── * ──	* 1회 * 2-4회 * 5-7회 * 8회 이상	* 1년정도 * 2-4년 * 5-7년 * 10년 이상	① 무학 ② 국퇴 국졸 ③ 중퇴 중졸 ④ 고퇴 고졸 ⑤ 대퇴 대졸

7) 종교생활	8) 군생활			9) 업생활				10) 건강상태		
	① 사병	② 장기복무	③ 장교	① 입소전 직업	② 교도소 훈련	③ 현재의 직업	④ 자격증	① 만성질병	② 장애	③ 정신병
① 불교 ② 가톨릭 ③ 기독교 ④ 무교	* 근무 년 월 * 중도 탈영: ___회	* 계급___ * 근무 년 월 * 중도 탈영: 회	* 계급___ * 근무 년수 ___년	* 직업 ___년 ___년 ___년 ___년	* 과정: __년 * 과정: __년 * 과정: __년	* * 월 보수액 : 원	*___ *___ *___ *___	*___ *___ *___ *___	* 시각 * 청각 * 정신 지체 * 지체 장애 * 복합	* 정신분열증세 * 노이로제증세 * 성격장애 * 기타

2) 생태체계적 관점

(1) 목적

환경 안의 인간이라는 맥락(the person-in-environment context)에 사회사업가의 초점을 맞추게끔 하는 것이다.

(2) 적용

클라이언트 체계가 생존하기 위하여 변화하는 환경에 적응하고 필요한 자원을 얻기 위해 경쟁하는 다양한 방식에 대한 이해를 돕는 개념적인 렌즈이다.

이 관점은 사정과 계획을 할 때 가장 유용하고 실천 상황에서 요구되는 다섯가지 요소들의 체계적인 상호작용을 특히 강조하고 있다. 다섯가지 요소들이란 ① 개인의 성격, ② 가족 생활 양식과 역동, ③ 문화적 가치와 신념, ④ 인종차별주의, 여성차별주의, 노인차별주의와 같은 환경-구조적 요인들, ⑤ 클라이언트의 상황에 기여해 온 과거의 경험들을 말한다.

(3) 내용

생태체계적 관점은 체계이론뿐만 아니라 생태학, 물리학으로부터 아이디어를 얻을 것이다. 생태학은 조직들과 그들의 생물학적 그리고 물리적인 환경 사이의 관계에 초점을 맞춘다. 스미스(Smith)는 생태학의 연구단위가 되는 생태계(ecosystem)를 지역사회 내의 유기체들을 유기체들 서로간에 연결시키거나 환경과 연결시키는 활동적인 상호작용과 물질적인 순환(material cycling)에 관여한 부분적으로건 아니면 완전하게 완비된 유기체 집합체로 정의하고 있다. 생명체는 각각 직접적으로건 간접적으로건 다른 모든 생명체와 그리고 생명이 없는 환경과 에너지와 물질을 교환한다.

생태계는 결코 정지상태에 있지 않다. 상태계 내의 각 종(種)은 천천히 그러나 지속적으로 항상 변하고 있는 환경에 적응을 하고 있다. 만약 환경이 너무 급속하게 변하거나, 또는 종이 충분히 빠르게 변화할 수 없다면, 그 종은 투쟁적이고 더 적절한 종에게 압도되거나 아마도 멸종하게 된다. 스미스(Smith)는 이러한 경쟁은 생태학적인 지역사회들을 형성하는 중요한 과정이라고 설명한다. 일반적으로 자원이 풍부한 동안에는 종들은 함께 공존할 수 있다. 그러나 자원들은 대체적으로 한정되어 있기 때문에 종은 살아남기 위하여 경쟁하여야만 한다.

공생의 개념은 두 종의 상호작용으로 생각되어질 수 있다. 공생에는 세가지 중요한 유형이 있다. 상리(相離)공생(mutualism)에서 두 종은 상호작용으로부터 혜택을 입는다(예: 벌들과 꽃들), 공생(commensalism)관계에서는 한 종은 혜택을 입는 반면, 다른 종은 도움도 해도 입지 않는다. 기생(parasitism)관계를 보면, 기생동물은 혜택을 받는 반면,

기생동물의 주인은 해를 입는다. 사례상황을 평가할 때, 사회사업가는 사람-환경간의 상호작용들을 이해하기 위해 이러한 개념들을 사용할 수 있고, 개입활동들을 계획할 때, 사회사업가는 확대된 상리공생과 공생을 시도해야만 한다.

변화하는 환경에 더 경쟁적이고, 성공적으로 대처할 수 있기 위해서 종은 적응적(adaptive)이어야만 한다. 적응의 한 형태는 전문화(specialization)이다. 종이 전문화될 때, 종의 전문화는 경쟁을 줄이는 효과를 가지 때문에 유리하다. 반면에 고도로 전문화 된 종은 급속히 변화하는 환경의 영향에 더 공격받기 쉽다. 일반적인 규칙처럼 전문화는 안정된 환경에서 종의 생존을 증가시킬 것이다. 그러나 급속히 변화하는 환경에서는 생존을 감소시킬 것이다. 예를 들어 이러한 개념들은 직업훈련기회와 관련된 결정을 하도록 클라이언트를 돕는데, 그리고 조직의 변화를 시행할 때 유용하다.

적소(適所: Niche)라는 생태계 개념은 특별한 종이 그 생태계 내에서 생존하고 건강을 유지하고, 재생산하는데 필요한 물리적, 화학적, 그리고 생물학적 요소들의 합성체에 관한 것이다. 적소는 종이 가장 효과적으로 기능 할 수 있는 특정 장소 또는 환경 즉 만족스런 지대(comfort zone)로서 생각되어질 수 있다.

이런 개념들은 개인과 집단의 기능에 대해 새로운 사고방식을 제공한다. 생태학적 관점은 우리가 기능해야 하는 환경은 계속 변화하며 개인, 지역사회와 전 사회는 이러한 변화에 적응해야 한다는 것을 우리에게 상기시켜 준다. 또한 생태학적 생각은 사회사업가가 인간 고통의 원인을 단순히 심리적인 과정이나 외부 환경으로 정의하는 것을 막아준다. Germain and Gitterman(1987, 489)은 생태학적 관점으로부터 “사람의 욕구와 곤경은 오로지 성격이나 환경만의 산물이 아니라 인간과 환경간의 상호교육의 산물로 이해되어야 한다.”고 설명하였다(Sheafor · Horejsi, 1998:54~55).

생태체계적 관점에서 수용해야 할 개념으로서 인간유기체의 공생(symbiosis)의 세가지 의미를 수용해야 한다. 교정사회복지사는 확대된 상리공생과 공생을 중심으로 실천모델을 개발하고 실천에 투입시켜야 한다. 다시 말해서 청소년의 비행과 범죄를 예방하기 위한 전문가의 훈련교육 프로그램을 개발하여야 한다. 본 법인에서 제안한 교정전문가 양성과정의 초기 교육 교과과정은 <표 6>과 같다.

〈표 6〉 교정전문가 양성과정(초기교육 교과과정)

구분	교육내용	강사	교육시간
총론	사회복지학개론 한국의 형사정책의 기초 범죄의 정신의학적 이해 범죄의 종교적 이해	사회복지전문가 법조계: 형사정책전문가 정신의학전문가 신학(선교학 전공)	4시간 4시간 4시간 4시간
각론	선진국 보호관찰제도 비행 범죄의 초기집단 비행 범죄의 가족특성 수용소의 환경 비행 범죄의 원인	교정사회사업전공 일선경찰-전문가 교정사회사업전공 수용소 소장 사회사업 전공	4시간 4시간 4시간 4시간 4시간
프로그램 (사례중심)	비행과 범죄의 변론 청소년 성인 성교육 피해자와 증인 프로그램	법조계: 변호사 성교육 전문가 NGO전문가	4시간 4시간 4시간
평가 및 실습	무의탁 출소자와 함께	목회자, 교정전문가, 자원봉사자, 지역주민, 공공기관 전문가 등	1박 2일 (8-12시간)

주: 총 48시간~52시간 수료 후 교정전문가양성 초기과정 수료증명을 수여하며 대학과 연계하여 교정사회사업(학부), 교정사회사업연구(대학원)등의 학점 인정을 받도록 한다.

교정전문가 양성과정 교육프로그램은, ① 초기교육과정, ② 전문교육과정(전문가 양상), ③ 심화과정(평가, 지도자 양성)의 장기 계획을 실천에 옮겨 교육명령제와 사회봉사명령제의 발전대책을 수립하고자 한다.

4. 사회봉사명령제의 논의점

사회봉사명령제의 출현동기는 인간애 사상(humanitarianism)에 기초하여 출현한 실천 모델이다.

이 모델의 또 다른 의미는 보호관찰제도의 비용절감이라는 경제적 원리도 내포하고 있지만 지역사회에 기반을 둔 재활모델로서 교육과 예방에 초점을 준 클라이언트 중심의 전인격 회복을 시도한 점을 높이 평가할 수 있다. 그러나 사회봉사명령제의 전통적인 형벌주의 원칙에는 크나큰 개념변화가 없이 추상적으로 클라이언트에 중심을 주었다는 느낌이 강하다.

첫째, 용어의 핵심적 의미는 사회봉사보다는 명령제(order)에 초점을 두었다고 해석된다. 영어의 community service order를 사회봉사책임제로 바꾸어 사용했으면 한다. 책임제의 운영은 수혜자는 물론 그의 가족, 교정전문가 그리고 사회봉사현장에서 service learning programs를 계획하고 실천하는 전문가와 모든 사람들의 책임이라는 의미의 부각이 필요하다고 주장한다.

둘째, 논의되어야 할 점은 민간교정기관의 지원체계확립이 요구되고 있다. 문민정부 수립이후 많은 공공투자 복지기관이 민간으로 운영권이 이양되는 것은 매우 바람직한 현상이다. 그러나 정부조직의 많은 부분이 아직도 관주도형을 벗어나지 못하고 있으며 의식전환이 제자리 걸음 단계에 있음을 확인할 수 있다. 민간 교정단체의 활성화와 비행청소년과 범죄예방 대책을 진지하게 논의하고 평가하여야 한다.

셋째, 인간에게 봉사할 수 있는 전문직은 연구하는 대학의 관련학과와도 상호연계하여 교정전문가를 양성할 수 있는 교과과정이 수립되고 투입되어야 한다. 이론중심에서 실천중심적인 교정사회사업서비스와 프로그램이 개발되어야 하기 때문이다.

참고문헌

Cole, Luella, 1965, 『Psychology of Adolescence』, 6th ed., New York: Holt, Rinehart and Winston Inc.

Erickson, Clifford E, 1946, 『Guidance Practice at Work』, New York: McGraw-Hill.

Ginsburg,H.P. and Opper, S, 1998, 『Piget's Theory of Intellectual Development』, 3rd ed., Englewood Cliffs, New Jersey: Prentice Hall Company.

Hopkins, J. Roy, 1983, 『Adolescence; The Transitional Years』, New York: Academic Press, Inc.

Horrocks, John E, 1976, 『The Psychology of Adolescence』, 4th ed., Boston: Houghton Mifflin Company.

Hurlock, Elizabeth B, 1973, 『Adolescent Development』, 4th ed., New York: McGraw-Hill Book Company.

----------, 1973, 『Development Psychology: A life-span Approach』, 5th ed., New York: McGraw-Hill Book Company.

----------, 1984, 『Child Development』, 6th ed., New York: McGraw-Hill Inaternation Book Company.

Kolb, L.C. and Brpdoe, 1982, 『H.K.H. Modern Clinical Psychiatry』, 10th ed. Philadelphia: W.B. Sounders Company.

Stone, G.L. 1986, 『Counseling Psychology: Perspective and Functions』, California: Wadsworth, Inc.

루터의 종교개혁에 나타난 사회복지사상

김기원[1]

요 약

종교개혁사상은 교회적으로 큰 의미를 갖고 있고 개신교가 탄생하는데 크게 기여하였을 뿐 아니라 사회복지적으로도 중세의 복지사회로부터 근대의 복지국가로 이동하게 하는데 결정적인 단초를 제공하였으며, 기독교가 사회복지의 주체로서 새로이 그 모습을 회복하고 기독교사회복지의 학문적 정체성을 정립하고 구체적 실천방안을 강구하는데 의미 있는 기여를 하였던 역사적 사건이었다. 루터는 95개조 논조 가운데 가난한 자에 대한 선행이 면죄부를 사는 것보다 더 가치가 있는 일이고 교회 안에서 행해지는 기도와 금식등을 선행으로 간주하던 선행관을 반박하고 믿음 안에서 행해지는 모든 기거동작을 선행이라 하였다. 또한 빈민구제를 위해 도시정부가 조례를 만들어 교회와 도시정부가 빈민구제를 위해 서로 협력하였다.

주제어: 종교개혁, 루터의 기독교사회복지사상, 루터의 95개 논제, 선행에 관한 설교, 크리스찬의 설교, 루터의 자선사업 개혁

1. 들어가는 말

종교 개혁(Protestant Reformation)이 일어나기 지난 천년 동안을 종교의 암흑시대라 부른다. 당시는 로마카톨릭의 절대주의는 영적 문제 뿐 만 아니라 세속적인 문제까지도 좌지우지하였고, 교회 밖에서는

---

1) 서울장신대학교 사회복지학과 교수

생존 자체가 불가능하였던 시기였다. 종교국가에서 종교 없이 살고 있었다는 것이 한편으로는 모순된 중세교회의 형편이었다. 외형적으로 웅장하고 거대한 교회당과 화려하게 장식한 교황과 승려들의 삶의 모습은 참된 의미에 있어서 종교와는 거리가 멀었다. 그들은 그리스도의 구속사업(救贖事業)보다는 로마 교황의 교서와 명령에 더 많은 관심을 가졌으며, 성서의 가르침을 설파하기 보다는 교황의 명령에 복종하여 긴밀하게 움직이는 조직체에 불과하였다. 종교개혁은 카톨릭의 절대주의 하에서 영적 만족을 갈망하는 인간의 영적 고민과 투쟁이자, 성서로 돌아가려는 종교적 혁신운동이었으며, 기독교의 참된 모습을 다시 발견하고 그 모습으로 돌아가려는 영성회복운동이자, 교황에 의한 '위로부터의 개혁(top-down reformation)'이 아닌 '아래로 부터의 개혁(bottom-up reformation)'이었다.

종교개혁사상은 신학이 새로이 학문적으로 정립되고 개신교가 탄생하는 데 크게 기여하였을 뿐만 아니라, 사회복지적으로 보더라도 중세의 복지사회로부터 근대의 복지국가로 이동하게 하는 데 결정적 단초를 제공하였으며, 기독교가 사회복지의 주체로서 새로이 그 모습을 회복하고, 기독교사회복지의 학문적 정체성을 정립하고, 구체적 실천방안을 강구하는 데 의미 있는 기여를 하였던 역사적 사건이었다.

이 글에서는 가장 핵심적인 종교개혁자인 루터의 종교개혁이 갖고 있는 사회복지사상을 연구하고, 기독교사회복지적 함의를 강구해보기로 한다. 종교개혁가로서 루터에 관해서는 그동안 많은 신학자들에 의해 다방면으로 심도 있게 연구가 진행되어 왔다. 그러나 신학 이외의 분야에서 루터에 대한 연구는 다소 미미한 편이다. 사회복지 분야에 있어서도 마찬가지다. 사실 루터는 종교개혁가로서, 신학자로서 훌륭한 평가를 받고 있지만, 루터의 저서나 가르침을 좀 더 살펴보면, 그 가운데서 우리는 사회복지의 기본적인 가치, 이념 그리고 실천 자세에 의미 있게 적용할 수 있는 부분들을 발견할 수 있다.

본 논문에서 필자는 루터의 주요 논문과 저서들을 중심으로 하여 이들의 가르침을 사회복지적 관점에서 분석하고, 재해석하고, 적용함으로써 그들이 기여한 기독교사회복지적 업적에 가치를 부여하고자 한다.

2. 루터 당시 사회상

마틴 루터는 1483년 11월 10일 농부인 한스 루터의 둘째 아들로 아이스레벤이란 지역에서 태어났다. 당시의 사회는 유아사망률이 60%가 넘는 척박한 상황이었다. 태아난 아이들 가운데 절반 이상이 사망하는 힘든 상황 하에서 루터의 아버지는 '죽은 아이에게는 하늘의 권리가 박탈된다'는 속설이 있어 서둘러 성 베드로 교회에서 유아 세례를 받고, 마틴이라는 이름을 지었다. 생활고에 시달린 루터의 아버지는 루터가 한 살이 되기 전에 만스펠토로 이주하여 구리 광산의 광부로 열악한 작업환경에서 일하게 된다. 성실히 일한 그는 7년 만에 자신만의 구리사업을 시작하고 후에 여섯 개의 광산 갱도와 구리 용광소를 소유하게 되었으며, 만스펠트시의 시의원으로 봉사하게 된다. 어려운 환경하에서도 근면하게 일하면 재력을 모을 수 있는 자본주의가 성숙한 사회이며, 평민도 시의원이 될 수 있는 민주주의가 정착된 사회이었음을 알 수가 있다.

루터는 만스펠트와 막데부르크에 있는 라틴어 학교에서 공부를 하고, 아이제나하의 성 게오르그 학교를 졸업하였다. 루터는 학창시절 빈곤을 경험한 학생이었다. 이 시절에 어린 학생들은 오늘날 학생들이 아르바이트를 하듯이 학비를 조달하기 위해서 거리를 다니며 구걸을 하곤 하였다. 루터도 학창시절에 학비를 조달하기 위하여 거리에서 구걸을 한 적이 있다. 후일 루터는 설교 가운데서 빈곤가정의 부모들에게 경제적으로 생활이 어렵다고 할지라도 자녀들을 학교에 보내야 한다며 학교교육의 중요성을 강조하였다. 또한 학생으로서 경제적으로 빈곤하다는 것은 조금도 부끄러운 일이 아님을 강조하였다(지원용, 1987:48-51).

그 후 루터는 에르푸르트 대학교에 입학하고, 1502년에 문학사, 1505년 1월에 문학석사 학위를 취득하고, 동년 5월 법률 공부를 시작하다, 천둥번개를 경험한 후 에르푸르트의 어거스틴 수도원에 들어간 후 1507년 서품을 받고, 비텐베르크대학에서 도덕철학 강의를 하고, 1512년 비텐베르크 대학에서 신학박사 학위를 취득하고, 시편, 로마서, 갈라디아서, 히브리서 강의를 하다 1517년 10월 31일 면죄부 판매에 분개한 후 95개조 논제를 붙이게 된다.

루터가 성인이 되어 활동하던 16세기 초는 역사가들이 르네상스라고 부르는 시기였고, 콜럼부스가 항해를 시작해 신세계를 발견한 시기였다. 청년 루터는 만일 유럽이 복음에 응답하지 않으면 신대륙에 살고 있는 사람들에게 복음을 빼앗길 것이라는 위기의식을 갖기도 한다.

당시의 유럽에는 흑사병이란 질병의 고통에 시달리게 된다. 당시 슈트라스부르크 시의 인구 2만5천 명 가운데 1만 6천명이 사망하고, 마을은 황폐하게 되었다. 흑사병뿐만 아니라 '프랑스 병'이라고 불리었던 매독이 창궐하고, '영국 땀'이라고 불리던 고열로 신경조직이 파괴되는 질병도 있었다. 건강한 사람들조차도 먹을 것을 얻기 위해 무진 고생을 다했으며, 식량생산이 감소되고, 식량가격은 천정부지로 뛰어 올랐다. 훗날 토마스 홉스는 이러한 당시 상황을 '건조하고 잔인하고 짧다'라고 표현하였다.

대형 교회와 수도원의 지도자들은 이러한 상황을 수수방관하면서도 거대한 이익을 챙긴 반면, 일반인들은 고스란히 고통을 당하는 수밖에 없었다. 한때나마 고용되었던 사람들은 점차로 일자리를 잃었으며, 그들은 먹을 것과 입을 것을 구하느라 구걸행각을 펼치지 않으면 안 되었다. 마을이나 도시의 길거리마다 구걸하는 사람들로 들끓었으며, 걸인들의 숫자가 너무나 증가했기 때문에 영주들은 군인들을 동원하여 이들 걸인들을 강 건너편으로 내쫓았다. 루터가 임종한 후 그의 호주머니에서 몇 장의 종이가 발견되었다. 그 종이 가운데 하나에 루터는 이렇게 썼다; "이것이 진리이다. 우리들은 모두 걸인이다."(Kittelson,James, 1995:7-31)

3. 루터의 종교개혁과 기독교사회복지

15세기 당시 유럽은 교황의 권력이 전체 공의회(general council) 운동에 의해 내부로부터 제약을 받기 시작하면서 개혁의 필요성이 공론화되던 시기였으며, 독일 제국의 국회가 열릴 때마다 독일 민족의 불만이 표출되는 불만의 시기이기도 하였다. 당시 교황청은 재정 분야에서 많은 문제와 악습이 있었다. 역대 교황들은 교회국가가 관여하게 된 전쟁 비용을 마련하기 위하여 항상 좀 더 많은 재정이 필요하였으며, 또한 사치스러운 생활스타일을 유지하기 위하여 점점 더 많은 재정을 필요로 하게 되었다. 따라서 중세 말기에 면죄부의 수가 증가한 것은 무엇보다 부족한 재정을 충당하기 위한 것이었다(Bernhard Lohse, 2000:27-31).

당시 교황 레오(Leo) 10세(1475~1521)는 성 베드로 대성당의 건축을 계속하고 자기 자신의 호사스런 취미를 만족시키기 위해 면죄부 판매를 확대하였다.

당시 교회는 최후의 심판 때에 하나님이 인간의 행동을 심판하시고 좋은 행위와 잘못된 행위를 계산하시는 데, 만약 죄가 더 많으면 인간이 연옥에 가서 천국에 갈 수 있기 전에 죄값을 치루어야 하며, 교회가 면죄부를 통해 죄값을 치르는 시간을 줄일 수 있다고 약속했고, 돈의 양에 따라 사람들이 자기나 돌아가신 친척들의 고통의 시간을 줄일 수 있다고 하였다 (말테리노, 2011:6). 루터를 분노시킨 테첼(Tetzel)이란 도미니크파 수도사는 비텐베르그 근처에서 "동전이 이 상자에 떨어지는 소리가 나는 순간 죽은 자의 영혼이 연옥에서 벗어나 천국으로 튀어 오른다"고 외치며 면죄부를 판매하기도 하였다 (Lane,Tony, 1998:253-256).

본래 면죄부는 로마 가톨릭교회의 일곱 성사들 가운데 하나인 고해성사(告解聖事)와 연관된 것이다. 고해성사는 사제 앞에서 하느님께 죄를 고백하는 기독교 성사로, 사제는 자신의 죄를 통회하는 고해자의 고백을 듣고 하느님을 대신해서 죄의 용서를 선언한 뒤, 죄의 용서를 받은 신자는 죄의 대가인 벌을 치른다는 의미로 고해신부가 정해주는 속죄행위로 성서를 읽거나, 특별 기도를 하거나, 순교를 하거나, 선행을 하는데 이를 보속(補贖, penance)이라고 한다.[2][3] 면죄부는 이러한 보속을 면제해주는 증서였다.

당시 면죄부 판매는 로마 가톨릭 교회에는 주요 재정수입의 원천이었으며, 신자들에게는 죄의식을 면하는 수단으로 사용되어, 면죄부를 둘러싸고 교회와 신도들 모두가 타락된 길로 빠지게 되었다.

"추한 죄인이 어떻게 거룩한 하나님께 가까이 나아가 그와 화목할 수 있을까?"를 고민한 루터는 "오직 의인은 믿음으로 말미암아 살리라(The righteous will live by faith.)"는 로마서 1:17의 성경말씀에서 그 해답을 찾았고, 인간의 죄로 인해 받아야 할 모든 벌이 교황의 면죄부를 산다고 하여 면제되지는 않으며, 오직 믿음과 하나님의 은총에 의해서만 구원받을 수 있다고 주장하면서, 1517년 10월 31일, 제성기념일 전야에 95개 논제를 비텐베르그성의 교회 문에 내걸음으로 인해 종교개혁의 단초를 마련하였다. 루터는 성서의 권위와 하나님의 은총과 믿음에 기초하여 부패한 교회를 새롭게 변혁시키고자 하였다(말테리노, 2011:6).

1) 루터의 95개 논제에 나타난 기독교사회복지적 함의

루터가 실제로 95개 조항을 1517년 10월 31일 비텐베르그 성의 교회의 문에 못박았는지에 대해 서로 다른 주장들이 있지만 이러한 조항의 못 박음이 그 이후 수백년동안 개신교의 상징처럼 기념되어 오고 있다. 형식적으로 95개 조항은 토론을 하고자 내건 논제이다(Lohse,

2) 고해성사를 성사로 인정하는 기독교 교파로는 로마 가톨릭, 성공회, 정교회가 있으며, 개신교에서는 만인제사장설에 의거하여 고해성사를 인정하지 않는다.

3) http://ko.wikipedia.org/wiki/

Bernhard, 2000:72-73).

루터의 95개조 반박문은 마태복음 4장 17절 "회개하라 천국이 가까이 왔느니라."는 말씀을 인용하면서 시작이 된다. 여기에서 루터는 신자들의 삶 전체가 회개하는 삶이어야 하며, 이는 자기를 미워하는 내적 회개(inward penitence)만을 의미하는 것이 아니라 그러한 내적회개는 육신의 다양한 외적 수행(various mortifications of the flesh)을 수반하여야 함을 강조하고 있다(지원용, 1987).

루터의 95개조는 형식적으로는 토론을 하기 위해 내건 논제이었다 Lohas, Bernhad (2005:151-154).이 가운데 제41조 내지 46조에서 면죄증(indulgences)의 무의미함을 빈곤구제나 선행과 비교·설명하고 있는 데, 루터의 이러한 논제들 가운데 오늘날 사회복지적 함의를 갖고 있는 내용이 내재되어 있다.

루터는 교회의 면죄로써 인간은 모든 형벌로부터 해방되며 구원받을 수 있다는 것을 선전하는 면죄증 설교자들은 모두 오류에 빠져 있는 것이라 지적하면서, 면죄증에 의하여 자신의 구원이 확실하다고 스스로 믿는 사람은 그것을 가르치는 사람들과 함께 영원히 저주를 받을 것이라고 강하게 비난하면서, 어떠한 그리스도인이라도 진심으로 자기 죄에 대하여 뉘우치고 회개하는 사람은 면죄증 없이도 하나님의 은혜로 형벌과 죄책에서 완전한 사함을 받는다고 주장하였다.

루터는 교황의 사면은 사람들이 결코 그것을 선행(good work of charity)보다 더 중요한 것 같이 오해하지 않도록 신중하게 설교하지 않으면 안 되며, 면죄증의 속죄를 자선사업(works of mercy)과 비교하여 생각한다는 것은 결코 교회의 의도가 아니라는 것을 그리스도인에게 가르쳐야 한다고 주장하였다.

또한 루터는 가난한 사람을 도와주고 필요한 사람에게 꾸어 주는 것이 면죄증을 하는 것보다도 선한 일이라는 것을 그리스도인들에게 가르쳐야 한다고 하였다. 왜냐하면 자선사업에 의해서 자선이 더 증가하고, 사람이 더 선해지지만, 면죄증에 의해서는 사람이 더 선해지지도 않으며 단지 보속을 받아 죄의 대가로 해야 할 벌을 면하게 될 뿐이기 때문이다.

가난한 사람을 보고도 본 체 만 체 지나 버리고 면죄를 위해서 돈을 바치는 사람은 교황의 면죄가 아니라 오히려 하나님의 진노를 자아내는 것이라는 것을 그리스도인들에게 가르쳐야 하며, 돈이 넘쳐나지 않는다면 가족의 생계를 위해 저축하고 면죄부 사는 데 낭비해선 안 된다고 가르쳐야 한다고 하였다.

기독교의 미술작품에서 한 손에는 구약성서의 시편을 들고, 다른 한 손에는 가난한 사람들에게 나누어 줄 구호품을 들고 있는 모습으로 종종 나타나는 초기 기독교의 일곱 부제 가운데 한 사람인 순교자 성 라우렌티어스(St. Laurentius, 225년-258년)가 있다. 그가 맡은 일은 가난한 사람들에게 물건을 나누어 주는 것이었다. 당시 집정관이 교회의 물건을 내놓으라고 하였으나 라우렌티어스는 계속해서 교회의 물건들을 가난한 사람들에게만 나누어 주었다. 집정관이 교회의 보물을 달라고 요구하자 라우렌티어스는 가난한 사람들을 모아 집정관 앞으로 데리고 가서 이들이 바로 교회의 진정한 보물이라고 말했다. 그는 체포되어 뜨거운 석쇠 위에서 고문을 받았다. 라우렌티어스는 고문을 지켜보던 로마 황제에게 "보아라. 한쪽은 잘 구워졌으니 다른 쪽도 잘 구워서 먹어라!"고 말했다고 한다.[4]

루터는 이러한 "가난한 사람들은 교회의 보배이다(The treasures of

the Church are the poor of the Church)"라는 성 라우렌티어스의 이야기를 그의 95개 논제 가운데 인용하면서 가난한 자에 대한 구제의 의미를 상기시키고 있다.

또한 루터는 오늘날 제일 부자의 재산보다도 더 많은 재산을 가진 교황이 가난한 신자의 돈으로 행하는 대신, 차라리 자기의 돈으로 성 베드로 교회당쯤은 세워야 한다고 주장함으로써 생활이 어려운 가난한 신자의 재물이 성베드로 교회당 건설에 쓰이는 것을 경계하였다. 또한 루터는 성 베드로 교회당 건축을 위한 면죄부 구매와 궁핍한 자에 대한 선한 행위를 비교하면서 많이 면죄되어지는 것보다 선한 행위가 더 낫기 때문에 면죄부를 구매함으로써 성 베드로 교회당을 짓는 데 주는 것보다 곤경에 빠진 이들에게 선한 행위를 하는 것이 훨씬 더 낫다고 하였다.

2) 루터의 '선행에 관한 설교'에 나타난 기독교사회복지

마틴 루터가 종교개혁을 하기 이전 사람들은 하나님이 죽은 인간에게 정의를 요구하시고 죄가 많은 자를 심판하신다고 믿었다. 악한 행동들이 선행으로 보상될 줄 알았으며, 선행을 많이 하여야 천국에 갈 수 있을 것으로 믿었다. 당시 로마교회에서는 선행의 개념을 극히 협소하게 생각하여 교회에서의 기도, 예배참석, 금식, 교회 안에서 구제, 순례 등을 선행이라고 생각하였고, 이러한 선행을 쌓아 의에 이르려고 하였으며, 가장 혁명적인 선행은 세속적 삶을 포기하고 수도원

4) http://ko.wikipedia.org/wiki/

에 들어가는 것이었다 (말테리노, 2011:4-8). 루터는 이러한 당시 교회의 잘못된 선행관을 바로 잡고자 1520년 '선행에 관한 설교'라는 글을 쓰게 된다.

이 글에서 루터는 마태복음 19:16-17에 나오는 재물이 많은 청년의 "내가 무슨 선한 일(good things)을 하여야 영생을 얻으리이까?"라는 물음에 대하여 "어찌하여 선한 일을 내게 묻느냐. 선한 이는 오직 한 분이시니라.(There is only One who is good.) 네가 생명에 들어 가려면 계명을 지키라."는 말씀에 근거하여, 선행의 제일 조건으로 신앙을 강조하였으며, 신앙은 그리스도 안에서 약속된 하나님의 사랑을 믿고 사죄를 받는 것이며, 이러한 믿음을 근거로 한 선행은 하나님의 계명을 엄수하는 것 이외에 아무것도 아니라고 하였다. 그러므로 하나님의 계명을 알고 지키는 것은 선행 중에서도 가장 으뜸이며 고귀한 것이다.

루터는 믿음을 근거로 한 선행 곧 하나님을 믿고 의지하는 믿음 안에서의 기거동작(起居動作)은 무엇이나 다 선행이라고 하였다. 다른 행위들은 이교도나 유대교나 죄인들도 행할 수 있으나 하나님을 믿고 의지하는 일은 그의 은총을 힘입는 크리스찬만이 가능하다. 이 믿음이 바로 사랑, 화평, 기쁨 및 희망을 가져다 주는 것이다. 이러한 선행은 인간 편에서 결정되는 것이 아니고 하나님 보시기에 선하고 기쁜 행위가 되어야 하며, 믿음에서 솟아나는 자발적인 행위가 되어야 한다(지원용b,199:81-83).

루터의 선행에 관한 주장에 따르면 선행은 협의의 선행과 광의의 선행으로 구분할 수 있다. 협의의 선행은 교회에서의 기도, 금식, 구제, 순례 등만을 의미한다. 반면 광의의 선행은 하나님의 말씀을 믿고

의지하며, 그 믿음 안에서, 그 믿음에 근거하여 이루어지는 사람이 살아가는 하루 하루의 모든 행동(one's daily conduct and behavior)을 말한다. 따라서 루터는 교회에서만의 선행이 아니라 사람들이 살아가는 일상생활 가운데의 행동도 그것이 하나님의 말씀을 알고, 믿고, 의지하여, 그 믿음에 근거하여 자발적으로 솟아나는 행동이라면 그 모두가 선행인 것이다. 중요한 것은 이 행동들이 반드시 믿음에 기초하여야 한다는 것이다.

이러한 루터의 선행관은 기독교사회복지의 정체성과 관련된 함의를 탐구할 수 있다. 기독교사회복지는 교회 뿐 만이 아니라 성도 개인, 기독교단체, 교구 나아가 기독교 정당이나 기독교 국가들이 성서의 말씀에 근거하여 이루어지는 사회복지 모두를 의미하기 때문에 루터의 선행관과 그 범위에 있어 맥을 같이 한다고 볼 수 있다. 반면, 교회사회사업이나 교회사회복지는 교회라는 제한된 영역안에서 이루어지기 때문에 그 범위에 있어 루터의 협의의 선행관과 보다 밀접하다고 볼 수 있다.

루터는 사람은 오직 믿음으로만 의롭게 되며, 믿음으로 의롭게 변화되고, 구원받은 그 사람이 자신의 행위를 필요로 하는 이웃에게 사랑을 실천한다고 주장한다.[5)]

믿음으로 구원받은 사람이 변화되고, 변화된 그 사람이 이웃을 위해 선한 행동을 한다. 따라서 선행이 선한 사람을 만드는 것이 아니라 선한 사람이 선행을 한다는 주장을 루터는 '좋은 나무가 좋은 열매를 맺게 된다'는 성경말씀을 인용하여 설명한다.

---

5) http://www.kjccm.net/

좋은 나무 --> 좋은 열매 ==> 선한 사람 --> 선행

나쁜 나무 --> 나쁜 열매 ==> 나쁜 사람 --> 악행

"좋은 나무마다 아름다운 열매를 맺고 못된 나무가 나쁜 열매를 맺나니, 좋은 나무가 나쁜 열매를 맺을 수 없고 못된 나무가 아름다운 열매를 맺을 수 없느니라. 아름다운 열매를 맺지 아니하는 나무마다 찍혀 불에 던져지느니라. 이러므로 그들의 열매로 그들을 알리라."(마 7:17-20)

루터는 믿는 자의 선행을 다음과 같이 설명한다; "믿음을 통하여 그는 낙원에 되돌아가 새로 지음을 받은 것이며, 의롭게 되거나 의롭기 위하여 선행을 필요로 하지는 않는다. 신앙에 의하여 성별된 크리스찬이 선을 행하는 것이지 그 선행이 그를 더 거룩하게 하거나 혹은 더 크리스찬이 되게 하지 못한다. 그것은 오직 신앙만의 일이기 때문이다. 그리고 만일 사람이 먼저 믿는 자와 크리스찬이 되지 않는다면 그의 모든 행위는 전혀 무가치하게 될 것이며 참으로 사악하고 저주받을 죄가 될 뿐이다. 그러므로 선행이 선한 사람을 만들지는 못하나, 선한 사람은 선한 일을 행한다. 그리고 악한 행위가 악한 사람을 만들지는 못하나, 악한 사람은 악한 일을 행한다. 따라서 필연적으로 어떤 선행이 있을 수 있기 전에 먼저 본질(substance) 혹은 사람 자체가 선해야 하며, 또한 선행이 선한 사람을 따르고 그에게서 나와야 한다(지원용, 2008:294-339)."

따라서 우리는 믿음과 선행과의 관계를 다음과 같이 네 범주로 구분하여 설명할 수 있다.

		하나님에 대한 믿음	
		있음	없음
선행	있음	A	C
	없음	B	D

루터가 주장하는 선행이란 신앙에 기초한 선행이다. 즉, 믿음 없는 선행은 무의미한 것이다. 선행이란 하나님의 기쁜 소식을 받고, 믿고, 변화되어 나타나는 인간 자발적 행동이다. 따라서 믿음이 없는 선행이란 있을 수 없다. 상기 표를 보면 'A' 범주에 들어가는 사람은 믿음과 행함이 함께 있는 사람, 즉, 믿음 안에서 말씀을 실천하는 사람이다. 바로 '알곡 신자'를 말한다.[6] 이러한 선행이 바로 하나님이 보시기에 선하고 기쁜 행위가 되는 것이다. 이러한 믿음이 영생에 이르는 믿음이 된다. 바로 '죽은 믿음'이 아니라 살아있는 믿음인 것이다. 이러한 선행을 우리는 '거룩한 선행(holy good conducts and behavior)'이라 부를 수 있다.

'B' 범주에 들어가는 사람은 믿음은 있으나 행함이 없는 사람들이다. 바로 '쭉정이 신자'를 말한다. 하나님은 이러한 믿음을 '죽은 믿음'이라 하신다.

'C' 범주에 들어가는 사람은 하나님에 대한 믿음은 없으나 선행을 행하는 사람이다. 이들은 구원에 이르지 못한다. 왜냐하면 선행은 그 자체가 신앙이기 때문이다. 선행은 하나님을 믿고 하나님의 기쁜 소식을 받아 변화된 사람이 그 믿음 안에서 자발적으로 솟아나는 행동이기 때문이다. 이들의 선행을 '세속적 선행(secular good conduct and

6) "손에 키를 들고 자기의 타작 마당을 정하게 하사 알곡은 모아 곡간에 들이고 쭉정이는 꺼지지 않는 불에 태우시리라."(마3:12)

behaviors)'이라고 부를 수 있다.

'D' 범주에 들어가는 사람은 하나님에 대한 믿음도 없고 행함도 없는 사람이다.

기독교사회복지는 바로 'A' 범주를 추구한다. 기독교사회복지란 기독교의 근본정신인 이웃사랑과 봉사와 섬김을 통해서 세상 가운데 열악한 처지에서 살아가는 사람들의 물질적, 신체적, 정신적 고통을 양적·질적으로 완화시키고 생활상의 곤란을 개선시켜 줌으로써 그들의 삶의 질을 향상시키고 성서적 정의를 실천하며 상실된 하나님의 형상을 회복시키려는 기독교인들의 제도적이고 체계적인 노력이자 가치체계를 말한다.

기독교사회복지는 기독교 신앙에 기초하여 이루어지는 사회복지를 말한다. 즉, 구세주이신 예수 그리스도를 유일신으로 믿는 기독교 신앙에 기초하여 하나님의 기쁜 소식을 믿고 변화된 사람들이 타인의 유익을 구하며 실천하는 복지사업이다. 따라서 기독교사회복지는 신앙에 기초하여 이루어지는 이타주의(faith-based altruism)를 구현하는 것이라고 할 수 있다.

루터는 종교적 선행과 윤리적 선행을 구분하고 있다. 종교적 선행은 하나님과 인간간의 수직적 관계에서 이루어지는 선행을 말하며, 윤리적 선행은 인간과 인간간의 수평적 관계에서 이루어지는 선행을 말한다. 종교적 선행은 루터 당시의 카톨릭 교회가 신앙이라고 가르쳤던 찬송을 부르는 일, 미사 참석, 아침 기도회와 저녁 기도회를 지키는 일, 매일 정해진 기도 시간을 지키는 일, 종교 재단을 세우는데 헌금하는 일, 교회 · 교회의 제단 · 수도원들을 꾸미는 일, 로마와 성자들의 유적지를 순례하는 일 등을 말한다. 그러나 이러한 종교적인 선행은 루터에게 있어서는 불완전한 것이며, 그것이 그리스도의 공로가 아닌 인간의 공로가 우선하므로 결국 우상 숭배에 해당된다고 보았다.

인간과 인간간의 수평적인 관계에서 이루어지는 윤리적 선행은 이웃 사랑, 부모와 자식 사이에 사랑, 사치・매춘・고리대금업의 금지, 시민적 정의의 구현 등을 의미한다. 믿음으로 인간이 하나님으로부터 의롭다 칭함을 받고, 새로이 변화되고, 새로이 변화된 그들이, 마치 좋은 나무가 좋은 열매를 맺듯이, 성령의 역사하심으로 선한 행실을 하게 된다. 결과적으로 선행이란 신앙의 증거가 되는 것이다.

루터는 "그리스도는 종말에 우리가 얼마나 기도했고, 금식했고, 성지순례를 했는가를 묻지 않고, 그 대신 우리가 얼마나 다른 사람들에게, 지극히 작은 자들에게, 선을 행했는가를 묻는다"고 가르침으로써 율법의 요약인 이웃사랑의 실천을 강조하였다 (홍주민, 2010:94-97).

3) '독일 크리스찬 귀족들에게 보내는 글'에 나타난 사회복지사상

루터는 독일 크리스찬 귀족들에게 보낸 그의 문서 가운데 '그리스도인의 신분의 향상'이란 부재 아래서 루터는 귀족들에게 구걸의 철폐와 구걸기사단 해체를 요구하였다. 당시 교회가 구걸하는 사람들이 없는 사회를 만들려는 개혁적인 사안에 공개적으로 거부하였기 때문에, 루터는 이러한 과제를 국가 권력에 귀속시켰다.

루터는 모든 도시에게 모든 이들이 가난한 자를 인식하고, 가난한 자들의 고통을 시위원회나 목사에게 알려주고, 가장 적합한 방법으로 가난한 사람들에게 도움이 제공될 수 있도록 하여야 한다고 하였다

(홍주민, 2010:99-103).

'침묵을 지킬 때는 지나가고 이제는 말할 때가 왔다'는 전도서 3:7의 말씀을 인용하면서 시작되는 자신의 '독일 크리스찬 귀족들에게 보내는 글'에서 루터는 성직자들이 빈곤구제에 대해 관심을 기울이지 않기 때문에 평신도들이 나설 수 밖에 없으며, 평신도의 노력을 통하여 그리스도교계가 개선되고, 귀족들이 그의 교회를 도와주어 빈민을 구제하는 사업을 실시할 수 있도록 하여야 한다고 강조하였다(지원용b, 2008:28-29).

이 글에서 루터는 "가장 절실하게 필요한 일 중의 하나는 전그리스도교계를 통하여 모든 구걸을 금지시키는 일이다. 크리스찬 가운데서는 하나도 구걸을 해서는 안 된다. 만일 우리에게 용기와 진실한 의도가 있기만 한다면 어떤 법을 제정하는 것도 역시 쉬운 일일 것이다. 이리하여 모든 도시가 자체 내의 가난한 자들에게 필요로 하는 것을 공급하여야 하며, 또한 순례자이건 탁발승이건 어떤 이름으로 불리는 사람이건 간에 국외 거지들은 하나도 허용하지 못하게 하여야 한다. 모든 도시들은 자체 내의 가난한 자들을 부양할 수 있을 것이다. 그리고 만일 너무나 작은 도시라면 그 주변에 있는 마을 사람들도 권장하여 기부하게 하여야 한다. 왜냐하면 저들은 여하간 탁발승 가면을 쓰고 있는 매우 많은 부랑자와 무뢰한들을 먹여 살리지 않으면 안 되기 때문이다. 이렇게 하면 누가 실제로 가난하고 누가 가난하지 않은가도 역시 알 수 있을 것이다."라고 주장한다.

첫째, 루터의 주장은 복지다원주의 내지 복지 거버넌스(governance)와 맥을 같이 한다. 루터는 기독교인들 가운데 그 누구도 구걸을 하지 않고 생활을 할 수 있게 하기 위하여 모든 그리스도교계가 힘을 모아 빈곤을 구제하여야 한다고 주장한다. 빈곤구제를 위한 노력의 일환으로 루터는 오늘날 조례와 같은 자치법규를 만들어 도시정부가 공적인 차원에서 빈민을 구제하여야 하는 정책대안을 제시하였다. 루터는 귀족들이 자신의 교회를 재정적으로 후원하거나, 모든 기독교인들이 연합하거나, 아니면 도시정부가 자치법규를 제정하여 공적으로 개입하거나 여하간 도시정부가 자체 내의 빈민들을 구제하여 구걸하는 일이 없게 만들어야 한다고 하였다. 이러한 루터의 주장은 귀족, 교계, 도시정부 등 다원화된 주체들이 이들이 빈곤구제의 주체가 될 수 있으며, 또 되어야 함을 강조하고 있다. 이러한 루터의 사상은 오늘날 복지제공의 주체를 다원화하려는 복지다원주의(welfare pluralism) 내지 복지의 혼합(welfare mix)과 맥을 같이 하고 있으며, 나아가 빈곤구제를 위하여 교회와 도시정부간의 협력적 통치인 거버넌스(governance)의 실현도 일부 그 모습을 보이고 있다.

둘째, 루터는 이러한 빈곤을 구제함에 있어서 포용적인 속지주의(屬地主義)가 아닌 배제적인 속인주의(屬人主義)에 따르고 있다. 루터는 빈민이 순례자이건 탁발승이건 그 누구든 간에 외국의 구걸인들은 절대 구제해주어서는 안된다고 함으로써 내국인인 빈민의 구제만을 강조하였다. 어떤 이름으로 불리는 사람이건 간에 국외 거지들은 하나도 허용하지 못하게 하여야 한다. 이는 오늘날 복지수혜대상자를 자국민에 한정하는 속인주의적 복지사상과 맥을 같이 한다.

셋째, 루터는 도시정부간 재정공동주의(fiscal federalism)를 권하고 있다. 대부분의 도시들은 자체 내의 가난한 자들을 돌볼 수 있지만, 소규모 도시의 경우, 재정이 열악해서 자체내 빈민을 돌보기가 어려울 수 있다. 루터는 이러한 경우 도시들이 재정이 어려운 도시에 재정적 원조를 하여 열악한 도시의 빈민들을 구제할 수 있도록 하여야 한다고 주장한다. 이는 오늘날 재정형편이 더 나은 지방자치단체가 재정이 열악한 지방자치단체에 일부 사업비용을 보조해주는 수평적 보조금(horizontal grants-in-aid)의 일환으로 볼 수 있으며, 지방자치단체간에 재정을 원조하여 공공의 선을 실현하려는 일종의 재정공동주의와 그 맥을 같이 한다.

넷째, 루터는 수급대상자를 구분처우(calssification)할 것을 주장한다. 루터는 도움을 받을 만한 가치가 없는 빈민(the undeserving poor)인 부랑자와 무뢰한들을 구제대상에서 제외시키고, 도움을 받을 만한 가치가 있는 빈민(the deserving poor)을 선별하여 구분하여 처우를 할 것을 요청하고 있다. 이러한 구분처우의 전통은 고대로부터 이어지는 기독교사회복지의 전통이자 구빈법 탄생이래 발전되어 온 공공부조의 기본원리로 오늘날까지 이어지고 있다.

루터는 "모든 가난한 자들을 다 알아서 저들이 필요로 하는 것을 시의회나 사제들에게 보고할 관리자나 감시자가 있어야 할 것이다. 그렇지 않으면 더 좋은 어떤 다른 제도를 만들 수도 있다. 내 판단에 의하면 구걸행위에서처럼 그렇게 많은 비행과 기만이 행해지는 일도 달리 없으며, 그럼에도 이런 모든 것은 용이하게 폐지시킬 수 있으리라 여겨진다. 더욱이 이와 같이 자유롭고 보편화된 구걸행위는 일반인들을 손상시킨다. 5-6개의 탁발 수도단들이 그 하나 하나가 매년 같은 곳을 6-7차 이상이나 방문한다는 사실을 나는 자세히 보았다. 이외에도 보통 거지들과 상주자들(ambassador)과 순례자들이 있다. 그리하여 모든 도시는 1년에 근 60회의 기부를 하지 않으면 안 되게 된다. 여기서 세금과 부과금과 조정금으로 정부에 내는 것, 상품으로써 로마 교황청에 도적맞는 것 그리고 불필요하게 소모되는 것 등은 계산에 넣지 않았다. 따라서 우리가 계속하여 생활해 나갈 수 있다는 것이 나에게는 하나님의 가장 큰 기적 가운데 하나라고 여겨진다."고 하였다.

첫째, 루터는 빈민구제를 체계적으로 수행하기 위해 사회복지전문요원이 필요함을 주장한다. 그는 빈민들의 욕구와 문제를 파악하여 시의회나 사제들에게 보고할 관리자나 감독자를 선임하여 그들이 요구호 빈민들의 관리를 맡아야 한다고 하였다. 이러한 관리자나 감독자는 오늘날 사회복지사와 같은 사회복지전문요원으로 이들이 서비스전달체계에 투입됨으로써 복지함정(welfare trap)에 빠지거나 복지사기(welfare fraud)를 방지하여 자유롭고 보편화된 구걸행위를 폐지할 수 있다고 하였다.

둘째, 루터는 복지재정의 위기를 염려하였다. 루터는 자유롭고 보편화된 구걸행위는 각 도시로 하여금 막대한 재정적 부담을 하지 않으면 안되게 만들었고, 이로 인해 주민들의 조세부담이 더 커지게 되고, 결국 도시는 재정적 위기에 처하게 될 것이라고 하였다. 이는 오늘날 복지국가위기론에서 등장하는 재정의 위기로, 이 재정의 위기는 복지국가 정통성의 위기로 이어지게 된다.

또한 루터는 노동의 중요성을 다음과 같이 중시한다; "물론 어떤 사람들은 이렇게 하면 가난한 사람들이 충분히 공급을 받지 못할 것이며, 또한 큰 석조 집과 수도원들이 그렇게 많이 세워지지 못할 것이라고 생각한다. 나도 또한 이러한 것을 충분히 믿을 수 있다. 하지만 이러한 것은 필요하지 않다. 가난하고 싶은 사람은 부유하게 되지 않아도 된다. 그리고 만일 부유하게 되고 싶으면 손에 쟁기를 잡고 땅에서 부를 찾으면 된다. 가난한사람들이 알맞게 도움을 받아 굶어 죽거나 얼어 죽지 않으면 족하다. 현재의 불합리한 관습에 따라서 한 사람이 다른 사람의 노동의 덕택으로 나태하게 지내거나, 또는 다른 사람의 고통에 의하여 부유하게 되고 평안하게 사는 것은 옳지 않은 일이다. 그것은 사도 바울이 말하기를 '일하고 싶지 않은 사람은 먹지도 말라'(살후 3:10)고 하기 때문이다. 하나님께서는 통치하고 설교하는 사제들 이외에는 아무도 다른 사람의 재물에 의하여 살도록 규정하지 않으셨다. 다스리고 설교하는 사제들은 자기들의 영적인 노동으로 인하여 제외된다. 이것은 바울이 고전 9:14에서 말하고 또 그리스도께서 사도들에게 '모든 노동자는 삯을 받는 것이 마땅하니라'(눅 10:7)고 말씀하시는 바와 같다"(지원용b, 2008:114-116).

첫째, 루터는 노동을 강조한다. 그는 '일하고 싶지 않은 사람은 먹지도 말라'는 바울의 말씀을 인용하면서 다스리고 설교하는 사제들과 같이 영적인 노동(spiritual labor)을 행하는 사람 이외에는 모든 사람은 다른 사람의 재물에 의존하지 말고 세속적인 노동(secular labor)을 하여 생활해야 한다고 하였다고 강조한다.

둘째, 루터는 부와 가난은 각자가 알아서 해야 할 일이지만 부유한 생활을 하기 위해서는 반드시 노동을 하여야 한다고 하였다. 그는 이러한 노동의 결과 사회에는 부유한 자와 빈곤한 자가 발생하게 되고, 결과적으로 사회에는 빈부격차가 불가피하게 발생하게 된다는 것을 인정하고 있다.

셋째, 루터는 급여수준에 있어 사회적 최소한(social minimum)을 강조한다. 가난한 사람들에게 구제할 때 도움의 수준은 그들이 굶어 죽거나 얼어 죽지 않을 수준으로 그쳐야 한다고 하였다. 이는 후세에

열등처우의 원칙(principle of less eligibility)과도 그 맥을 같이하며, 잔여적인 사회복지(residual concept of social welfare)의 성격을 갖는다.

넷째, 루터는 복지종속(welfare dependency)을 경계하고 있다. 루터는 피구제자들이 사회적 원조에 의존하여 나태하게 되거나 일하지 않고 평안하게 지내는 일이 있어서는 안 된다고 강조함으로써 복지종속현상이 발생하지 않도록 할 것을 강조하고 있다.

4) '크리스찬의 자유'에 나타난 루터의 복지사상

루터의 종교개혁 3대 논문 가운데 하나인 '크리스찬의 자유'에서 루터는 의인신앙과 이웃사랑을 연결시키며 다음과 같이 자유에 대해 설명하고 있다;

"자유란 영적이고 참된 자유이며, 모든 죄와 율법과 계명에서 우리의 마음을 해방시켜주는 자유이다. 사랑은 사람들에게 뜨겁고 자유로운 의지로 인해 이웃에 대한 신적인 행동의 도구가 된다. 신앙과 사랑을 통하여 인간은 하나님과 그의 이웃 사이에 놓여지게 되는데, 그릇이나 도관처럼, 이들을 통하여 신적인 은사의 우물이 멈추지 않고 다른 사람들 속으로 흘러야 한다. 한 인간은 다른 이에게 하나의 그리스도가 된다. 하나님을 향한 열정은 신앙으로부터 흘러나온다. 그리고 신앙을 통해 자유롭고 의욕적이며 쾌활한 생명이 흘러나와 이웃을 향해 보상을 바라지 않는 섬김의 행위가 나온다. 그리스도교적 자유에 대하여 그리스도인은 자기 자신이 살아가는 것이 아니다. 그는 그리스도 안에서 이웃 안에서 살아가는 것이다. 그리스도 안에서 신앙을 통하여, 이웃 안에서 사랑을 통하여 살아간다."

첫째, 루터가 말하는 자유는 오늘날 '소극적 자유(negative freedom)' 또는 '...로부터의 자유(freedom from)'에 해당한다. 이는 지배, 강제 그리고 간섭이 없는 상태를 의미한다. 루터는 영적이고 참된 자유는 죄와 율법과 계명으로부터의 자유라고 말한다. 이러한 믿음으로 자유를 얻은 인간은 진정 하나님이 원하시는 사역을 수행할 수 있는 능력을 부여받고, 이제는 이웃에 대한 신적인 행동의 도구로서 의욕적으로 자유의지로 이웃사랑을 실천하게 된다. 즉 '적극적 자유(positive freedom)' 내지 '...로의 자유(freedom to)'를 누리게 된다. 둘째, 루터의 이웃사랑은 이기주의가 아닌 '이타주의(altruism)'를 의미한다. 루터는 신앙을 통해 이루어지는 이웃사랑은 어떠한 보상이나 대가를 바라지 않은 이타주의적 사랑이 되어야 한다고 강조한다. 이러한 이타주의적 사랑이 기독교공동체를 통하여 기독교계 전반에 걸쳐 실천되어질 때 이는 개인적 차원을 넘어 '사회적 이타주의(social altruism)'가 구현되는 계기가 된다. 이러한 이웃사랑은 섬기는 자로 우리에게 오신 예수님을 본받아(imatatio dei) 섬김의 자세로 실천되어져야 한다. 이러한 섬김의 자세는 기독교사회복지현장에서 수혜자들이 주권(client sovereignty)을 행사할 수 있는 계기를 마련해 줄 수 있다. 이러한 신앙에 기초한 이웃사랑을 실천할 때, 그리스도인은 그리스도 안에서 신앙을 통하여 살아가고, 동시에 이웃 안에서 사랑을 통하여 살아가게 된다. 이럼으로써 한 사람이 다른 사람에게 하나의 그리스도가 되는 것이다. 이러한 이타주의는 세상에서 신앙이 없이 타인에 원조를 행하는 세속적 이타주의(secular altruism)가 아닌 성역적 이타주의(sacral altruism) 내지 거룩한 이타주의(holy altruism)로 부를 수 있다.

루터는 '이웃을 향한 사랑과 봉사로서의 선행'편에서 다음과 같이 말한다.

"인간은 이웃의 필요한 것과 이로운 것 외에는 아무 것도 생각지 아니 함으로써 그가 행하는 모든 일로 다른 사람들을 섬기고 유익하게 하기 위하여 모든 행위에 있어서 이 생각에 의하여 인도함을 받고 이 한 가지만을 생각해야 한다고 한다. 따라서 사도는 우리에게 가난한 사람들을 도울 수 있도록 우리의 손으로 친히 일하라고 명령한다. 비록 그는 우리에게 우리 자신을 지탱하기 위하여 일해야 한다고 말하기는 했으나, 빈궁한 자에게 구제할 것이 있기 위하여(엡 4:28) 일을 하라고 한다. 몸을 돌보는 것이 크리스찬의 일이라고 하는 것은 몸의 건강과 안위를 통하여 우리가 일하고 얻고 기금을 저축하여 궁핍한 사람들을 도와줄 수 있게 하며, 이러한 방법으로 강한 멤버가 약한 사람을 섬기게 하며, 또한 우리가 하나님의 자녀들이 되어 서로 다른 사람을 위하여 돌보고 일하며 서로 다른 사람의 짐을 짊으로 그리스도의 법을 성취하게 하려는 것이다.(갈 6:2). 이것이 참된 크리스찬의 생활이다. 여기에서 신앙은 사랑을 통하여 참으로 활동적인 것으로 된다.(갈 5:6). 곧 신앙은 활발하고 친절히 행하며, 어떤 보수를 바라지 않고 기꺼이 섬기는 가장 자유로운 봉사의 행위로 나타난다. 그리하여 우리는 신앙의 충만함과 부(富)로써 만족하게 된다...... 다른 사람들이 당신의 증여물로 유익하게 되고, 당신과 당신의 미덕 때문에 잘 지내도록 그 증여물로 보수 없이 거저 주라. 이렇게 함으로, 당신은 참으로 선하게 되고 크리스찬이 될 것이다. 당신 자신의 몸을 제어하는 데 소용되지 않는 선행이 당신에게 무슨 유익이 있겠는가? 당신의 신앙은 당신에게 충족하며 이 믿음을 통하여 하나님은 당신에게 모든 것을 주신 것이다. 보라! 이러한 법칙에 의하면 당신이 하나님에게서 받은 좋은 것은 한사람에게서 다른 사람에게 흘러가게 되어 만인의 공유물이 되므로 모든 사람은 그의 이웃처럼 되어 마치 그 자신이 다른 사람의 입장에 있는 것처럼 행동할 것이다."고 말한다.

첫째, 우리는 거룩한 이타주의를 수행할 수 있도록 하기 위해서 우리는 노동을 하여야 한다. 우리는 우리 자신이 다른 사람이 수고하여 얻은 재물에 의존하지 않고 우리의 노동으로 우리의 삶을 유지하고, 나아가 빈민을 구제하기 위하여 일을 하여야 한다. 일을 하기 위해서는 우리 육신의 안위와 건강도 살펴야 한다. 따라서 루터는 기독교인의 노동에는 두 가지의 목적이 있다고 본다. 하나는 스스로 자립하여 스스로의 삶을 영위하는 것이고, 다른 하나는 빈민을 구제하여 이웃 사랑의 계명을 실천하기 위한 것이다.

둘째, 루터는 빈민구제의 방안으로 적립기금을 통한 재분배를 권한다. 그는 기독교인들은 자신의 노동의 결과 얻은 소득의 일부를 기금으로 적립하여 두고, 적립된 기금을 궁핍한 사람들에게 분배하여 그들이 인간답게 살아갈 수 있도록 만들어 주는 것이 참된 크리스찬의 삶이라고 한다. 이는 노동시장의 분배의 결과 획득한 소득의 일부를 적립방식으로 기금을 마련하고, 그 기금을 지극히 작은 자들에게 재분배함으로써 배분적 정의(distributive justice) 나아가 성서적 정의(biblical justice)를 이룩하여야 한다.

셋째, 루터는 사회연대(social solidarity)를 강조하고 있다. 하나님의 자녀들이 이러한 재분배를 통하여 가진 자의 부가 갖지 아니한 자에게 흘러들어가고, 갖지 아니한 자가 가진 자를 이해하게 됨으로써 상호대립적이고 배제적인 관계가 아닌 상호간에 소통이 이루어지고 하나가 되어지는 사회적 연대가 이루어지는 것이다. 이러한 재분배를 통하여 사회적 강자가 사회적 약자를 섬기게 되고, 하나님의 법을 성취하게 된다. 신앙안에서 이루어지는 이러한 재분배를 통한 정의로운 상태를 '거룩한 연대(holy solidarity)'라 부를 수 있다.

넷째, 루터는 사회적 감정이입(social empathy)을 강조한다. 루터는 가난한 자의 참된 이웃은 가난한 자들이 겪는 고통을 마치 자신의 고통인 것처럼 자신에게 이입시켜 가난한 자와 서로 공감하고, 그들의 입장에 있는 것처럼 행동함으로써 실현되는 것이라고 설명한다. 가진 자가 궁핍한 자의 처지와 입장을 이해하고 공감할 때 사회적 감정이입이 형성되고, 그 결과 가진 자가 자비를 베풀 때, 가진 자는 지극히 작은 자의 참된 이웃이 되는 것이다(지원용a, 2008:294-339).

5) 루터의 자선사업 개혁

중세의 자선사업은 국가나 사회가 아닌 교회 및 개인의 종교적 동기에 기인해 구제의 대부분이 시여(施輿)의 형식으로 주어졌다. 무분별한 희사의 증가는 일하기 싫어하는 자들에게 일하지 않고 생활할 수 있게 하므로 여러 지방에서 빈민을 증가시켰다. 종교개혁자 루터는 이러한 중세의 자선사업의 문제점을 개혁하기 위해 제도적 노력을 기울이게 된다(김기원, 2009:124-128).

1523년 루터가 기초한 독일 신교도에 있어서 개혁의 근거가 된 "공동금고의 규정"이라는 저서에는 다음과 같은 내용이 규정되어 있다; 걸식은 금지하라. 노령자나 허약자가 아닌 자는 일하여야 한다. 그 교구에 속하지 않는 걸인은 머무는 것을 금하라. 정직한 수공업 또는 농업에 종사하는 가난한 호주에게는 만일 타인으로부터 어떠한 원조도 구하지 못한다고 하면 무이자로 공동금고로부터 자금을 대여하라. 그리고 만일 이 보조금을 갚을 수 없을 때에는 갚도록 하지 말고 그대로 주어라. 금고의 수입은 교회영지의 수입 자유기부로 하며 만일 필요하다면 시민에게 과세하거나 비복(domestic servants)에 대한 소액의 인두세로 충당한다. 이 금고의 관리는 선출된 시민에게 위임하여야 한다.

루터를 지지하여 종교개혁을 행한 지방에서는 교회제도와 구빈제도에 관한 새로운 규정을 설치해 공동금고의 규칙을 교회제도의 일부로서 설치하여 구빈시설의 재원으로 하였다. 이 구빈시설도 과거의 교구에 있어서와 같은 순전한 종교시설에 속하는 것이 아니고 일반 공공단체와 협력하는 공영시설로서 간주하게 되었다. 정부는 공동금고를 설치하여 모든 희사금 위탁금 재단 혹은 수도원의 재산 등을 병합하여 관리하였으며 이 금고의 관리를 위하여 1년 내지 2년 임기의 직원을 3~4명 두고 회계는 시회계와 동등하게 취급하였으며 시에서는 시회, 동에서는 동회 또는 목사가 이를 감독하였다. 피구호자는 진정한 빈민에 한하며 보호의 한도는 생존의 정도에 그치며 신교의 부목사로 하여금 친히 그들과 접촉케 하므로 종교적으로 도덕적으로 향상시키는 의무를 지게 하였다. 빈곤에 빠진 자에게는 경제상의 독립을 가질 수 있도록 강구하며 고아 기아 병자 및 산부의 구제도 별도로 규정하였다.

종교개혁 후 각 도시는 그 빈민을 도시의 비용으로 부조하여야 하기 때문에 외래의 걸인을 추방한다는 사상에 의하여 걸인을 억제함과 동시에 한편으로는 빈민을 부조하기 위하여 각 도시는 1522년부터 도시조례가 되는 빈민조례를 제정 실시하게 되었다. 1523년 루터가 제정한 '자선상(慈善箱)'에는 다음과 같은 걸식금지 규정이 있다: "걸인은 엄중히 금지하여야 하며 노쇠자와 허약자가 아닌 자는 모두 노동하여야 한다. 교구에 소속하지 않은 자는 어떠한 걸식이나 체류도 허락하여서는 안 된다."

루터는 사회문제의 책임이 원칙적으로 국가에 있다고 하였다. 그는 종교개혁자로서 교회의 부담을 덜어 주려는 의도도 있었지만 정치적으로 책임을 진 자들이 사회적 책임도 져야 한다는 정당한 원칙을 지적한 것이기도 하였다. 결과적으로 교회의 사회봉사 의무나 사회문제 해결책임이 소홀히 되는 계기가 되었다.

당시 수도원의 구제사업은 궁핍한 자를 구제하는 복지기관으로서 역할을 수행하였지만, 한편으로는 수도원의 태만으로 수도원은 하나의 사회적 악취로 비난을 받기도 하였다(Roland H Bainton, 1978:315-317).

한편, 수도원의 무차별 구제는 빈곤의 악순환(vicious cycle of poverty) 현상을 낳는 결과를 낳기도 하였다. 수도원은 부랑인의 자녀에게 구제를 하며 또한 도제로도 삼았는데, 이들은 나중에 걸인이 되며 부랑자가 되었다. 부랑자의 자식은 부모의 의복을 인수하여 부랑자 동료에게 들어가 1세대의 빈곤이 2세대에게 대물림되는 현상을 나타내기도 하였다. 훗날 Fuller는 수도원의 친절은 자선행위를 그릇되게 하였으며 구제의 필요가 없는 자에게 그리고 이것을 받을 만한 가치가 없는 자에게까지 구제하는 것에 대해 반대하였다. 그는 '수도원은 자기가 만든 빈곤자를 단순히 부양하는 것에 지나지 않는다'고 비판하기도 하였다. 이러한 가운데 헨리8세는 수도원의 재산을 두고 법황과 항쟁하는 동안 수도원의 붕괴를 기도하였다. 수도원의 해산을 실행하게 됨에 따라 빈곤자와 부랑자의 수가 증가하게 되었다. 그 이유로는 걸인과 부랑자가 이전에는 수도원을 전전하며 살고 있었으나 국왕이 법왕과의 항쟁이 계속되는 동안 이것이 불가능하게 되었으므로 결국 빈곤자의 부담은 일반 백성의 부담으로 돌아가게 되었다. 수도원뿐만 아니라 구빈원 및 교구의 구제사업도 구빈법 입법 이전에 붕괴하였다. 경제적 변화 종교적 혼란 및 기존 자선사업의 실패가 국가 및 사회가 구제관리의 담당자로 등장하게 된 이유를 설명하고 있다.

루터의 종교개혁은 양면성을 갖고 있다. 한편에서는 사제들의 특권의식과 수도원의 부정들을 고발하고 비판함으로써 루터는 기존 기독교의 폐해를 타파하는 데 크게 기여하였지만 결과적으로 사회봉사 기능을 수행할 수 있는 적절한 대안기관의 설립 없이 그동안 사회봉사의 기능을 수행하던 수도원들이 사라지게 된 것은 사회복지가 세속화(secularization)의 길로 나아가게 되는 하나의 요인이 되기도 하였다. 사회복지기관들 중에 시나 마을에 건립했던 시설들은 교회행정에 예속되지 않아 시의회나 마을행정기관들이 이들을 관리할 수 있게 되었고, 교회가 운영하던 큰 기관들은 점차 사라지게 되었다. 개개 도시나 마을들이 종교개혁을 지지하면서 병원이나 빈민원 등을 자기의 관할 하에 두게 되었다.

4. 나가는 글

학자들은 루터가 트럼펫 연주자였다면, 칼빈은 관현악 지휘자였다고 평가한다. 루터가 혼자서 종교개혁을 외치고 다녔다면, 칼빈은 교회와 국가 그리고 사회간에 협력과 조화를 이루어 가면서 각자의 능력과 자원을 하나님의 의를 이루기 위해 적절히 활용하였다는 평가이다.

종교개혁사상은 교회적으로 큰 의미를 갖고 있으며, 개신교가 탄생하는 데 크게 기여하였을 뿐만 아니라, 사회복지적으로도 중세의 복지사회로부터 근대의 복지국가로 이동하게 하는 데 결정적 단초를 제공하였으며, 기독교가 사회복지의 주체로서 새로이 그 모습을 회복하고, 기독교사회복지의 학문적 정체성을 정립하고, 구체적 실천방안을 강구하는 데 의미 있는 기여를 하였던 역사적 사건이었다.

루터의 종교개혁의 3대 명제인 '믿음만으로 구원받음', '성서가 최고의 기준', '만인 제사장주의'는 중세의 카톨릭교회 뿐만 아니라 당시의 정치・사회 전반에 걸쳐서도 의미 있는 영향을 미쳤다.

루터는 그릇된 신앙을 전파하면서 면죄부를 판매해 치부하려는 교회와 돈으로서 보속을 면제받으려는 타락된 신앙을 가진 신도들에게 분노하면서, 95개 논제의 반박문을 공개적으로 게시하였다. 95개조 논제 가운데 루터는 가난한 자에 대한 선행이 면죄부를 사는 것보다 더 가치가 있고 옳은 일이라는 것을 주장함으로써 기독교사회복지의 당위성을 강조하고 있다.

선행에 관하여 루터는 교회안에서 행해지는 기도나 금식 등만을 선행으로 간주하였던 당시의 선행관을 반박하고 믿음 안에서 행해지는 모든 기거동작을 선행이라 함으로써, 학문적 범위에 있어서, 기독교사회복지의 학문적 정체성을 확립하는 데 도움을 주고 있다.

루터는 나무와 열매와의 관계를 예로 들면서 좋은 나무가 좋은 열매를 맺는다고 주장한다. 신앙에 의해 성별된 선한 사람이 선행을 한다는 것이다. 신앙에 기초한 이러한 선행을 거룩한 선행이라 부를 수 있다. 루터는 종교적 선행과 윤리적 선행을 구분하면서, 종교적 선행은 불완전한 것이라고 하면서, 인간간의 수평적 관계에서 행해지는 윤리적 선행의 의미를 강조한다.

루터는 독일 귀족들이 교회를 도와 그 지역에서 구걸하는 사람이 없도록 하라고 하면서, 동시에 도시정부가 조례를 만들어 빈민을 구제하도록 권하고 있다. 이는 복지다원주의적 접근이며, 교회와 도시정부가 빈민구제를 위해 서로 협력하는 거버넌스의 시도이기도 하다.

재정적으로 어려운 도시에 대한 재정적 지원을 제안함으로써 재정공동주의를 대안으로 제시하고 있으며, 도움을 받을 가치가 있는 빈민과 없는 빈민을 구분하여 처우하는 구분처우를 제시하기도 한다. 또한 노동을 강조하였고, 급여수준은 사회적 최소한을 제공할 것을 권하고 있으며, 무분별한 구제로 인한 복지재정의 고갈도 우려하고 있다. 이러한 루터의 사상은 오늘날 제도적이기 보다는 잔여적 복지의 특징을 갖고 있다.

루터는 그리스도교적 자유에 대하여 그리스도인은 자기 자신이 살아가는 것이 아니라 그리스도 안에서 이웃 안에서 살아가는 것이라고 설명하면서 그리스도인은 그리스도 안에서 신앙을 통하여, 이웃 안에서 사랑을 통하여 살아간다고 함으로써 이타주의를 강조하였다. 루터는 무분별한 시혜로 인해 일하지 않는 빈민들이 증가하는 폐해를 개혁하고자 공동금고규정을 기초하고, 자선상을 제정하여 걸식금지와 근로능력이 있는 빈민의 근로를 강조하였다.

루터의 종교개혁은 카톨릭의 절대주의 하에서 영적 만족을 갈망하는 인간의 영적 고민과 투쟁이자, 성서로 돌아가려는 종교적 혁신운동이었으며, 기독교의 참된 모습을 다시 발견하고 그 모습으로 돌아가려는 영성회복운동이자, 교황에 의한 '위로 부터의 개혁(top-down reformation)'이 아닌 '아래로 부터의 개혁(bottom-up reformation)'이었다.

루터의 종교개혁사상은 신학이 새로이 학문적으로 정립되고 개신교가 탄생하는 데 크게 기여하였을 뿐만 아니라, 사회복지적으로도 중세의 국가들이 근대의 복지국가로 이동하게 하게 만드는 사상적 기초를 마련하는 데 기여하였고, 제도적 발전을 이룩하는데에도 일면 의미 있는 기여를 하기도 하였다. 루터의 종교개혁은 과거 뿐 아니라 오늘날에도 기독교가 사회복지사업을 수행함에 있어서 사상적 기틀을 마련하고, 제도적 발전을 이룩하는 데 의미 있는 기여를 하고 있다.

참고문헌

1. 단행본

김기원, 2009, 「기독교사회복지론」, 교육과학사.

김한옥, 2004, 「기독교 사회봉사의 역사와 신학」, 실천신학연구소.

말테리노, 2011, “마틴 루터의 신학적 통찰과 목회적 자세”, 「루터와 칼빈의 신학적 통찰과 목회적 자세」, 서울장신대학교.

신일철, 1991, 「현대철학사상의 새흐름」, 집문당.

지원용, 1987, 「말틴 루터」, 컨콜디아사.

지원용, 1993, 「루터와 종교개혁」, 배한국 편, 컨콜디아사.

지원용a, 2008, “크리스챤의 자유”, 「말틴 루터의 종교개혁 3대 논문」, 컨콜디아사.

지원용b, 2008, “독일 크리스챤 귀족에게 보내는 글”, 「말틴 루터의 종교개혁 3대 논문」, 컨콜디아사.

홍주민, 2010, 「디아코니아학 개론」, 한국디아코니아연구소

Barker, Robert L., 「Social Work Dictionary」, National Association of Social Workers Press, 2004:19.

Friedlander, Walter A., 「Concept and Methods of Social Work」, Prentice Hall Inc., 1976:1-5.

Levine, Andrew, 「Arguing for Socialism」, Verso, N.Y., 1988:77-85.

Silver, Hilary & Miller, S.M., “Social Exclusion: The European Approach to Social Disadvantage”, 「Indicators」, vol. 2. no 2, 2003:8-12.

Stone, Deborah A., 「Policy Paradox and Political Reason」, Scott, Foresman and Company, Glenview, 1988:41-48.

2. 번역서

김승철 역, 1995, Kittelson, James M., Luther 「The Reformer-The story of the Man and His Career」, 개혁자 말틴 루터, 컨콜디아사.

김응국 역, 1998, Lane, Tony, 「Christian Thought」, 기독교 사상사, 도서출판 나침반사.

이종성 역, 2003, Niesel, Wilhelm, 「Die Theologie Calvins」, 칼빈의 신학, 대한기독교서회.

이종태 역, 1978, Roland H Bainton, 「Here I Stand」, 마르틴 루터의 생애, 생명의 말씀사.
이형기 역, 2000, Bernhard Lohse, Martin Luther, 「An Introduction to His Life and Work, 루터연구 입문, 크리스챤 다이제스트.
정병식 역, 2005, Bernhard, Lohse, 「Luthers Theologie in ihrer historischen Entwicklung und in ihrem systematischen Zusammenhang」, 마틴 루터의 신학, 한국신학연구소.

3. 인터넷 사이트
http://www.kjccm.net/
http://ko.wikipedia.org/wiki/

전문사회복지사 자격제도 도입의 필요성과 전망

김범수[1)]

요 약

본 논문은 우리나라의 사회복지사 자격제도는 어떠한 과정을 통해 발전해 왔는가를 살펴보면서 앞으로 전문사회복지사 자격제도가 현 시점에서 왜 필요한지와 나아가야 할 방향을 제시함을 목적으로 시도되었다.

우리나라는 1970년 사회복지사업종사자 자격증제도가 만들어 진후 1984년 사회복지사업법의 개정과 함께 사회복지사 1급, 2급, 3급 자격제도로 개정하게 된다. 또한 1999년 신입생(학부의 경우)부터, 사회복지사 1급 자격제도에 한해 국가시험제도로 변경 실시하고 있다. 사회복지사 국가시험이 실시된 지 9년이 지났음에도 불구하고 우리 사회복지계는 여전히 사회복지사의 전문성에 대해 의문을 갖고 있다.

본 논문에서는 이렇게 사회복지사종사자 자격제도가 사회복지사 국가시험제도로 발전해 오는 과정에서 제기되는 과제들을 제기해보았다.

주제어: 사회복지종사자 자격, 사회복지사 자격, 전문사회복지사 자격

1. 머리말

1970년에 사회복지사업법의 제정과 함께 「사회복지사업종사자 자격증」 제도가 처음으로 만들어진지 30여년이 지났다. 「사회복지종사자 자격증」 제도는 다시 1984년 사회복지사업법의 개정과 함께 사회

1) 前 평택대학교 교수,(사) 고앤두 인터내셔널 다문화연구소 소장

복지관련 과목을 이수하면 자격을 취득할 수 있는 사회복지사 1급, 2급, 3급 자격제도로 개정하게 된다.

이렇게 일정과목을 이수하게 되면 취득할 수 있는 자격제도는 1999년 신입생(학부의 경우)부터, 사회복지사 1급 자격제도에 한해 국가시험제도로 변경 실시하고 있다. 이렇게 일정과목을 이수하면 사회복지사 2급 자격을 부여하고 사회복지사 1급은 국가시험을 통해 자격을 취득할 수 있도록 하였음에도 불구하고, 이 보다는 한 단계 높은 전문사회복지사 자격제도의 필요성이 더욱 높아져 가고 있다.

또한, 이러한 논의가 있는 가운에 사회복지사의 전문성을 강화하기 위해 2009년부터 연간 8시간씩 사회복지사 보수교육이 의무화되었다. 사회복지사 보수교육의 의무화로 한번 사회복지사 자격을 취득하면 영원한 사회복지사라는 등식은 깨어지게 되었다.

이렇게 보수교육이 의무화되었음에도 불구하고 현재 주변의 사회적 상황은 국가시험을 통해 사회복지사 1급 자격을 취득하였다 할지라도, 현재의 자격제도로는 다른 전문직들과 비교하여 전문성을 인정받기 어렵다는 사회적인 상황에서 전문사회복지사 자격제도는 현재 한국사회복지사협회가 중심이 되어 준비 중에 있다.

따라서 본 글에서는 전문사회복지사 자격제도가 제기되기 까지 우리나라의 사회복지사 자격제도는 어떠한 과정을 통해 발전해 왔는가를 살펴보면서 앞으로 전문사회복지사 자격제도가 현 시점에서 왜 필요한지와 나아가야 할 방향을 제시해 보고자 한다.

2. 사회복지사업종사자자격 제도의 시대(1970-1983)

1960년대 후반 사회복지사업법의 제정과 한국아동복지시설연합회를 한국사회복지협의회로 명칭을 변경하기 위한 준비위원회[2]가 조직되고 사회복지시설종사자를 위한 자격제도가 논의되기 시작한다. 이러한 논의 끝에 1970년 제정된 사회복지사업법 제5조와 시행령 제9조에서 「사회복지사업종사자자격증」 제도가 규정된다. 본 장에서는 1970년대 전후의 사회복지계의 상황과 「사회복지사업종사자 자격증」 제도가 만들어지게 된 배경을 살펴보면 다음과 같다.

1) 「사회복지사업종사자 자격증」 제도의 제정 배경

우리나라에 최초로 건립된 아동복지시설은 1906년 3월 독지가 이공화(李恭和)에 의해 건립된 경성고아원으로 전해지고 있다. 그러나 우리나라에 아동복지시설이나 구호시설이 급속하게 증가하게 된 것은 6.25 동란 이후인 1953년 이후라고 할 수 있다. 또한 1964년 외국원조단체에 의해 목포사회복지관이 설립 운영되면서 이용시설도 조금씩 증가하기 시작하였다.

1970년대까지만 하여도 사회복지시설종사자에 관한 자격제도는 없었다. 그러나 사회복지법인에서 운영하는 사회복지시설이 대부분 24시간 운영이 되고 있는 생활시설이기 때문에 당시 보건사회부(현재 보건복지부)에서는 사회복지시설종사자 자격의 필요성을 제기하

2) 한국아동복지시설연합회 회장과 한국사회복지협의회 부회장을 역임한 김오현(현재 광주 사회복지법인 동명회 이사장과 면담. 2010년 05월 27일.

고 사회복지시설종사자라는 명칭으로 자격을 제정하게 된다.

<표 1>과 같이 1970년도 우리나라 사회복지시설의 현황은 893개소, 당시 가장 많은 시설의 수를 살펴보면 육아원(아동복지시설)이 430개소, 탁아소(어린이집) 203개소, 영아원 74개소, 양노원(노인복지시설) 44개소의 순으로 나타났다. 이밖의 사회복지단체나 시설은 외국원조기관단체나 입양시설 등이 있었다. 당시 보건사회부에서는 24시간 사회복지시설에서 클라이언트들을 보호하고 지원해 주는 종사자들에 대한 자격이 필요하다는 것을 인식하면서 1970년 사회복지사업법의 제정과 함께 「사회복지사업종사자 자격증」을 제정하게 되었다.

〈표 1〉 1970년대 사회복지시설현황

번호	시설구분	시설명	시설수
1	보호복지사업	모자원	35
2		영아원	74
3		육아원	430
4		부랑아보호시설	19
5		육아직업보도시설	15
6		양노원	44
7		윤락여성직업보도	14
8	신체장해자 복지사업	숙소제공시설	11
9		지체부자유자갱생시설	16
10		맹아갱생시설	16
11		신체장해자갱생시설	3
12		보신구제작시설	-
13		점자도서관	1
14		점자출판	1
15	기타복지사업	탁아소	203
16		아동상담소	6
17		생활상담소	1
18		공익전당포	4

19	기타복지사업	저리융자사업	-
20		인보관	1
		계	893

자료: 보건사회부, 「보건사회통계연보」, 1970.
상기의 시설표기는 당시에 사용하던 시설명을 그대로 사용하였음.

이상과 같이 1970년은 우리나라 사회복지사업의 범위를 규정하는 법인 사회복지서비스법이 제정되고 시작이 된 사회복지사업의 원년(元年)이라고도 할 수 있다. 그리고 1970년은 1952년에 창립된 한국아동복지시설연합회가 한국사회복지협의회로 명칭을 변경하게 된다. 당시의 「사회복지사업종사자자격증」 제도의 발급 및 모든 관리는 기초자치단체인 시군구의 사회과에서 담당을 하였으며 자격증은 보건사회부 장관명의로 발급이 되었다.

2) 「사회복지사업종사자 자격증」 제도 개선의 움직임

1970년에 제정된 사회복지사업종사자 자격제도는 1980년대 전후에 당시 사회복지계에 근무하던 사회사업가들에게 커다란 불만요인이 되고 있었다. 이는 다름 아닌 당시 10여개의 대학에서 사회사업학을 전공하고 사회에 진출하는 학생들이나 고등학교를 졸업하고 현장에서 5년간 근무한 사람들에게 부여하는 자격이 똑 같이 「사회복지사업종사자 자격증」이었기 때문이다.

이 제도에 의하면 대학에서 4년간 사회사업학이나 사회복지학을 전공한 학생이나, 고등학교를 졸업하고 사회복지시설에 5년간 종사한 사람은 누구나 「사회복지사업종사자자격」을 취득할 수 있었기 때문이다.

1980년대 초에 들어오면서 4년제 대학을 중심으로 사회복지사업종사자 자격제도의 개선에 대한 논의가 이루어지기 시작한다. 즉 고등학교를 졸업하고 사회복지시설에 5년간 근무한 사람과 대학에서 사회복지학을 전공한 사람을 모두 사회복지시설종사자라는 명칭으로 부르는 것에 대한 거부감이 높아졌기 때문이다.

이러한 사회적 여론과 함께 1982년에 한국사회복지협의회에서는 사회복지사업법 개정위원회를 설치하여 2년여의 준비위원회 모임을 거쳐 당시의 「사회복지사업종사자」 자격을 사회복지사 1급, 2급, 3급 자격제도로 개정하게 된다.

당시에 한국사회사업가협회의 회장 민은식은 법 개정 위원회의에 참여는 하였지만 사회복지사 관련 규정을 논의하는데 의견표명을 하는 수준이었으며, 주도적인 역할은 한국사회복지협의회가 담당하였다.

3. 사회복지사 자격 시대(1984-2002)

1) 사회복지사 자격제도의 출범

(1) 사회복지사 자격의 운영주체

1980년대 초 사회복지사업종사자 자격제도가 사회복지사 자격제도로 변경되는데 가장 많이 기여한 단체는 한국사회복지협의회라고 할 수 있다. 그렇다면 사회복지사 자격제도는 왜 한국사회복지협의회가 1984년부터 1988년까지 약 15년동안 주도적인 역할을 하여왔는지 그 배경은 다음과 같다.

먼저 1980년대초까지의 한국사회복지협의회는 사회복지법인 허가를 취득하여 전국적인 기관으로 그 업무를 대행하여 왔다. 그러나 당시의 한국사회복지사협회는 1980년대 초까지만 하더라도 회장이 바뀔때마다 사무국이 변경되는 회원간 친선협회의 기능만을 수행하고 있었다. 대체적으로 연간 1-2회 사회사업가 세미나 또는 체육대회 행사만을 매년 개최 운영하여 왔다. 때문에 한국사회복지사협회는 회장이 근무하는 시설의 전담 직원이 사회복지사협회의 업무를 대행하는 체제였다.

이 에 비해 한국사회복지협의회는 1980년대초 15명 정도의 직원이 근무하며, 주간 사회복지신문, 계간 사회복지 전문지 발간, 매 2년마다 전국사회복지대회의 개최, 사회복지시설협회 등과의 연락 협의 조정 등의 업무를 추진하여 왔다. 때문에 당시 보건복지부에서도 사회복지종사자의 자격 및 개정 업무에 대한 운영주체를 한국사회복지협의회에 의뢰 운영하게 된 것이다.

(2) 사회복지사 자격제도의 명칭 신설배경

1982년 6월 사회복지사업종사자 자격 개정위원회에서 명칭을 무엇으로 바꿀 것인가 하는 논의에서 가장 많이 제안된 안은 「사회복지사」와 「사업사업사」, 「사회사업가」였다. 몇 차례의 논의 끝에, 당시 시대흐름으로 보아 「사회사업사」나 「사회사업가」보다는 「사회복지사」라는 명칭이 좋겠다는 의견으로 합의가 되었다.

그동안 전통적으로 사용하여 오고 귀에 익숙했던 사회사업가(社會事業家)라는 명칭은 전문가로서의 호칭상 적절하지 않다는 의견이 많았다. 그러나 「사회복지사」의 '사'를 선비 士 또는 스승 師 로 할 것인가 하는 논의하던 중 선비 士를 사용하기로 결정하였다.

또한 당시에도 사회복지사 자격을 국가시험으로 하자는 방안도 제시되었으나 사회복지사에 대한 대우나 시설 근무의 기피현상 등으로 인력이 부족한 현상을 고려할 때 시기적으로 빠르다는 의견이 많아 채택되지 않았다(김범수b, 2003:133).

그리고 사회복지사의 자격을 1급, 2급과 3급으로 등급을 매기게 된 동기는 사회복지사 자격을 초중고 교사의 2급 정교사와 1급 정교사 자격제도를 참조하게 된 것이다. 단, 고등학교를 졸업하고 5년간 사회복지법인에 근무하면 사회복지사업종사자자격을 취득할 수 있도록 되어 있던 당시 사회복지사업법에 규정을 감안하여, 국립사회복지연수원에서 일정기간 연수과정을 통하여 사회복지사 3급 자격제도를 만들었다. 2급의 경우는 전문대학 졸업자들이 취득할 수 있는 규정[3] 이다.

한국사회복지협의회는 1984년 사회복지사업법 개정과 함께 1998년 12월까지 전국 16개의 지회를 통하여 사회복지사 자격교부업무를 대행하여 왔다. 그러나 1990년대 중반이 되면서 한국사회복지사협회가 1990년대 중반 월드비전 건물에 사무국을 개설 운영하면서 사회복지사 자격 업무를 한국사회복지사협회가 한국사회복지협의회로부터 업무를 이양 받아야 한다는 논의와 여론이 높아지기 시작하였다. 이러한 논의 끝에 사회복지사 자격업무는, 1999년 1월부터 한국사회복사협회로 자격업무를 이관하게 된다.

이상과 같이 지금까지 우리나라에 사회복지사 자격제도를 제정하

3) 이상의 내용들은 필자가 1977. 9-1983. 3 까지 한국사회복지협의회에 근무하면서 기록한 내용들을 근거로 작성한 것이다.

는데 가장 많이 기여한 단체는 한국사회복지협의회라고 할 수 있다. 당시 한국은 일본 보다 3년 앞서서 사회복지사 자격을 제도화하게 된다. 이와 같이 당시 한국사회복지협의회의 자격제도 위원회에 참여하였던 분들이 「사회복지사」라는 자격을 잘 착안하여 제도화하였으나, 한 가지 아쉬운 점은, 처음 자격제도 제정 당시, 사회복지사 유사명칭의 사용금지라든가, 14과목에 대한 시수 등을 규정하지 못한 약점도 있었다.

2) 전문사회복지사 자격제도의 시범 운영(1996-1998)

앞에서 논의한 바와 같이 1984년 사회복지사 자격이 제정된지 만 15만에 사회복지사 자격 업무는 한국사회복지협의회로부터 한국사회복지사협회로 이관하게 된다. 사회복지사 자격 업무가 한국사회복지사협회로 이관하게 되었다는 점은 그 만큼 한국사회복지사협회의 위상이 높아졌다는 의미가 된다.

한국사회복지사협회는 1990년대 중반에 한국사회복지교육협의회와 정기 연찬회나 세미나에서 사회복지사의 전문성을 고려할 때, 14개의 사회복지관련 과목을 이수하면 사회복지사 1급 자격을 받을 수 있는 당시의 자격 제도에 대한 개선논의의 필요성을 제시하게 된다. 그러면서 사회복지사의 전문성 향상을 위해 다양한 노력을 준비하던 중, 1996년에 한국사회복지사협회가 중심이 되어 민간자격으로 사회복지사 1급 소지자들을 대상으로 일정기간 교육 훈련을 이수한 자에게 「임상사회복지사」 자격제도를 신설하게 된다. 임상사회복지사 자격은 1998년에 「전문사회복지사」 자격으로 명칭을 변경하여 4회의 시험과정을 통하여 571명이 자격을 소지하고 있다(김범수a, 2003:133-134).

그러나 이러한 한국사회복지사협회장 명의로 제공되는 전문사회복지사 자격제도는 사회복지사의 전문성을 근본적으로 개선시키기 어렵다는 관점에서, 한국사회복지사협회와 한국사회복지교육협의회에서는 1999년 입학생부터 사회복지사 1급 자격을 국가시험에 합격한 자로 한다는 자격관련 규정을 보건복지부에 건의・개정하게 된다.

4. 사회복지사 국가시험 및 보수교육시대(2003-2009)

1) 사회복지사 1급 국가시험의 실시

(1) 국가시험 및 자격제도 연구의 동향

2000년대에 들어오면서 사회복지사 자격제도에 가장 큰 영향을 준 것은 2003년도에 사회복지사 1급 국가시험을 실시하였다는 점이라고 할 수 있다. 많은 논의 끝에 시작된 제1회 사회복지사 1급 국가시험은 비교적 무난하게 잘 치루어 졌다고 할 수 있다. 그러나 국가시험이 끝나고 합격자 발표가 난 이후에 사회복지사 1급 자격을 국가시험을 통해 취득하였다고 해서 무엇이 달라지겠냐고 하는 논의가 많았다. 앞으로 전문사회복지사 자격제도를 만들 때에도 이러한 논의는 계속해서 일어날 것이라고 본다.

당시 2003년도 국가시험을 시행하기 전에 우리보다는 14년 전인 1989년부터 사회복지사 국가시험을 실시하면서 일어난 일본의 사회복지사 시험센터와 노동후생성[4]을 방문하여 많은 시사점을 얻은 바 있다(조흥식・김범수・양옥경, 2001).

1999년 입학생부터 사회복지사 1급 자격을 소지한 자들이 국가시험을 치루게 됨에 따라 한국사회복지사협회에서는 사회복지사 1급 국가시험제도 연구에 착수하게 된다.

사회복지사 자격제도 개선에 대한 연구는 사회복지사에 대한 사회적 요구와 그에 따른 조건과 위상에 대한 문제점이 제기되면서 지속적인 논의의 대상이 되어 왔다.

한국의 사회복지사 자격제도 개선에 대한 필요성은 사회복지사에 대한 사회적 요구와 그에 따른 조건과 위상에 대한 문제점이 제기되면서 지속적인 논의의 대상이 되어 왔다. 그러나 구체적인 개선방안은 사회복지사 국가시험이 시작된 2003년부터 본격적으로 시작되었다고 할 수 있다. 2003년 5월 한국사회복지사협회 주최로 열린 「사회복지사 국가시험 및 자격제도 개선」 토론회에서 '자격제도 개선'(김범수, 2003a)과 '국가시험 개선(양옥경, 2003)'에 대한 논의가 있었으며, 그 해 추계 한국사회복지학회 학술발표에서는 "사회복지사 자격제도를 통한 정체성 확립"(김범수, 2003b)에 대한 발표 및 논의가 있었다. 또 2004년도 12월에는 한국사회복지교육협의회 연찬회에서 "사회복지실습교육모델"(양옥경, 2004)이 발표되면서 사회복지실습 인증제의 중요성과 대안이 논의의 중심으로 떠올랐으며, 2006년 춘계 한국사회복지학회 학술발표에서는 사회복지사 자격제도를 포함하여 사회복지인력의 수요와 공급의 문제를 포괄적으로 검토한 "사회복지 전문직과 인적자원개발"(이기영 · 최명민, 2006)이 발표되기도 하였다. 이러한 발표와 논의를 통하여 실제적인 자격제도의 개선이 이루

4) 당시 1급 사회복지사 국가시험제도를 연구하기 위해 일본의 자격연구에 참여하였던 자는 조흥식 · 김범수 · 양옥경 이다.

어진 것은 아니지만, 자격제도 개선을 위한 사회적 분위기는 한층 고조된 것으로 보인다. 또한 "사회복지사 자격제도의 현황 및 개선방안"(김범수 · 허준수 · 이기영 · 최명민, 2006)이 발표되었다.

(2) 사회복지사 국가시험과목의 변경

당시 국가시험의 큰 변화는 두 번의 국가시험을 실시한 후에 국가시험과목을 변경하게 되었다. 이 이유는 다음과 같다. 2003년도와 2004년도 두 차례의 사회복지사 국가시험을 거쳐 문제점으로 제기된 것은 필수과목 6과목에 선택과목 16과목에 관한 출제위원을 선정하는 일이었다. 한 과목당 3명의 출제위원이 참석한다하여도 66명의 출제위원이 일주일 정도 합숙에 들어가야 한다. 이렇게 많은 출제위원들이 참여하게 된 배경은 선택과목이 너무 많다는 점이었다(김범수a:2003).

2년여의 국가시험을 치룬 후, 사회복지사 국가시험운영위원회에서는 긴급회의를 개최하여 사회복지사 국가시험과목에서 선택과목을 없애기로 결정한다. 대신에 필수 6과목에 2과목을 추가하여 8과목으로 늘이고 필수과목당 40문항의 시험문제를 30문항으로 줄이기로 하였다. 때문에 현재는 필수과목 8과목 240문제를 제출하며, 출제위원 24명만 국가시험 출제위원으로 참여하여도 운영이 되었다.

2) 사회복지사 보수교육의 실시

2000년대 후반에 들어오면서 사회복지사의 전문성을 강화하기 위해 가장 큰 변화는 2009년도부터 사회복지사 보수교육이 의무화되었다는 점이다. 사회복지사 보수교육의 필요성은 사회복지사 자격을 한번 발급 받으면 어떠한 교육을 이수하지 않아도 자격을 유지할 수 있다는 데 대한 문제의 제기에서 논의가 시작되었다. 2004년 5월 한국사회복지사협회 산하에 보수교육법제화추진위원회가 구성되고, 같은 해 8월 사회복지사 보수교육의 제도화 방향에 관한 제1차 공청회가 실시되었다. 이러한 보수교육을 만들 때, 타 전문직인 의사나 한의사 간호사의 경우 연간 10시간, 약사나 한약사가 연간 8시간, 임상병리사나 물리치료사 작업치료사가 연간 8시간의 보수교육을 받고 있는 것에 대해 많은 논의가 있었다.

2007년 11월에 전문사회복지사 자격제도와 보수교육 운영방안에 관한 제2차 공청회가 개최되었다. 그후에도 사회복지계의 다양한 의견을 수렴하는 과정을 통하여 2008년 11월 사회복지사업법 시행규칙이 일부 개정되면서 사회복지사 보수교육이 제도화되었다. 보수교육 시간은 연간 8시간으로 규정하였으며, 보수교육과목은 필수영역에 사회복지윤리와 가치, 사회복지실천, 선택영역에 사회복지정책과제와 법, 사회복지행정, 사회복지조사연구를 개설하여 추진하게 되었다.

사회복지사 보수교육은 사회복지법인에 근무하는 자는 의무적으로 보수교육을 받아야 하며 이에 참여하지 않은 자는 20만원, 사회복지법인의 경우 100만원의 과태료를 부담하도록 되어 있다(한국사회복지사협회, 2010).

5. 전문사회복지사 자격제도 논의 및 제도화시대

1) 전문사회복지사 자격제도의 논의의 시발점

전문사회복지사 자격제도의 시발점에 대해서 이봉주는 다음과 같이 문제를 제기하고 있다. “전문사회복지사 자격제도는 전혀 새로운 제도가 아니다. 실제로 이미 1996년에 한국사회복지사협회 주관으로 임상사회복지사 자격으로 나누어 자격을 발급한 바 있다. 자격의 구분은 6개분야별로 아동 및 청소년복지, 장애인복지, 지역복지서비스, 의료사회사업, 노인복지, 공공복지 로 나누었다(이봉주, 2009)”라고 제안한 바 있다.

이상에서 이봉주가 제기한 “전문사회복지사 자격제도는 전혀 새로운 제도가 아니다”라는 견해는 다소 오해의 소지가 있어 부언하면 다음과 같다.

필자가 알기에는 1996년 전후에 학부나 대학원에서 일정과목을 이수하면 사회복지사 1급을 발급받을 수 있었는데 이에 대한 반성이 일어나면서 만들어진 자격이 바로 임상사회복지사 자격이라고 할 수 있다. 당시 한국사회복지사협회에서는 사회복지사 1급을 한 단계 업그레이드 시키기 위한 방안으로 한국사회복지사협회장 명의로 실험적으로 일정시간을 이수하고 한국사회복지사협회 주관으로 시험을 통해 임상사회복지사 자격을 연 1-2회에 걸쳐 실시한 바 있다. 1996년 처음 임상사회복지사라는 자격으로 시작된 이 제도는 1998년 전문사회복지사라는 명칭으로 변경하여 시도를 해 보았지만 처음보다 참여도가 높지 않았다. 때문에 당시 한국사회복지사협회 자격제도위원회에서는 사회복지사의 전문성을 강화하기 위해 실시하여 본 제도에 대한 개선방안을 논의하게 된다. 즉 대학에서 관련과목을 이수만 하면 사회복지사 1급을 발급받을 수 있는 제도를 1999년 신입생부터는 사회복지사 1급은 국가시험을 통해서 발급받을 수 있는 제도로 보건복지부와 협의하에 사회복지사업법을 개정하여 제도화하게 되었다.

때문에 오늘 이 시점에서 논의하려고 하는 1998년도 국가시험을 치루기 전에 임시적으로 실시해 본 전문사회복지사(임상사회복지사)는 비록 자격의 명칭은 같지만, 그때의 전문사회복지사의 자격과는 차원이 다른 자격을 지금 논의하고 있는 것으로 보면 된다. 다시말해서 지금 현시점에서 전문사회복지사 자격을 준비하고 있는 것은 이미 국가시험을 통해 1급을 발급받고 현장에서 5년이상 근무한 사람들로 하여금 사회복지의 전문분야별로 구분하여 또 한단계 업그레이드 된 전문사회복지사의 자격을 만들려고 하는 것이다.

2) 전문사회복지사 자격의 시장성

2007년도 한국사회복지사협회에서 조사한 자료에 의하면 50.6%가 전문사회복지사자격이 필요하다라고 응답하였으며 30.0%는 매우 필요하다라고 응답하였다. 그러나 사회복지사들의 전문성 향상을 위해서 전문사회복지사 자격제도는 필요하다고 인정하고 있으나 내부적으로 고민하여야 할 쟁점은 과연 전문사회복지사 자격을 취득한 후에 그들이 진출할 전문영역 즉 시장이 형성되겠느냐 라고 하는 고민이 있다.

전문사회복지사 자격이 형성되기 위해서는 일정정도의 강제력을 가지고 자격증이 수요와 공급이 형성되는 규제된 시장(regulated market)이 필요하다. 전문사회복지사 자격을 소지하였다 하더라도 그 자격에 걸맞는 실천영역과 과업수준의 배타성을 인정받지 못한다면 굳이 자격증을 소지할 필요가 없어진다. 즉 자격증의 수요가 없는 상태에서는 공급이 필요 없게 된다(이봉주,2009).

앞으로 전문사회복지사 자격을 제도화 하는데는 전문간호사(Advanced Practice Nurse, APN) 자격제도를 연구 분석할 필요가 있을 것이다. 전문간호사 자격제도(http://www.kabon.or.kr)는 2004년 TF 팀이 구성되어 2005년 제1회 전문간호사 자격시험을 실시하여 371명이 합격하였다. 처음에는 가정전문간호사와 마취전문간호사 영역으로 시작하였는데 점차적으로 늘려 현재는 13개의 전문간호영역으로 확대하여 배출하고 있다. 13개의 전문간호사 영역은 가정전문간호사, 감염관리전문간호사, 노인전문간호사, 마취전문간호사, 보건전문간호사, 산업전문간호사, 응급전문간호사, 정신전문간호사, 종양전문간호사, 중환자전문간호사, 호스피스전문간호사, 임상전문간호사, 아동전문간호사 등으로 분류되어 있다.

그동안 사회복지계에서 유일하게 전문성을 확보하며 성공한 자격제도는 바로 정신보건사회복지사 자격이라고 할 수 있다. 정신보건사회복지사 자격제도는 전문사회복지사라는 명칭을 사용하고 있지는 않고 있지만, 사회복지사 1급 자격을 소지한 자들이 1년의 인턴과정을 통하여 취득하는 제도로 이미 전문성과 앞에서 제기한 규제된 시장을 확보하고 있다. 앞으로 사회복지영역에도 전문사회복지사 영역을 구분하여 나갈 때 정신보건사회복지사 자격제도도 많은 참고가 될 것이다.

3) 전문사회복지사 자격제도의 운영주체

앞으로 전문사회복지사 자격제도를 추진하기 위해서는 이를 담당할 운영주체가 필요할 것이다. 간호사의 경우는 재단법인 한국간호평가원에서 전문간호사 자격업무를 담당하고 있다. 필자의 소견으로는 앞으로 전문사회복지사 자격제도를 추진하는데에는 1차적으로 한국사회복지사협회와 관련 학회가 참여하는 것이 바람직하다고 생각한다. 그러면서 차차 업무가 확대되어 나가면서 별도의 자격업무를 담당할 평가연구원으로 설립해 나가는 것이 바람직할 것이다.

6. 맺음말

이상과 같이 우리나라의 사회복지사 자격제도가 전문성 강화를 위해 노력해 온 과정을 살펴보았다. 그동안 우리나라의 사회복지사 자격제도의 기초를 마련하고 시스템을 구축한 단체는 한국사회복지협의회라고 할 수 있다. 한국사회복지협의회는 1982년 사회복지사업법 개정위원회를 구성하고 사회복지사 자격제도를 신설하는데 기여하여 왔다. 그 후 15년동안 전국의 광역시의 사회복지협의회 지부를 통하여 자격증을 발급하는데 노력해 왔다.

그러던 중 한국사회복지사협회가 자체 사무실을 마련하고 그 위상이 조금씩 높아지는 가운데 1989년 사회복지사 자격 업무가 한국사회복지협의회로부터 한국사회복지사협회로 이관하게 되었다. 이상과 같이 한국사회복지협의회는 사회복지사의 자격을 제도화하고 기초를 구축하는 일에 공헌을 하였다면 한국사회복지사협회는 전문성강화를 위해 국가시험을 마련하고 추진하는 일에 기여하여 왔다고 할 수 있다.

자격 제도 제정시에 다소 완벽하게 규정하지 못한 유사명칭의 사용금지, 보수교육, 14과목의 학점 규정 등을 규정하지 못한 아쉬움도 있지만 그래도 1980년대 사회복지사 자격을 제도화 한 것은 정말 사회복지계의 발전에 크게 이바지 하였다고 할 수 있다.

이러한 효과는 1990년대에 들어오면서 사회복지학과에 많은 학생들이 응시하는 결과를 가져오게 된다. 앞에서도 제시하였지만 현재 우리나라에서 2년제, 4년제, 대학원에서 사회복지사 자격을 교육하는 기관이 417개소가 되고 있다. 정말 일본 보다도 많은 숫자이다. 따라서 사회복지사 자격이 제도화 되면서 가장 많이 혜택을 받은 곳은 대학이라고 할 수 있다. 최근의 대학 학생 모집 현황을 보더라도 사회복지학 및 이와 유사 전공은 학생 응시자수로 보면 인기가 높은 전공에 속한다(서울의 일부대학 제외).

그러나 이러한 발전과정을 살펴보며 앞으로의 사회복지학과에 대한 학생들의 선호도는 지금의 상황보다 더욱 어려울 전망이다. 때문에 이를 위해 사회복지사의 보수교육에 대한 시행 규정이 하루빨리 마련되어야 할 것이다.

앞으로도 전문사회복지사의 자격제도, 사회복지사의 유사명칭 사용 금지 조항, 사회복지실습인증제도, 자격급수별 표준 직무규정, 사회복지사 자격 취득을 위한 14과목의 시수 규정 등 앞으로도 해결해 나가야 할 과제들이 많이 남아 있다.

사회복지사의 자격강화, 전문사회복지사 자격제도에 관해 앞으로도 많은 논의와 검토가 필요하다.

참고문헌

강혜규 · 윤상용. 2001.『사회복지인력의 수급분석과 정책과제』, 한국보건사회연구원 연구보고서.

강흥구. 2006 "사회복지사의 직무특성과 1급과 2,3급의 직무 유형화에 관한 연구".『한국사회복지학』58(1).

김기태 · 양옥경 · 홍선미 · 박지영 · 최명민. 2005. "한국사회복지실천교육모델연구".『한국사회복지교육』1(1).

김범수a. 2003. "사회복지사 국가시험 및 자격제도 개선방안".『한국사회복지사협회 국가시험 및 자격제도 개선방안세미나』. 한국사회복지사협회.

김범수b. 2003. "사회복지사 자격제도를 통한 정체성 확립"『사회복지학 정체성의 위기와 도전』, 2003년 한국사회복지학회 추계공동학술대회 자료집.

김범수 · 허준수 · 이기영 · 최명민, 2006. "사회복지사 자격제도의 현황 및 개선방안",『한국사회복지교육』2(2). 한국사회복지교육협의회.

보건사회부, 1970.「보건사회통계연보」, 1970.

양옥경. 2005. "사회복지현장실습 교육모델 개발연구".『한국사회복지교육』1(1).

윤현숙. 2001. "미국의 사회복지사 자격제도", 조흥식외,「사회복지사 1급 국가시험제도의 시행 방안 연구」.

이기영 · 최명민. 2006. "사회복지 전문인력 개발의 현황과 과제".『한국사회복지교육』2(1): 1-52.

이봉주, 2009. 전문사회복지사 자격제도 도입에 관한 고찰,『사회복지사 전문화 방안을 위한 자격제도 개선 정책토론회』, 한국사회복지사협회.

이현주. 2003. "사회복지사의 자격등급과 직무의 관계분석: 자격제도의 의미구현을 위한 시론",『사회복지연구』21호.

조흥식 · 김범수 · 양옥경. 2001.「사회복지사 1급 국가시험제도의 시행방안 연구」. 한국사회복지사협회.

최명민 · 문순영 · 김승용. 2005. "대학 사회복지 실습교육 모델(TOP-A) 개발에 관한 연구".『사회복지정책』22호.

한국간호평가원 홈페이지, http://www.kabon.or.kr/

한국사회복지사협회, 2010.「사회복지사 보수교육 관련자료」.

京極高宣. 1987.「福祉專門職の展望」, 日本全國社會福祉協議會.

사회복지시설 인증의 기독교사회복지적 함의

김연수[1)]

요 약

사회복지시설의 인증은 사회적 환경 변화와 다양한 요구들에 대한 대응 방안으로, 이용자 중심의 서비스 질 향상을 위한 다양한 개선 노력들의 실행방법으로, 평가제도의 문제점에 대한 해결방안으로서 의의를 가진다. 향후 사회구조의 변화와 사회복지 관련 전망들은 점차 사회복지 제공 주체로서 민간 및 종교의 역할이 확대될 것으로 예상되며, 다양한 사회복지 제공주체에 대한 객관적 검증과 공신력 확보는 향후 필수적 요소가 될 것이다.

본 연구에서는 기독교사회복지의 문제점과 과제를 분석하고 이에 대한 해결방안으로 기독교사회복지의 체계적이며 전문적인 실천방법으로 사회복지시설 인증의 기독교사회복지 적용가능성을 살펴보았다.

주제어: 사회복지시설의 인증, 기독교사회복지, 기독교사회복지 문제점, 인증, 인증의 기대효과, 인증의 의의, 평가제도와 인증제도, 사회복지 공신력 확보, 서비스품질 향상, 사회복지 서비스

1. 서론

인증은 일정한 수준의 충족에 대한 공적 인정으로 정의되며, 제품・공정 또는 서비스가 특정의 표준, 규격 및 기준에 부합함을 확인하는 행위를 의미한다[2)](신명재, 2010:11). 사회복지시설의 인증은 제

1) 경기복지재단 연구원

2) 인증은 제 1자 인증(공급자적합성선언), 제 2자 인증(구매자 검사), 제 3자 인증으로 구분될 수 있으며, 일반

도화되지 않았지만 인증의 기능, 인증을 통한 기대효과 및 활용방안 등에 관한 쟁점들은 끊임없이 제기되고 있으며, 일부 사회복지시설에서는 일반 산업분야의 인증절차에 따른 실행과정을 거쳐 품질경영시스템(ISO 9001) 인증을 추진하고 있다.

사회복지시설 인증의 필요성을 살펴보면 첫째, 사회복지시설은 과거 공급자 중심의 관점에서 이용자 중심의 가치와 권리를 중시하는 패러다임의 변화로 조직의 책임성, 효율적 운영, 서비스 질 향상 등에 관한 객관적 검증을 요구받음으로 이에 대한 인정이 필요하게 되었다.

둘째, 인증 취득과정을 통해 조직내부 역량을 강화할 수 있으며 인증기준에 따른 지속적 개선 활동을 통해 서비스의 질 향상 및 이용자의 신뢰를 확보하기 위한 구체적 노력을 실행할 수 있을 것이라고 기대하고 있다.

셋째, 사회복지시설 평가제도가 지닌 문제점들을 해결하고자 관점에서 평가제도의 문제점을 보완하기 위하여 평가인증제라는 개념으로 인증제도 도입방안이 검토되고 있다(정무성 외, 2009:123).

따라서 사회복지시설의 인증은 사회적 환경 변화와 다양한 요구들에 대한 대응 방안으로, 이용자 중심의 서비스 질 향상을 위한 다양한 개선 노력들의 실행방법으로, 평가제도의 문제점에 대한 해결방안으로서 의의를 가진다고 볼 수 있다(김연수, 2010:4).

사회복지시설의 실무자들을 대상으로 실시된 인증에 관한 인식조사 결과에 따르면 사회복지시설 인증제도 필요성에 대한 조사결과 '필요하다(74.2%)'는 의견이 대다수였으며, 필요성에 대한 우선순위

적 의미의 인증은 제 3자 인증으로 적합성에 대해 인정받은 제 3자가 그 유효성을 확인하는 행위를 말한다.

에 대해서는 '사회복지서비스 프로그램의 질적 향상(1순위)', '시설의 신뢰감과 이미지 향상(2순위)'으로 조사되었다(최희철, 2009:73).

향후 사회구조의 변화[3]와 사회복지 관련 전망들은 점차 사회복지 제공 주체로서 민간 및 종교의 역할이 확대될 것으로 예상되며, 다양한 사회복지 제공주체에 대한 객관적 검증과 공신력 확보는 향후 필수적 요소가 될 것이다. 따라서 본 연구에서는 기독교사회복지의 문제점과 과제를 분석하고 이에 대한 해결방안으로 기독교사회복지의 체계적이며 전문적인 실천방법[4]으로 사회복지시설 인증의 기독교사회복지 적용가능성을 살펴보고자 한다.

2. 인증제도의 이해

1) 인증제도의 구분

일정한 수준의 충족에 대한 공적 인정으로 정의되는 인증은 제품・공정 또는 서비스가 해당규격 또는 기타 표준문서에 적합하며 신뢰할 수 있다는 것을 제3자에 의하여 실증하는 행위를 의미한다. 일반적으로 인증제도는 <표 1>과 같이 대상, 목적, 규격에 따라 구분된다(김연수, 2011:31).

3) 사회복지와 관련하여 경제성장에 따른 빈부격차의 심화, 급속한 고령화 사회, 복지수요 증가, 정보격차 심화, 지방분권의 강화 등 사회구조의 변화에 대한 대책마련의 요구가 증가되고 있다.

4) 기독교사회복지의 핵심가치는 하나님의 형상(Imago Die)을 회복하는 데 궁극적인 목표가 있으며 기독교사회복지의 실천은 거룩하게, 섬김의 자세로, 사명감으로, 자비롭게, 충실히 겸손하게 실천되어야 한다.

〈표 1〉 인증제도의 구분

구 분	인증내용	사례
인증대상별 구분	제품인증 (Product Certification)	KS, Q 마크, CE마크 등
	시스템 인증 (System certification)	ISO 9001/14001,OHSAS18001
인증 목적별 구분	안전 (Safety)	안전마크 등
	품질 (Quality)	ISO 9001
	보건 (Health)	HACCP, OHSAS 18001
	환경	ISO 14001
	정보	TL 9000 , ISO 27000
인증 규격별 구분	국제인증	ISO 9001/14001, 27000 등
	국가인증	KS, JIS, BS, DIN
	단체인증	UL, ASME

인증의 종류는 인증 대상에 따라 시스템 인증과 제품 인증으로 구분된다. 시스템 인증은 고객에게 제품이나 서비스를 제공하는 조직의 해당 시스템이 적용규격에 적합한지 심사하여 인정해 주는 제도이다. 제품 인증은 제품의 해당규격에의 적합성(규정된 품질과 환경, 안전 보건 요구사항의 충족)을 심사하여 인정해주는 제도이다.

인증의 목적에 따라 인증은 안전, 품질, 보건, 환경, 정보 등으로 구분할 수 있다. 사례를 살펴보면, 안전은 안전마크, 품질은 ISO[5] 9001, 보건은 HACCP[6], OHSAS[7] 18001, 환경은 ISO 14001, 정보는 TL[8] 9000, ISO 27000 등이다.

인증제도는 규격별로 국제인증, 국가인증, 단체인증으로 분류된다.

---

5) ISO란 약칭은 서로 대등하다는 의미를 나타내는 그리스어 ISOS에서 따온 것으로서 국제표준화기구(International Organization for Standardization) 두문자가 아니다.

6) Hazard Analysis and Critical Control Point

7) Occupational Health & Safety Management System

8) Telecommunication Leadership

국제인증은 ISO 9001, ISO 14001, ISO 27000 등이며, 국가인증은 KS[9], JIS[10], BS[11], DIN[12] 그리고 단체인증은 UL[13], ASME[14]으로 구분된다.

또한 인증은 심사의 종류에 따라 제1자 심사, 제2자 심사, 제3자 심사로 구별될 수 있다. 제1자 심사는 내부심사라고도 하며, 내부목적을 위해 조직 자체 또는 조직을 대신하는 인원에 의해 수행되며 조직자체의 적합선언에 대한 기반을 형성한다. 제2자 심사는 고객과 같이 조직에 이해관계를 갖는 당사자 또는 고객을 대신하는 다른 인원에 의해 수행된다. 제3자 심사는 외부 독립기관에 의해 수행되며, 독립된 기관은 인증규격의 요구사항에 대한 적합성 인증 또는 등록을 제공한다.

2) 인증조직의 이해

인증제도 운영을 위한 인증조직은 크게 기능 및 역할에 따라 인정기관, 자격인증기관, 인증기관, 연수기관으로 구분된다(김연수, 2011:37).

---

9) Korean Industrial Standard

10) Japanese industrial standard

11) British Standard

12) Deutsches Institut für Normung e.V.

13) Underwriters Laboratories

14) American Society of Mechanical Engineer

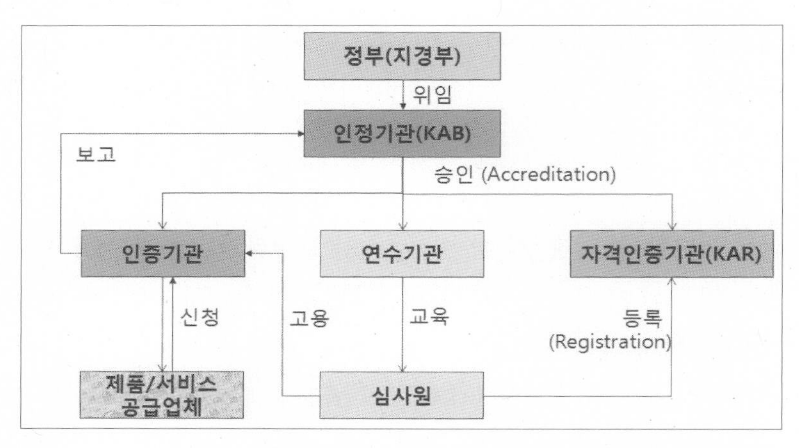

〈그림 1〉 국내 인증제도 조직

인정기관[15]은 인증 및 연수기관에 대한 시스템 지정 심사·승인 및 사후관리의 기능을 수행한다. 그리고 자격인증기관[16]은 인증심사원 자격 심의, 인증 및 등록 유지관리 역할을 담당한다. 인증기관은 인증신청 대상들에 대한 심사·인증 및 사후관리의 업무가 진행되며, 마지막으로 연수기관은 인증심사원을 양성하는 기능을 수행한다.

3. 사회복지시설의 인증

1) 사회복지시설 인증의 추진배경

Martin & Kettner(1996)는 미국의 사례를 중심으로 사회복지와 관련된 앞으로의 전망을 다음과 같이 제시하였다(황성철 외, 2010:380).

15) 한국인정원(Korea Accreditation Board ; KAB)

16) 한국심사자격인증원(Korea Auditor Registration ; KAR)

첫째, '경쟁성 강화'로 사회복지기관 사이의 관계는 전통적으로 협조적 관계였지만 앞으로는 기금, 프로그램, 고객유치 등에서 협조보다는 경쟁적 분위기가 주도하게 될 것이다.

둘째, '민영화 경향'으로 보수적이고 정부의 개입이 억제되는 분위기가 지배적일 것이기 때문에 계약, 보조금, 이용권, 공동생산, 자원봉사자 활용 등과 같은 민영화의 기법을 사용하지 않을 수 없을 것이다.

셋째, '재구조화 경향'으로 경쟁이 심화되고 민영화가 지속적으로 진행되면서 동시에 정보기술이 비약적으로 발전하게 되면 사회복지기관의 재구조화는 필연적일 것이다.

넷째, '마케팅 활성화'로 전통적인 사회계획이나 욕구사정 같은 기법은 더 이상 통용 될 수 없고, 클라이언트와 기금 주들의 관심을 유발할 수 있는 프로그램 구성과 포장, 그리고 서비스의 제공이 더 중요한 문제가 될 것이다.

다섯째, '기업 경영적 행정 강화'로 사회복지 시스템의 분권화, 민영화가 촉진되기 시작하면 연방・주정부의 기금을 확보하기 위해서는 규격화되고 획일적인 프로그램의 구성과 포장으로 불충분하게 된다. 따라서 새롭게 창조적인 것을 추구하는 기업가적 경영이 더욱 필요하게 될 것이다.

여섯째, '품질관리 강화'로 과거 사회복지분야에서 사회복지전문가가 서비스의 질을 결정하는 접근방법이 사용되어 왔다면 앞으로는 고객과 클라이언트 중심의 서비스를 제공하는 서비스 품질관리 접근법이 필요하게 될 것이다.

일곱째, '결과에 대한 강조'로 앞으로의 사회복지는 과정보다 결과를 중시하게 될 것이므로 성과측정, 성과할당 등의 분야에 보다 많은 노력을 기울여야 할 것이다.

여덟째, '전략적 기획 강화'로 사회복지는 주변 여건이나 환경에 보다 체계적인 분석을 통하여 외부환경이 클라이언트, 프로그램, 기관 등에 미칠 영향을 면밀하게 분석하여 적응할 것은 적응하고, 피할 것은 피하는 등의 전략적인 대처가 필요할 것이다.

그 동안 사회복지시설과 같은 비영리조직은 기업과는 달리 영리를 추구하지 않는 조직으로, 기업과는 다른 운영원리가 적용되어야 하는 것으로 간주되어 왔다. 영리 조직에서의 자원은 이윤추구의 목적을 위해 임의적으로 사용할 수 있었지만 사회복지조직은 시설을 믿고 시설에서 봉사하며 재정적으로 기부해 주는 사람의 순수한 신뢰를 조직의 활동으로 교환(exchange)하며 제공한다고 볼 수 있다.

향후 사회복지조직들은 한정된 재원의 효율적 사용을 통해 서비스의 우선순위 조정, 복지행정의 생산성 제고, 구조 조정, 사용자 부담 등 효율화를 위한 다각적인 방안의 검토와 적용을 요구받게 될 것이며 이에 대한 공식적 인증의 필요성은 점차 확대될 것으로 예상된다.

따라서 사회복지시설의 인증은 사회복지시설의 사회적 환경 변화와 다양한 요구들에 대한 대응 방안으로, 이용자 중심의 서비스 질 향상을 위한 다양한 개선 노력들의 실행방법으로, 평가제도의 문제점에 대한 해결방안으로서 의의를 가진다고 볼 수 있다.

2) 사회복지시설 인증의 기대효과

사회복지 분야에서 인증에 관한 논의가 진행될 때마다 사회복지지시설은 인증과정을 통해 운영개선과 서비스의 품질향상이 가능하다고 예상되었다. 인증제도의 기대효과는 사회복지시설 측면, 서비스 이용자 측면, 복지행정 측면에서 살펴볼 수 있다(정무성, 2009:11).

사회복지시설에서 인증의 기대효과는 시설 중심에서 이용자 중심, 고객만족을 위한 경영의 기초 확립, 책임과 권한의 명확성, 조직관리의 용이성, 직원 간 의사소통의 원활화, 시설의 이미지 향상 등이다.

서비스 이용자 측면에서 인증의 기대효과는 안전하고 효율적인 서비스를 제공받는 서비스 수준 향상과 사회복지시설에 대한 신뢰성 향상이다.

마지막으로 복지행정적 측면에서 인증제도는 예산의 효율적 배분, 시설의 특성에 맞는 지도감독, 위탁심사 및 재계약시 자료 등으로 활용 가능성이 높다.

또한 인증제도 관련 선행연구 검토결과 <그림 2>와 같이 사회복지시설의 인증의 의의 및 긍정적 효과를 다음과 같이 제시할 수 있다(김연수, 2011:43).

첫째, 사회복지조직 운영에 있어 시스템 기반이 마련된다.

둘째, 업무의 일관성, 효율적 조직관리, 분명한 책임과 권한으로 업무가 구조화된다.

셋째, 업무의 객관화, 투명성 증대, 원활한 커뮤니케이션으로 업무의 프로세스 접근이 이루어진다.

넷째, 업무의 표준화로 체계적 관리가 가능해진다.

다섯째, 지속적 개선활동이 실행된다.

여섯째, 우수한 서비스 품질로 고객만족이 이루어진다.

마지막으로 사회복지시설은 시스템 구축과정과 인증취득을 통해 대외 공신력 확보가 가능해진다.

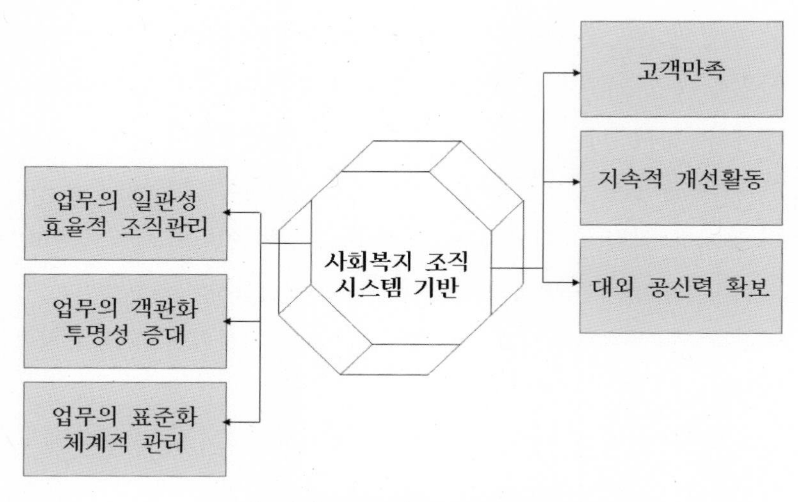

〈그림 2〉 사회복지시설 인증의 의의

3) 평가제도와 인증제도

대부분의 인증제도는 적합성 평가로 제3자 심사 방식이며, 평가제도는 수준평가로 제2자 심사 방식이다. 사회복지시설 평가제도의 경우, 평가제도의 목적은 평가주체의 입장에서 볼 때 사회복지사업의 전문성을 높이고 책임성을 증진하고자 하는 가치지향적 목적과 정부 보조금을 합리적으로 지원하고자 하는 실제적 목적을 가진다. 즉 평가제도에서는 사회복지서비스 품질의 향상보다 서비스의 질과 산출(output)을 통해 사회복지시설의 업무성과를 점검하는 것이 주요 목적이다.

인증제도는 규격이나 지침에 따라 시스템을 구축하고 시스템이 적합한가를 심사하고 지속적 개선활동이 이루어진다. 따라서 사회복지

분야에서 사회복지조직의 사회적 책임성, 시설운영의 효과성 및 서비스 품질 수준 등에 대한 제3자에 의한 객관적인 인증에 관해 현장과 학계에서 끊임없이 논의가 진행되는 것이다.

4) 사회복지시설 인증사업 현황

사회복지시설 인증은 제도화되지 않았지만 일부 사회복지시설에서의 품질경영시스템(ISO 9001) 인증[17]이 추진[18]되었으며 지역재단을 중심으로 인증사업이 추진되었다. 이는 사회복지시설이 인증추진 과정을 통해 주변 환경변화에 적극 대처하고 있음을 나타낸다.

(1) 서울복지재단

서울시복지재단은 <표 2>와 같이 2005년부터 사회복지시설에 대한 인증사업을 시작하여 2006년 노인요양시설과 노인 주・단기보호시설, 장애인 주・단기보호시설에 대한 인증 시범사업을 실시하였다(김혜연, 2010:50).

2007년 5월부터 12월까지 아동생활시설과 장애인직업재활시설 총 3개소에 대한 인증사업이 진행되었으며, 2008년에는 종합사회복지관과 장애인생활시설 4개소에 대한 인증사업이 진행하였다. 2009년에

---

17) 품질경영시스템은 제3자인 인증기관이 고객을 대신하여 국제적 통용기준이며 공통의 척도인 ISO 9000 시리즈 규격에 따라 공급자의 품질경영시스템이나 품질보증 활동을 심사하여 인증해 주게 되면, 공급자로서는 중복심사로 인한 업무의 복잡성을 피하고 시간이나 경비절약의 효과를 얻을 수 있을 뿐만 아니라 고객에게도 객관적인 신뢰감을 주는 등 많은 이점이 돌아가게 되는 것이다.

18) 2011년 9월 현재 59개 사회복지기관이 품질경영시스템 인증 취득 현황을 나타내고 있지만 일부 사회복지시설은 공식적 인증기관이 아닌 인증기관에서 인증취득으로 시스템 구축이 미비하고 상업적으로 이용되는 사례가 있다.

는 장애인종합복지관 4개소와 노인종합복지관 2개소에 대한 인증사업이 실시되었으며, 2010년에는 노인복지관 3개소와 장애인복지관 1개소, 장애인 주간보호시설 1개소에 대한 인증사업이 진행되었다.

그리고 20007~2008년에 인증을 취득한 시설의 사후 관리 심사를 하였고, 그 결과 총 11개소 중 8개소가 인증유지를 한 것으로 보고되었다.

〈표 2〉 서울시복지재단 인증사업의 추진 현황

기간	사업내용
2006년	-노인요양시설 (1개소) -노인 주간·단기보호 서비스 (3개소) -장애인 주간·단기보호 서비스 (1개소)
2007년	-아동생활시설 (1개소) -장애인직업재활시설 (2개소)
2008년	-종합사회복지관 (2개소) -장애인생활시설 (2개소)
2009년	-노인종합복지관 (2개소) -장애인종합복지관 (4개소)
2010년	-노인복지관 (3개소) -장애인복지관 (1개소) -장애인주간보호시설(1개소)

(2) 경기복지재단

경기복지재단은 2010년 노인생활시설 1개소의 인증사업을 시작으로, 2011년 노인복지관 4개소를 대상으로 인증사업을 진행하고 있다.

경기복지재단은 2011년 경기도 사회복지시설 인증시스템 구축 및 운영의 핵심가치를 사회복지시설의 지속가능 경쟁력 확보로 설정하고, 2011년 운영과제로 사회복지 경영시스템 인증사업, 사회복지 경영시스템 인증모델에 관한 연구, 인증심사원 교육매뉴얼 개발, 인증

심사원 양성사업, 인증 활성화를 위한 인프라 구축을 과업으로 설정하였다.

2011년 사회복지 경영시스템 인증사업은 노인복지관 4개소가 사업대상으로 선정되어 인증사업이 진행되고 있으며 인증사업의 운영단계는 <그림 2>와 같다.

〈그림 3〉 경기복지재단 사회복지 경영시스템 인증사업 운영단계

4. 기독교사회복지와 사회복지시설 인증

기독교사회복지는 기독교 역사의 시작과 함께 오늘날까지 기독교의 주요 덕목이자 의무로서 실천되어 왔다. 기독교사회복지를 보는 관점에 따라 기독교와 사회복지의 접목이라고도 하고, 때로는 기독교와 사회복지의 대통합이라고도 일컬어진다. 그러나 이러한 관점이나 접근방법은 기독교사회복지를 논함에 있어서 기독교와 사회복지를 이질적인 것으로 보고 이리적인 양영역의 화해로, 화합의 결과로, 때로는 일종의 학문적 융합 내지 혼성의 학문으로 보는 견해가 주종을 이루고 있다. 그러나 기독교와 사회복지란 역사적으로나, 가치적으로나, 이념적으로나 상호 이질적이거나 배타적인 것이 아니라 동일한 영역에서 동질의 것을 추구하며 발전되어 왔다(김기원, 2009:13).

기독교사회복지란 기독교의 근본정신인 이웃사랑과 봉사와 헌신을 통해서 세상가운데 열악한 처지에서 살아가는 사람들의 물질적, 신체적, 정신적 고통을 양적·질적으로 완화시키고 생활상의 곤란을 개선시켜 줌으로써 그들의 삶의 질을 향상시키고 성서적 정의를 실천하며 상실된 하나님의 형상을 회복시키려는 기독교인들의 제도적이며 체계적인 노력이자 가치체계를 말한다. 기독교사회복지를 구체적으로 실천하는 과정에서는 사회복지학, 상담학, 사회학, 의학, 노년학, 심리학 등과 같은 사회과학에서 발달된 실천방법들을 원용할 수 있다(김기원, 2009:37).

기독교사회복지의 구체적인 실천과정은 하나님의 말씀인 성서를 기반으로, 다양한 학문분야의 실천방법들이 원용되며, 그 가운데 사회복지학은 중심 개념으로 적용된다. 기독교사회복지학와 사회복지학은 연구대상 및 연구방법의 유사성, 인접학문간 협조(interdisciplinary cooperation)와 종합학문적 접근방법(multidisciplinary approach)을 채택, 실천방법 등에서 유사성을 가진다. 하지만 기본가치 및 이념, 제공주체, 종교 편향적(religion-oriented)인 점에서 기독교사회복지와 사회복지는 차이점이 있다(김기원, 2010).

성서적으로 판단하면 오늘날 우리 사회가 겪고 있는 사회문제들은 사실 인간의 탐욕과 하나님의 가르침에 순종하지 않은 결과로서, 성서적 정의(biblical justice)에서 벗어난 상태이다(김기원, 2007:181).

따라서 기독교사회복지는 거룩하게 실천되어야 하며, 섬김의 자세로 실천되어야 한다. 기독교사회복지의 실천에 있어 영생을 얻게 하는 사업이라는 사명감을 가지고 실천되어야 하며, 자비롭게 봉사해야 한다. 기독교사회복지 실천의 가장 기본이 되는 것은 하나님의 말씀이며, 기독교사회복지의 핵심가치인 하나님의 형상 회복을 위한 노력들을 체계적으로 구조하려는 노력들이 필요하다.

1) 기독교사회복지 문제점과 과제

박종삼은 우리나라 교회사회사업의 주요 쟁점 및 과제를 교회 안에서 제기하는 쟁점, 사회복지(사회사업)의 입장에서 제기하는 쟁점, 전문사회복지계와 교회사회사업계와의 동반자 관계 수립으로 제시하였다(박종삼, 2007:252~253).

사회복지(사회사업)의 입장에서 제기되는 쟁점은 전문적 기독교사회복지 실천의 발전에 시사하는 바가 크다고 할 수 있다. 주요 내용을 살펴보면, 사회복지계는 교회가 공공 및 민간 사회복지계와 함께 지역주민 복지문제를 해결해주려고 할 때, 교회가 실시하는 사회복지 서비스의 분야와 전문성에서 책임을 질 수 있는가라는 질문을 던지고 있다. 특히 중앙정부나 지방정부로부터 공동복지자금을 위탁받아 교회사회사업을 집행할 때 행정적 절차와 투명성 차원에서 교회는 책임을 질 수 있는가라는 쟁점이 제기되고 있다. 그리고 교회가 공공복지 자금을 위탁받아 복지활동을 전개하면서 적지 않은 경우 복지목적을 수행하는 것보다 자기들의 종교를 전파하려는 목적으로 사회복지를 전도의 수단으로 쓰는 부당한 경우가 많다는 점을 지적하고 있다.

김은수는 한국교회의 사회복지 과제를 사회복지를 위한 신학정립, 교회의 구조개혁, 의식개발과 정체성 확립, 모범적 모형과 원리개발, 네트워크 형성과 자원의 극대화를 제안하였다(김은수, 2008:130~145).

이 가운데 모범적 모형과 원리개발의 과제의 주요내용을 살펴보면, 최근 우리나라의 사회복지수준이 단순구호 및 수용에서 탈피하여 복잡한 현대사회에서 파생한 다양한 수요자들의 사회적, 개인적 문제에 심층적으로 접근하여 개개인의 사회복지 서비스 욕구를 충족하는 단계가 됨으로써 사회복지계의 전문적 지식과 그 기술은 더욱 발전되고 있다. 그러므로 교회의 사회복지는 교회 지도자나 평신도 모두 현장에서 요구되는 전문성을 갖추어야 한다. 기독교사회복지 전문가와 기독교인으로서 영성과 더불어 사회복지의 전문지식 및 기술이 조화를 이루어야 한다. 그러나 현재 이 두요소를 어떻게 훌륭히 접목할 수 있는지에 대한 전형이 확립되지 않은 상황이어서 일선 현장의 종사자들은 두 개의 영역을 각기 별개로 분리하여 실천하고 있는 실정이다. 따라서 향후 기독교인 전문가로서 바람직한 실천모형을 개발의 필요성을 설명하였다.

2) 기독교사회복지 적용가능성

기독교사회복지 서비스의 전문성 확보, 위탁의 목적에 맞는 사업의 수행, 행정적 절차의 투명성, 인적자원의 전문성, 기독교사회복지의 바람직한 실천모형 개발 등의 해결방안으로 인증의 적용가능성을 살펴보면 다음과 같다.

첫째, 기독교사회복지 관련 다양한 이해관계자[19]의 요구사항에 대한 객관적 제시가 가능하다. 일반적으로 인증 추진과정은 요구사항 충족에 대한 적합성을 평가하는 것으로 기독교사회복지 관련 다양한 이해관계자의 요구사항의 충족에 대한 제시가 가능할 것이다.

19) 이해관계자(Interested parties)는 조직의 성과 또는 성공에 관심을 갖는 개인 또는 단체를 말한다. 예는 시설이용자, 보호자, 가족, 시설의 직원, 지방자치단체, 후원자, 공공기관 등이다.

둘째, 기독교사회복지 실천에 있어 이용자 중심의 접근이 가능할 것이다. 품질경영시스템 및 사회복지시설 인증사업들은 이용자 중심의 접근을 기반으로 한다. 기독교사회복지 조직에서 인증시스템이 도입될 경우 서비스 이용자에 대한 전문적이며, 높은 수준의 서비스제공 주체의 객관적 검증이 가능하다.

셋째, 기독교사회복지 조직관리의 방법으로 활용가능성이 높다. 사회복지시설은 인증은 추진과정을 통해 조직역량 강화, 체계적인 문서화 작업, 체계적인 업무 프로세스 정립, 기준에 따른 지속적 개선활동 등이 가능하다. 따라서 인증추진 과정을 통해 기독교사회복지 조직은 행정적 절차의 체계화 및 투명성 확보가 가능하다.

넷째, 기독교사회복지 전문적 접근이 가능하다. 인증기준에 따른 요구사항은 전문적인 사회복지실천을 요구한다. 따라서 인증의 과정을 통해 기독교사회복지 조직은 전문적 실천이 가능하며, 기준에 따른 과정별 실천의 결과는 기독교사회복지의 바람직한 실천모형으로 제시가 가능할 것이다.

다섯째, 기독교사회복지 자원배분의 기준[20]으로 활용가능하다. 교회의 사회복지 주체로서의 참여가 증가하고 있으며 이에 따른 기독교사회복지 자원개발도 활발해지고 있다. 직접 사회복지사업을 수행하는 경우도 증가하고 있지만 자원봉사조직으로서의 참여, 기부단체로서의 참여, 시설대여 등 다양한 자원을 제공하는 주체로서의 다양

---

20) 미국의 경우는 COA(Council on Accreditation), CARF(Commission on Accreditation of Rehabilitation Facilities) 등 민간을 중심으로 비영리 조직을 중심으로 인증이 이루어진다. 따라서 법적 구속력은 약하며 인센티브가 인증의 동기가 된다. 한국의 사회복지공동모금회의 성격인 United Way 등의 모금기관에서는 배분사업에 있어 배분심사를 COA 인증을 통해 시행함으로써 COA 인증을 획득한 경우 민간 자원의 재정지원이 용이해 진다. 호주의 경우에는 정부 내에 준정부적 평가기관을 설립해 운영하고 있으며, 정부의 지원을 받기 위해서는 인증이 요구된다.

한 참여방법이 있다. 인증을 통해 기독교사회복지의 효과적 효율적 자원배분이 가능할 것으로 예상된다.

사회복지시설 인증의 추진배경은 기본적으로 사회복지 환경변화를 반영한 패러다임의 변화, 조직역량 강화 및 지속적 개선을 기반으로 한다. 사회복지시설은 인증의 추진과정을 통해 시설 중심에서 이용자 중심, 고객만족을 위한 경영의 기초 확립, 책임과 권한의 명확성, 조직관리의 용이성, 직원 간 의사소통의 원활화, 시설의 이미지 향상, 시설의 공신력 확보가 가능할 것으로 기대되며 이와 같은 사항은 기독교사회복지 분야에서도 적용 가능할 것이다.

5. 요약 및 결론

향후 사회구조의 변화와 사회복지 관련 전망들은 사회복지 제공주체들의 객관적 검증과 공신력 확보를 요구할 것으로 예상된다. 사회복지시설의 인증은 사회적 환경 변화와 다양한 요구들에 대한 대응방안으로, 이용자 중심의 서비스 질 향상을 위한 다양한 개선 노력들의 실행방법으로, 평가제도의 문제점에 대한 해결방안으로서 의의가 있다. 선행연구의 결과들은 사회복지시설 인증의 기대효과를 사회복지조직 시스템 기반마련, 업무의 일관성 효율적 조직관리, 업무의 객관화 투명성 증대, 업무의 표준화 체계적 관리, 고객만족, 지속적 개선활동, 대외 공신력 확보로 제시하였다.

이에 본 연구에서는 기독교사회복지의 문제점과 과제에 대한 해결방안으로, 기독교사회복지의 체계적 전문적 실천방법으로, 사회복지시설 인증의 기독교사회복지 적용가능성을 살펴보았다.

사회복지계는 교회가 공공 및 민간 사회복지계와 함께 지역주민의 복지문제를 해결하고자 할 때, 교회가 실시하는 사회복지 서비스 분야와 전문성에서 책임을 질 수 있는가에 질문을 던진다. 행정적 절차와 투명성 차원에서 교회는 책임을 질 수 있는가에 관한 쟁점들이 존재한다. 과거 에바다 학교 및 성람재단 비리사건, 기독교 복지은행 설립 23억원 사기사건 등이 언론의 주목을 받고, 최근 영화 '도가니'로 재단의 비리가 사회적 이슈로 나타난 인화학교도 기독교 관련 기관으로 알려지면서 기독교사회복지 기관에 대한 불신이 우려된다.

따라서 사회복지 실천의 전문적 지식과 기술의 발전에 맞게 기독교사회복지 실천현장에서 사회복지 전문가와 기독교인으로서 영성과 함께 전문지식과 기술이 필요하다. 그러나 기독교사회복지 전문가로서 바람직한 실천모형이 마련되어 있지 않다.

이에 본 연구에서는 기독교사회복지의 문제점과 과제를 분석하고 사회복지시설 인증의 기독교사회복지 적용가능성을 살펴보았다. 기독교 사회복지 실천에 있어 인증의 적용가능성은 첫째, 기독교사회복지 관련 다양한 이해관계자의 요구사항에 대한 객관적 제시가 가능하다. 둘째, 기독교사회복지 실천에 있어 이용자 중심의 접근이 가능할 것이다. 셋째, 기독교사회복지 조직관리 방법으로 활용가능성이 높다. 넷째, 기독교사회복지 전문적 접근이 가능하다. 다섯째, 기독교사회복지 자원배분의 기준으로 활용이 가능하다.

향후 기독교사회복지의 본래의 기능회복, 기독교사회복지의 효과적・효율적・체계적 노력들의 전문적 실천을 위해 사회복지시설 인증의 기독교사회복지 적용 사례연구, 기독교사회복지 인증기준 개발 등에 관한 지속적인 연구가 필요하다.

참고문헌

김기원. 2007. “기독교사회복지와 사회복지정책 및 행정”. 『한국기독교사회복지총람』. 한국기독교사회복지협의회.

김기원. 2009. 『기독교사회복지론』. 교육과학사.

김기원. 2010. 『기독교와 사회복지 강의안』.

김연수. 2010. 『사회복지시설 인증기준 개발 연구』. 경기복지재단.

김연수a. 2011. 『사회복지 경영시스템 인증모델 개발연구』. 경기복지재단.

김연수b. 2011. 『제1회 사회복지 경영시스템 인증심사원 교육』. 경기복지재단.

김은수. 2008. 『기독교사회복지』. 형지사.

김혜연. 2010. “사회복지시설 인증사업의 성과 및 과제”. 『2010 한국복지분권실천협의회 심포지엄 사회복지시설평가 현황분석 및 발전방안』. 한국복지분권실천협의회.

박종삼. 2007. “사회복지실천체계로서 교회와 교회사회사업”. 『한국기독교사회복지총람』. 한국기독교사회복지협의회.

신명재. 2010. “적합성 평가와 교정”. 『제14회 심사원 컨퍼런스』. 한국심사자격인증원.

정무성, 2009. “사회복지시설 평가인증과 컨설팅”. 『최고지도자 복지경영 아카데미』. 경기복지재단.

최희철. 2009. 『사회복지시설 평가 · 인증 · 컨설팅에 관한 시설종사자들의 인식 연구』. 경기복지재단.

황성철 · 정무성 · 강철희 · 최재성. 2010. 『사회복지행정론』. 학현사.

품질경영시스템 요구사항(ISO 9001:2008).

존 웨슬리의 신학과 사회복지 사상

김홍기[1)]

요 약

지금까지 웨슬리의 부흥운동만을 강조하여 왔고 웨슬리가 영국사회를 영적으로 부흥시킨 부흥사로만 이해하여왔으나 본 연구에서는 웨슬리의 신앙운동은 영적 부흥운동으로만 끝나지 아니하고 그것이 18세기 영국사회를 변혁시키는 사회적 성화(social sanctification)운동은 사회봉사 (social service)차원과 사회적 구조변혁 (social transformation)의 차원으로 사회복지운동 (social welfare)운동을 발전시켰음을 본 연구에서 밝히고자 한다.

그래서 본 논문에서는 한국교회가 웨슬리 당시의 초기감리교회처럼 더불어 나누어 먹고 더불어 섬기는 희년경제윤리와 사회적 성화의 구체적 실천방안으로 사회봉사와 사회변혁운동을 통하여 사회복지의 희년사회건설에 앞장서야 한다는 것을 강조하고 그러한 사회적 성화중심의 교회가 되기 위한 한국교회의 개혁을 제안하여 보고자 한다.

주제어: 웨슬리, 웨슬리의 사회복지운동, 사회적 성화, 감리교, 희년경제윤리

1. 웨슬리 사회복지운동의 신학사상적 근거[2)]

1) 복음적 신인협조설(Evangelical Synergism)

웨슬리는 루터의 신앙의인화 (justification by faith) 신학에 철저히

1) 감리교신학대학교 신학과 교수

2) 이글은 필자가 '한국사회복지 선교연구원'에서 출판된 「선교와 사회복지」(2004)에 게재한 논문을 필자가 수정 게재한 것임.

근거하면서도 성화신학을 칼빈보다 더욱 발전시켰다. 그의 성화신학이 칼빈의 성화신학보다 더욱 행동주의를 강조하는 이유는 복음적 신인협조설에서 나타난다. 칼빈의 성화는 하나님이 성령을 통하여서 인간 속에서 행하는 행동이지 인간은 노예 신세이다(존 칼빈 상권-3장-14절). 거기에 반하여 웨슬리의 성화는 하나님의 성령이 먼저 역사(役事)하지만 거기에 대한 인간의 자유의지의 응답으로 곧 신인협조로 성화가 이루어진다. 신앙의인화는 그리스도의 십자가 은총으로만 이루어지고 그와 동시적으로 일어나는 거듭남도 성령의 내재의 은총으로 되어지지만 성화는 믿음(하나님의 선물)과 사랑(인간의 선행적 참여)으로 이루어진다고 웨슬리는 생각한다.

그러나 이 인간의 선행을 가능케하는 자유의지는 본성적으로-자연적으로- 갖고 태어나는 것이 아니라 先在的은총(Prevenient grace)으로 주어지는 것이다.[3] 그렇기에 펠라기우스나 중세 천주교의 반펠라기우스주의(semi-pelagianism)의 자유의지론-본성적으로 자유의지를 갖고 태어남-과 다르다. 웨슬리에 있어서 인간은 모두 원죄를 갖고 태어났다. 그런데 성령의 선재적 은총으로 믿는 성도나 안 믿는 자연인들속에도 부분적인 자유의지의 회복이 이루어졌다고 해석한다. 이 선재적 은총은 자유의지 뿐 아니라 양심과 종교성으로도 나타난다. 이 선재적 은총으로 구원받는 것은 아니다. 구원을 향해-은총을 향해- 마음의 문을 열 수 있는 것을 뜻한다. 또한 구원의 은총을 열망하는 열심과 사모하는 마음도 의미한다. 그리고 의롭다함을 얻고 거듭난 성

3) "The Scripture Way of Salvation"(성서적 구원의 길)과 "On Working Out Our Own Salvation"(우리자신의 구원을 이룸에 대하여)의 두설교에서 선재적 은총을 강조한다. 성령이 우리 속에 계몽하는 빛을 비추시는데, 그것은 정의를 행하며, 자비를 사랑하며, 겸손히 하나님과 함께 동행 할 것을 요구하지만 많은 사람들이 이러한 성령의 계몽을 거부하거나, 부인하거나, 잊어버린다.

도라도 자유의지 때문에 타락할 수도 있다. 두려움과 떨림으로 계속 구원을 이루어야 한다.

따라서 성령의 은총의 주도권과 인간의 자유의지적 응답과 참여에 의해 구원이 완성된다. 이러한 웨슬리의 복음적 신인협조설은 동방교회의 Gregory of Nyssa와 John Chrysostom의 영향(Madison,: 1983), 서방교회의 Augustine의 영향, 그리고 James Arminius의 영향 등에 의해 형성된 것이다.4)

2) 행동주의(activism)

웨슬리의 행동주의 신학은 루터의 신앙제일주의(solafideism)와 정숙주의(quietism, stillness)를 비판하면서 형성된다. 웨슬리의 올더스케잇 체험은 마르틴 루터와 강한 연속성을 지닌다. 왜냐하면 웨슬리가 루터주의 경건운동파인 모라비안 교도들의 올더스케잇거리 집회에 갔다가 모라비안 청년 -William Holland 로 역사가들이 추측함-이 읽는 마르틴루터의 [로마서 서문]을 듣다가 마음이 이상하게 뜨겁게(strangely warmed)되었기 때문이다. 그의 회심이 다양하게 해석되지만, 루터적 신앙 의인화(justification by faity) 신학에 의해 일어났다고 보는 것이 가장 타당하다. 그의 동생 찰스도 모라비안 목사 피터 뵐러(Peter Böhler)에 의해 그보다 먼저 회심하였고 뵐러와 가장 많은 신

4) 동방교부 John Chrisostom이 웨슬리에게 미친 영향을 보려면 Kelly Steve McCormick, "John Wesley's Use of John Chrysostom on the Christian Life: Faith Filled with the Energy of Love," Drew University Ph.D. dissertation(Madison, New Jersey: 1983)을 보라. 어거스틴의 영향은 웨슬리의 설교 "On Working Out Our Own Salvation," *The Works of John Wesley(Bicentennial edition),* Ed. by Albert Outler, (Nashville: Abingdon Press,.1986), 208을 참조하라. 이하 *The Works*로 표기함. 알미니우스의 복음적신인협조설(evangelical synergism)의 입장에서 칼빈주의와 논쟁한 것은 W. Stephen Gunter, *The Limits of Love Divine,*(Nashville: Kingswood Books, 1989)를 보라.

앙상담을 존 웨슬리도 하고 있었다. 또한 회심하자마자 뵐러와 함께 Fetter Lane Society를 조직하기도 하였다.

그러나 웨슬리는 그의 설교 "하나님에 관하여"(On God's Vineyard)에서 루터의 구원론을 비판한다. 루터가 갈라디아서 강해에서 성화에 무관심하였다고 비판한다. 루터는 의인화만을 강조하다가 성화에 관심 없었으나, 로마 천주교는 성화를 강조하다가 의인화에 무관심하였다고 웨슬리는 지적한다(John Wesley, VII, 204).

특히, 웨슬리는 루터주의 경건운동파인 모라비안 교도들의 센터 Hemhut을 방문한 후, 루터적 모라비안주의의 신앙지상주의(solafideism), 정숙주의(quietism), 법적 의인화(imputed justification), 율법폐기론적 경향(antinominianism)을 비판하기 시작하였다. 루터에게서 선행은 의로워진 크리스천의 자동적 결과이다. 좋은 나무에서 좋은 열매가 저절로 맺히듯이, 신앙으로 의롭다함을 얻으면 선행의 열매는 저절로 맺힌다고 루터는 해석한다(Martin Luther, 1974:34-5).

그러나 웨슬리에게 있어서 선행과 사랑은 저절로 맺히는 열매가 아니라, 인간의 자유의지적 참여에 의해 신인협조적으로 이루어지는 행위다.

그래서 루터는 로마서를 강조한 나머지 야고보서를 지푸라기복음이라고 평가절하 하였으나, 웨슬리는 로마서의 신앙과 함께 야고보서의 선행을 동등하게 중요시 여긴다. 웨슬리는 해석하기를, 로마서가 말하는 아브라함의 믿음은 75세 때 갈대아 우르를 떠날 때의 믿음이요, 야고보서가 말하는 아브라함의 행함은 그 후 25년 후에 낳은 아들 이삭을 제물로 바칠 때의 행함을 뜻한다고 설명한다. 다시 말해서, 야고보서의 행함은 로마서적 믿음을 전제한 행함이지 믿음 이전의 선행이 아니라는 것이다(John Wesly,Ⅷ,1986).

따라서, 웨슬리는 도덕적 행동을 강조하는 산상수훈도 야고보서처럼 중요한 설교본문으로 선택하였다. 산상수훈 설교는 그의 성화신학을 잘 표현해 주고 있다. 그의 기록된 설교 152편중 무려 13편이 산상수훈 해설 설교다. 그가 브리스톨에서 제일 처음 옥외설교를 할 때에(1739년), 예수님도 예배당 밖 옥외산상에서 설교하였듯이 자신도 옥외에서 설교한다는 것을 강조하기 위해 산상수훈을 본문으로 선택하여 설교하였다. 특히, 그는 산상수훈 강해에서 사회적 성화개념과 지상의 하나님 나라 실현을 아주 강하게 주장하였다.

이렇게 산상수훈 등을 성화생활의 기준으로 생각한 것은 칼빈의 율법이해와 상통한다. 칼빈은 루터보다 율법을 적극적으로 이해하였다. 루터는 율법의 제1용법, 즉 죄를 깨닫게 하는 역할과 제2용법, 즉 공공질서를 어지럽히는 악한 무리들을 다스리는 공민법적 역할만을 강조하였다. 그러나 칼빈은 율법의 제3의 역할(tertius usus legis)로써의 성화생활의 채찍질과 선생을 말한다. 곧 율법을 통해 자아부정과 영성훈련을 실천함으로써 더욱 경건하고 성화된 생활을 할 수 있다는 것이다. 이러한 칼빈의 율법이 해가 웨슬리에게도 그대로 나타난다.

그러나 칼빈의 선행-율법을 준수하고 복종하는 행동-은 성령의 역사다. 인간은 다만 노예 신세일 따름이다. 그러나 웨슬리의 선행이해는 성령의 역사와 거기에 대한 인간의 자유의지의 적극적 응답과 참여로 표현되어 있다.

3) 개인적 성화(personal sanctification)와 사회적 성화(social sanctification)

웨슬리의 구원론의 핵심은 성화다 회개는 종교의 현관(porch)이요, 믿음은 종교의 문(door)이라면 성화는 종교자체(religion itself)이다(John Wesley, Works,472). 그런데 이 성화는 개인적일 뿐 아니라 사회적이다. 웨슬리는 신앙의 본질(essence)은 내면적(inward)이지만 신앙의 증거(evidence)는 사회적(social)이라고 강조한다. 사회적 성화 아닌 성화를 모른다고 말하며 사회적 종교 아닌 기독교를 모른다고 말한다. 그러므로 감리교회는 어떤 새로운 종파를 만들기 위해서 하나님의 부르심을 받은 것이 아니라 교회를 개혁하기 위해서 (to reform the church), 민족을 개혁하기 위해서(to reform the nation) 라고 힘주어 웨슬리는 강조한다. 교회개혁과 민족개혁이 감리교정신이다. 기독교를 은둔자의 종교, 기도하고 명상하는 종교로만 만드는 것은 기독교를 파괴시키는 행위로 본다.

그래서 웨슬리 신학자 Albert Outler는 수직적이고, 내면적인 구원만을 강조하고 개인적 성화만을 강조하는 것은 불건전한 복음주의(Unhealthy Evangelism)이라고 해석하고, 개인적 성화와 사회적 수평적 외향적 성화를 모두 강조하는 것은 건전한 복음주의(Healthy Evangelism)이라고 해석하면서 웨슬리의 사상은 바로 건전한 복음주의라고 풀이한다.

웨슬리의 개인적 성화는 성결적 요소(holistic factor)로써 히브리어 카도쉬(kadosh)와 희랍어 하기오스(αγιοδ)로 표현된다. 곧, 세속성과 죄악성으로부터의 분리(separation)와 성별을 뜻한다. 그것은 외적 행위죄들(actual sins)뿐 아니라 내적 죄(inner sin)까지도 사함 받는 죄없음(sinlessness)의 경지에 이르는 것이다. 둘째로 웨슬리의 사회적 성화는 성육신적 요소(incarnational factor)로써 세속성으로부터 분리된 성별의 힘을 갖고 세속을 찾아가는 성육신의 참여 곧, 사랑의 적극적 행위를 세상 속에서 실천하여 세상의 빛과 소금이 되는 것이다. 그러니까, 성결은 소극적 성화의 방법이고 사랑은 적극적 성화의 방법이다. 행함이 없는 믿음은 죽은 것이요, 사랑의 에너지로 채워지는 믿음-사랑으로 역사하는 믿음-이 산 믿음이다.

4) 총의 낙관주의 (Optimism of Grace)

이 성화의 완성(Perfection 혹은 entire sanctification)이 죽기 전에 가능하다고 웨슬리는 해석한다. 그 이유는 우리의 죄악성의 깊이로는 불가능하지만, 그러나 은총의 높이가 크시기에 크신 은총으로 지상의 완전히 가능하다고 믿는다. 그러나 절대적 완전은 죽음 후에 영화(Glorification)에서 이루어진다. 왜냐하면 지상의 완전은 의식적인 죄(voluntary sin)는 범하지 않지만 무의식적인 죄(involuntary sin)의 가능성은 남아있고무지(ignorance), 실수(mistake), 유혹(temptation), 연약(weakness)의 상태는 남아 있기에 상대적 완전이다(John Wesley, Works: 46-61). 그리고 완전은 정착된 상태가 아니고 계속적인 과정(continous process) 속에 있다. 어디까지 이르렀든지 계속 달려가는 것이 완전이다(John Wesley, Works, VI, 2-4). 또한 이것은 개인적 완전을 의미할 뿐 아니라 사회적 완전도 뜻한다.

5) 희년사상

은총의 낙관주의에 의해서 사회적으로도 지상의 천국을 실현할 수 있다고 웨슬리는 믿는다. 물론 절대적 신국의 모습은 초월적, 미래적이지만 상대적인 의미에서 웨슬리는 지상의 천국을 믿는다. 그것이 곧, 그의 희년사상(jubilee)으로 나타난다. 웨슬리는 희년실현을 위해 세금제도의 개혁, 고용제도의 개혁, 노예해방, 여성해방, 청지기 의식에 의한 경제적 분배와 나눔, 재산상속 반대 광부와 농부와 산업노동자의 노동조합운동 등을 실천하였다. 그래서 웨슬리는 감리교를 반대하는 존 프리박사(Dr, John Free)에게 감리교를 변증하는 편지에서 감리교가 발전한 New Castle, Cornwall, Kingswood 지역에 하나님께서 놀라운 일(wonderful work), 위대한 일(great work)을 이미 지상에서(upon earth) 시작하신 희년사회가 실현되었다고 믿었다(John Wesley, Works, vol.9,330). 그는 실현될 종말론(realized eschatology)을 믿는 사람이었다. 또한 그는 브리스톨에서 옥외설교를 시작한 첫날(1739년 4월 1일) 산상수훈강해를-예수께서도 옥외 산상에서 설교하신 것처럼-설교하면서 하나님 나라의 현존을 실존적으로 사회적으로 경험하는 복음을 선포하였고, 둘째 날(1739년 4월 2일) 옥외 하이웨이에서 눅4:18-19의 본문을 설교하였다(John Wesley, Works, vol.19,46). 그는 가난한자, 눌린 자, 고통당하는 자, 갇힌 자, 병든 자, 나그네, 고아, 과부, 신체장애자들을 해방케 하는 희년의 복음을 브리스톨 탄광지역의 민중들에게 선포하였던 것이다. 웨슬리는 그의 [신약성서주해](Explanatory Notes Upon The New Testament)에서 눅4:18-19절을 해석하기를 "은혜의 해"는 희년이라고 풀이한다(John Wesley, 1976:216). 모든 빚진 자들과 종들이 자유를 얻는 희년이라고 말한다. 그는 주기도문해설 설교에서도 "하나님의 나라는 이 지상에서(below) 시작되었다. 성도의 마음속에 세우신다"(John Wesly, Ⅴ, 335). 회개하고 믿을 때 이미 하나님의 나라가 실현되기 시작한 것이다. 성도의 마음속에 하나님의 통치가 영생의 모습으로 임재한다. 그는 "성서적 구원의 길"(The Scriptual Way of Salvation)에서 구원은 미래에서 누리는 축복이 아니라 현재적임을 강조 한다.

> 구원이 무엇인가? 구원은 하늘나라에 가는 것 영원한 행복이라는 말로 흔히 이해되는 것이 아니다. 그것은 아브라함의 품속을 의미하는 낙원(paradise)으로 가는 것이 아니다. 그것은(우리가 흔히 말하는 것처럼 죽음 저편에 서나 혹은 저 세상에서 누리는 축복이 아니다. 본문자체(엡 2:8)의 참 말씀은 이 모든 질문을 넘어선다. 너는 믿음으로 구원받았다(you are saved). 그것은 먼 거리에 있는 것이 아니다. 그것은 현재적인 것이다. 하나님의 자유로운 자비를 통해 네가 소유하는 현재적 축복이다. 뿐만 아니라 그 말씀은 너는 구원받았다(you have been saved)는 것과 똑같은 처지로 여겨진다. 그래서 여기서 말해지는 구원은 네 영혼의 첫 여명에서부터 영광으로 완성되는 때까지의 하나님의 모든 사역에로 확장되어짐에 틀림없다 (John Wesly, vol.2,156).

또한 웨슬리는 그의 신약성서주해에서 마3:2절을 주석하면서 하나님의 나라는 지상에서 형성되고 그리고 후에 영광 속에 완성된다고 보며, 성서 속에는 지상의 모습을 말하는 구절들도 있고 영광된 상태로 표현된 부분들도 있으나 대부분의 말씀은 양면이 모두 있다고 해석한다(G. Roger Schoenhals ed,1987:405). 까닭에 웨슬리는 하나님 나라를 겨자씨의 자람처럼 현재 여기서 이미 시작되었으며 완성을 향해 자라간다고 이해한다. 그런데 저 세상에서의 미래적 구원을 바라는 것이 아니라 현재 여기서 하나님나라를 확장해 가는 것이 중요하다.

그래서 그의 현재적 천국개념과 희년사상은 그의 완전교리와 연결된다. 역사 속에서도 완전한 사랑을 실현할 수 있다는 신앙은 모든 창조의 개혁과 재창조의 꿈으로 발전한다. 그래서 웨슬리는 감리교("성서적 기독교")는 완전한 사랑의 승리를 믿는다고 강조한다.

> 때가 찾음을 생각하라... 전쟁은 지상에서 끝나고 다시는 형제가 형제를 대적하지 아니하고 나라와 도시가 나뉘어지지 아니하고, 다시는 가난한 자를 강탈하지 아니하며, 도적도 강포도 불의도 없으리라, 왜냐하면 모든 사람들이 소유한 것으로 만족하기 때문이다. 그리하여 정의와 평화가 서로 입 맞추리라(시85:10) 정의가 땅에서부터 흘러넘치고 평화가 하늘에서부터 내려온다... 아무도 그가 소유한 것이 그의 소유라고 말하지 않는다. 그들 중에는 아무도 궁핍한 사람이 없다. 왜냐하면 모든 사람이 그의 이웃을 그 자신처럼 사랑하기 때문이다(John Wesley, vol.V, 46).

웨슬리는 그의 동생 찰스와 함께 "만입이 내게 있으면"(O for a thousand tongues to sing)을 샬롬과 희년의 환상으로 찬송한다. 제5절에 신체장애자가 회복되는 환상을 다음과 같이 노래한다. "너 귀머거리여 그분의 말씀을 들으라 너 벙어리여 너의 굳은 혀가 풀려 그를 찬양하라, 너 눈먼 자여 너의 구세주가 오심을 보라, 너 절름발이여 기쁨으로 뛰어라"(John Wesly, 7, 80). 제4절에서는 해방과 자유가 보여지고 있다. "그는 말소된 죄의 권세를 깨뜨리신다. 죄인을 자유케 하신다"라고 노래한다(John Wesly, 7, 80). 또한 제 9절에서는 하늘나라를 여기 지상에서 기대하라고 사랑을 소유함이 곧 하늘나라라고 노래한다(John Wesly, 7, 81). 웨슬리는 레위기 25장에 나타난 희년의 모습대로 웨슬리는 빚진 자를 탕감하고, 포로 된 흑인노예를 해방시켜 주고, 굶주린 민중들에게 먹을 것을 제대로 나누어주고, 상속할 재산의 대부분은 사회에 환원하고(자녀들에게 필수적인 것은 상속할 수 있지만), 가난한 민중에게 힘에 겨운 세금을 부과하지 말고, 부자들이 사치하게 음식을 낭비하지 말아야 하며, 일거리 없는 자들이 구체적으로 일거리를 찾을 수 있는 제도적 개혁을 주장하였다(John Wesly, XI). 또 한 희년생활은 마25:35-40의 소자에 대한 사랑-갇힌 자, 병든 자, 가난한 자, 헐벗은 자, 나그네 등-임을 역설한다. 또한 눈먼 자에게 눈이 되어 주는 것, 발 없는 자에게 발이 되어 주는 것, 과부에게 남편이 되어 주는 것, 고아에게 아버지가 되어 주는 것이라고 해석한다(John Wesly, VI, 500).

2. 사회복지를 위한 웨슬리의 사회봉사운동(social service)

웨슬리와 초대 감리교인들이 보여준 사회봉사활동과 사회적 성화운동을 초대감리교 역사에서 빼어 놓을 수 없다. 복음적 열심이 사회개혁을 자극하는 중요한 역할을 이루었다. 가난한 사람과 고통당하는 자의 친구가 되는 웨슬리의 감리교였다. 가난한 사람의 처지에 자신을 낮추어 하나님이 자신에게 대접하여 주듯이 자신도 남을 대접하라고 가르쳤다. 사실 웨슬리의 가난한 사람과 사회에 대한 관심은 올더스케잇 회심을 훨씬 앞서서 옥스포드대학교 신성 구락부(Holy Club) 시절부터라고 말할 수 있다. 이미 상기한 바와 같이 미스터 모올간(Mr. Morgan)의 제안에 따라 감옥을 방문하고 병자를 방문하며, 죄수들이 자녀들을 위한 학교를 운영하고 죄수들의 부인들을 위한 기도회 모임을 운영하였다.

웨슬리 자신의 개인적 경제생활 속에서도 그의 이타적, 헌신적, 이웃 사랑의 모습을 볼 수 있다. 그는 링컨대학(Lincoln College)의 선생(fellow)으로 매해 그의 수입이 늘어났으나, 매해 28파운드로만 살고 그 나머지는 모두 나누어주는데 시용하였다. 그의 생애동안 그는 30,000파운드를 벌었으나 수입의 10분의 9를 선교헌금과 구제사업에 사용하였다. 그가 죽을 때 재산은 오직 은수저 한 벌과 몇 페니 밖에 안 남았다 항상 그의 호주머니는 열심히 나누어주느라고 텅텅 비었다. 그는 가난한 사람을 먹이기 위해 자신의 옷을 팔았고, 노예 소녀를 돕기 위하여 값비싼 그림을 팔았으며, 80세 노구를 이끌고 가난한 사람을 돕기 위하여 직접 구걸에 나서기도 하였다.

1) 18세기영국의 역사적 상황

18세기 영국은 산업혁명의 시대였다. 인류 역사상 최초의 산업혁명이 영국에서 일어났다. 수공업에서 기계공업으로 발전되었다. 1760년경 제임스 하그리브스(James Hargreaves)에 의해 실 짜는 기계가 발명되어 사람의 손으로 짜던 실을 기계가 짜줌으로써, 섬유산업의 획기적 전환점을 이루게 되었다. 하그리브스의 기계로 더욱 튼튼하고 더욱 좋은 실을 만들 수 있게 되었다. 이 실짜는 기계가 그가 죽은지 10년 안에 1778년 영국 전역에 2만 개나 보급되었다. 에이브라함 다알비(Abraham Darby)가 1708-9년에 철 제련에 석탄을 사용하는 것을 발견하여 개발시킴으로 석탄생산이 더욱 활발하게 되었다. 1775년 제임스 와트(James Watt)의 증기엔진(steam-engine)이 발명되어 시장에 나옴으로써, 증기의 힘이 철공업 발전에 중요한 요소가 되었다. 이것은 산업혁명의 중요한 계기를 마련해 주었다. 이러한 철공업과 섬유 공업이 도시를 중심으로 발전하게 되자 인구들이 도시로 집중하는 현상이 생기게 되었다. 그래서 랜커셔(Lancashire)의 인구가 한 세기 동안 세배로 증가하였고, 인구 8천명의 맨체스터 (Manchester)가 9만 5천으로 증가하였다.

따라서 산업화에 뒤 따르는 부작용으로 노동자의 처우개선이 문제시 되게 되었다. 좋은 뜻이든 나쁜 뜻이든 노동운동은 산업혁명의 열매로 나타나게 되었다. 이 노동운동의 수천 명의 지도자들이 감리교도들 이었고 그들에 의해 노동자들이 정의감과 권리 의식을 갖도록 의식화 되어 갔을 뿐 아니라 감리교도들은 노동자들에게 조직화해 가는 기술을 가르쳐 주었다.

광부노동조합이 결성될 수 밖에 없는 광부들의 노동상황이었다. 4세에서 13세 이하의 남녀아동들이 석탄광부일에 고용되어 하루 11시간 이상 14시간까지 아니 그 이상도 노동을 강요당하였다. 감독이 없어서 어린 노동자들이 치명적인 상처를 입기도 하였고, 심지어 노동이 심해서 아동 노동자들의 이마에 주름살이 생기기도 하였다. 웨스트 리딩(West Riding) 지역에서는 3세의 아동까지 노동에 투입되기도 하였다. 한 보고에 의하면, 작은 소년이 3시에 기상하여 4시에 탄광일을 시작하여 약 12시간 이상 노동하고 오후 4시 반에서 5시에 귀가하여 오후 7시전에 취침했다고 한다.

여성들도 광부로 일할 수 밖에 없는 형편이어서 탄광에서 일하게 되었다. 완전 나체의 남자 광부들을 옆에서 도왔는데 6세에서 21세의 여성 노동자들이 상반신 나체로 네발 가진 동물처럼 석탄 바스켓을 운반하였다. 한 여인은 갱안에서 두 아기들을 낳을 수 밖에 없었다.

한 아기는 그녀의 더러운 스커트 속에서 태어날 수 밖에 없었다. 200여명의 여자 노동자들이 1845년까지 일하였다.

산업노동현장도 광부들의 탄광 현장만큼 심각하였다. 산업노동자들의 3분의 1이 5세에서 8세의 소년과 소녀들이었다. 그들은 돼지처럼 감자로 배를 채우고 돼지우리 같은 집에 거주하였다. 맨체스터(Manchester)의 전체 노동인구의 8분의 1인 1만 5천명이 지하실에서 살았다. 지하실에서 살았던 노동자들 중에 1500의 경우가 세 명이 하나의 침대에서 살았고, 738 경우가 네 명이 하나의 침대에서 살았으며, 281 경우가 다섯 명이 하나의 침대에서 살았고, 94 경우가 여섯 명이 하나의 침대에서 살았으며, 두 경우가 여덟 식구가 하나의 침대에서 살았고 31경우가 아예 침대 없이 지하실에서 살았다. 그들의 주거환경이 어둡고 답답하고 병들기 쉬운 환경이어서 리버풀(Liverpool)에서는 노동자들의 평균수명이 15세, 맨체스터(Manchester)는 평균수명이 17세, 볼톤(Bolton)에서는 평균수명이 18세, 리즈(Leeds)에서는 평균수명이 19세, 대도시(Metropolis)에서는 평균 22세였다. 대도시에서 극빈자들의 평균 수명은 오히려 노동자들의 22세 보다 훨씬 더 많은 49세였다.

1830년 농민폭동이 일어났다. 감리교는 법, 평화, 질서편에 서 있었기 때문에 감리교가 발전한 링컨셔(Lincolnshire)와 노르폭(Norfolk)에서도 폭동에 대한 동정을 보이지 않았다. 그러나 폭동이 지나간 후에 감리교가 들어가서 그들의 상처를 싸메어 주고 위로해 주었다. 감리교는 농부도 하나님 보시기에 귀한 존재, 동등한 존재임을 강조하였다. 그리고 그들도 감리교 각종 모임에서 투표권을 행사할 수 있음을 주장하였다. 또한 그들 중에서 속장, 기도모임지도자, 평신도 설교가,

재단이사, 재정집사, 감리교행정가(법과 재산을 관리하는)등이 나왔다. 감리교가 농촌 사회 속에 들어가면서 기존의 영국성공회와 갈등을 빚기도 하였다. 영국성공회는 상류층에만 관심을 갖는 '상류층교회'(high church)였고, 청교도의 교리는 영국 민중들의 심성과 정서에 파고들어 가지 못하였으며, 감리교회는 '하류층교회'(low church)로써 영국의 광부, 노동자, 농민들에게 깊숙히 파고들어 갈 수 있었다. 특히 감리교 부흥운동은 민중들의 고통을 달래 주고 위로해 주고 용기를 주기에 충분하였다. 칼 맑스는 종교는 민중의 아편이라고 보았지만, 웨슬리의 감리교는 민중의 치유와 희망이었다. 선교사들이 들어가는 곳 마다 보다 나은 사회로 바뀌어지기 시작하였다.

2) 병자방문제도

웨슬리는 1741년부터 병자방문을 시작하였다. 4000명의 런던 감리교인들을 모아놓고 누가 병자를 방문하는 일에 기쁨으로 나설 것인가 물을 때에, 그 다음 날 아침에 많은 사람들이 지원했으나 웨슬리는 46명만을 선출하여 런던시를 23개 지역으로 나누어 일주일에 세 번 씩 각 지역 병자들을 방문하도록 하였다. 방문자들이 네 가지 규칙을 지키도록 하였다. 첫째, 그들 영혼을 만나기 위하여 소탈하고 열린 마음을 가지라! 둘째, 부드럽고 인내하라! 셋째, 병자를 위해 할 수 있는 모든 것을 분명히 하라! 넷째, 친절하게만 대하지 말라! 등이다. 그리고 병자들에게 근면과 청결을 가르치게 하였다. 청결은 성결 다음에 중요한 것이요 부지런하지 않는 자는 이 세상에서나 오는 세상에서도 맞지 않는다고 강조하였다.

3) 국민건강계몽운동

웨슬리는 아마츄어 의사노릇을 하였다. 1747년 "원시의학"(Primitive Physic)을 저술하였는데, 병, 증상, 상처를 알파엣 순서에 따라 명시하고 289가지 표제들로 정리하여 설명하였으며, 829문단들로 이루어진 책자였다. 1828년까지 23판이나 출판되었으며, 미국에서도 1764년부터 1839년까지 7판까지 인쇄되었다. 웨슬리는 건강을 위해 첫째, 풍부하고 신선한 공기를 마시고, 둘째, 소박한 음식을 먹고, 셋째, 매일 운동을 힘쓰며, 넷째, 정신적으로 기뻐하고 만족한 생활을 영위하기를 강조하였다. 1740년에서 1820년 사이에 런던의 5세 이하의 아이들 사망률이 74.5%에서 31.8%로 줄어들었는데 웨슬리의 영향이 크게 작용하였다. 미친개에게 웨슬리가 6번 물렸는데, 그 때마다 소금 탄 물로 씻어 내었다. 또한 변비를 위해 자두를 사용하도록 권하기도 하였다. 그리고 냉수목욕이 건강에 좋다고 권하는데 물을 머리에 먼저 끼얹고 들어가던가 머리를 점프해 들어가는 것이 좋다고 하였다. 6번 정도 냉수 목욕하는 것이 효과적이라고 지적했다. 웨슬리는 정신적인 문제가 육체적 이상으로 나타나는 증상 (psychosomatic)도 찾아냈다. 여러 의사한테 찾아 갔으나 복통을 치료받지 못한 한 여인이 웨슬리와의 상담을 통해 아들의 죽음에 대한 슬픔 때문에 복통이 생긴 것을 발견하게 되고 심리치료를 통해 치료받게 되었다.

4) 무료진료소운영

웨슬리는 무료진료소도 만들었다. 1746년 가난한 병자들을 돕기 위하여 영국에 무료 의료진료소를 시작하였는데 외과의사, 마취과의사가 도왔고 특별히 설교가이면서 의사인 화이트헤드(Dr. Whitehead)가 도와주었다. 1746년 12월 5일 처음 시작할 때 30명이 왔는데 세 달도 못되어 500명으로 늘어났고 8년 동안 계속 환자 수가 늘어났다. 결국 경제적으로 감당할 수 없게되자 1754년에 문을 닫게 되었다.

5) 공동체운동

초대감리교회는 1772년 'Foundary'라는 크리스천 공동체를 런던에 설립하였다. 이 공동체는 1748 년에 만든 'Old Foundary'가 발전한 형태이다. 1748년 아홉 명의 과부, 한 명의 장님, 두 명의 가난한 아이들, 두 남녀 종들이 함께 살았다. 1772년에는 가난한 사람들의 도덕적, 사회적 조건을 높혀 주고 증가시키는 것을 추구하게 되었는데, 파운다리 안에 작은 '가난한자를 위한(poorhouse)'을 건립하고 과부들을 위한 집, 설교가들을 위한 집, 소년들을 위한 학교, 병자들을 위한 진료소, 직장을 알선해 주는 직업소개소, 은행, 도서관, 교회 그리고 신용조합의 역할까지 하였다.

6) 나그네친구회

웨슬리가 시도한 또 다른 인도주의적 행동은 나그네친구회(Strangers' Friendly society)로 나타났다. 이 기구는 1785년 런던에서 감리교도에 의해 조직되었고 웨슬리의 협조를 얻게 되었다. 초대감리교회는 집 없는 나그네들을 위해 이 기구를 조직하였다. 친구 없는 나그네, 병자, 가난한 사람을 위해 조직되었는데 영국 전역에 감리교 신도회가 설립되는 곳마다 이 봉사센터도 세워지게 되었다. 맨체스터만도 이 봉사센터를 통해 6천 4백 3파운드로 12년 내에 6만 명 이상을 도와주게 되었다. 이 기구는 감리교회가 설립되는 곳마다 신속하게 퍼져 나갔다. 그러니까 감리교신도회 예배당(chapel, 혹은 preaching house라고 불리움)은 예배당과 함께 나그네친구회라는 사회복지센터를 동시에 만든 것이다.

7) 킹스우드학교 운영

웨슬리는 어머니 수산나로부터 교육받았기에 교육에 대한 관심이 컸는데, 특히 가난한 사람을 교육시키는 일에 크게 관심을 가졌다. 성서, 이성, 경험에 비추어 볼 때 인간 본성을 부패하고 악하기 때문에 악한 의지가 선을 실천하기 위해서는 교육이 필요하다고 보았다. 특히 아이들을 세상 사랑에서 하나님 사랑으로 바꾸도록 하려면, 일반교육만 갖고는 부족하고 그들이 하나님에 의해 각성되는 기독교 교육의 필요성을 절감하였다. 그래서 1748년 킹스우드(Kingswood)에 학교를 세웠다. 그 당시 중산층이 아닌 아이들은 초등학교 이상을 다닐 수 없었는데 가난한 광부촌 킹스우드에 학교를 세웠다. 가난한 집 자녀들을 위한 기숙사가 있는 학교로서 교육비를 전혀 부담하지 않게 하였다. '새집(New House)'이란이름으로 설립되었으며 1749년에는 두개의 탁아소(day school)와 소녀들을 위한 고아원도 설립하였다.

이 학교의 목적은 하나님의 도움을 통한 지혜와 성결에 이르게 함에 있으며 합리적이고 성서적 크리스천이 되는 방법으로 훈련시키고

자 하였다. 1768년 기록에 의하며 자신이 평생 60년 이상을 4시에 기상하였듯이 학생들을 4:00에 기상시키고 1시간 동안 성경읽기, 노래하기, 명상하기, 기도하기를 훈련시키며, 5:00에 예배드리고, 6:00에 노동과 아침식사를 실시하고 7:00-11:00에 공부하고 11:00-12:00에 걷기 혹은 노동을 하고, 12:00-1:00에 점심식사와 노래 및 노동을 하고 1:00-5:00에 다시 수업하고 5:00에 개인기도 드리고 6:00에 저녁식사 걷기 혹은 운동을 하고 7:00에 저녁 예배를 드리고 8:00 에 취침하였다. 그들의 교과내용은 읽기, 글짓기, 수학, 영어, 불어, 라틴어, 희랍어, 히브리어, 역사, 지리, 연대, 수사학, 논리학, 윤리, 물리, 음악 등이었다.

8) 신용조합운영

웨슬리는 그의 백성들을 괴롭히는 경제문제에 대한 더욱 장기적 해결책을 모색하기를 시도하였다. 그는 신용조합을 설립하여 이자 없이 돈을 빌려주는 제도를 만들었다. 이 프로그램이 1747년에 시작하여 여러 해 동안 계속되었다. 이 신용조합을 이용하여 감리교도중에 큰 책방을 만드는데 성공한 경우도 있었다. 1746년 시작한 신용조합은 20페니 이상을 3개월 안에 무이자로 갚게 하였는데 1년 안에 250여명이 도움을 받게 되었다. 1772년부터는 대여 한도액을 5파운드로 정했다. 한 구두수선공 제임스 래킹통(James Lackington)이 1775년에 5파운드를 빌려가서 중고 책방을 시작하였는데 나중에는 런던에서 둘째로 큰 중고책방이 되었다. 웨슬리가 죽던 해인 1791년 그의 수입이 무려 5,000 파운드까지 되었다.

3. 사회복지를 위한 웨슬리의 사회구조변혁운동 (social transformation)

1) 노동운동

웨슬리당시에 희년운동이 아주 구체적인 조직적 운동으로 발전한 것은 노동조합운동이라고 볼 수 있다. 인류 최초로 산업혁명이 영국에서 발생하였고, 그로 인한 노동자들의 인권문제를 해결하기 위한 노동조합도 영국에서 최초로 발생하였다. 그런데 이 인류최초로 형성된 노동운동이 감리교도들에 의해 시작된 것이었다. 산업혁명 이전과 이후에 생긴 큰 차이는 작은 가족 유형의 사회단위로부터 분화되지 않은 거대한 사회로의 전이였다. 이 과정에서 감리교도의 열광주의는 내면적 거듭남을 사회적 거듭남으로 발전시켰다. 감리교가 1800-1850년 과격한 정치운동에 기여한 것은 속회와 속회지도력을 통해 발산시킨 힘 때문이었다.

웨슬리의 종교적 영향으로 감리교는 어두움 속에서 빛을 던져 주었다. 1799년 정부는 산업노조 결성을 반대하였다. 고용주의 대부분이 지방 관리들이였기에, “종은 주인에게 복종해야 하고, 더욱 높은 권세에 복종해야 한다”고 성서의 표현을 인용하면서 산업노동자들의 권리를 묵살하였다. 그러나, 서서히 무명짜기직공 노조, 목수 노조, 대장장이 노조, 건축공 노조, 봉재노동자 노조 등이 1801-1818년 사이에 조직되어 감리교 속회처럼 매주 1페니씩 노조 기금을 모았다. 1826년에 광부와 직물공 연합 노조가 올드함(Oldham)에서 결성되기도 하였다. 스트라익에 가담한 노동자들의 자녀들과 부인들이 일거리를 얻지 못하도록 고용주들이 횡포를 부리기도 하였다.

마침내 1831년 산업노동자중심으로 '전국노동조합'(National Union of Working Classes)이 런던을 본부로 결성되어 처음에는 산업노조(trade union)로 시작하였으나, 나중에는 정치노조(political union) 으로 발전하였다. 1831년 "영국과 아일랜드의 대 연합 산업노동조합"(the Grand Consolidated Trade Union of Great Britain & Ireland)이 결성되었다. 런던의 광부노동운동의 대표 12명 중 9명이 감리교 설교가들이었다. 1831년 2만여 명의 대대적인 저임금 항의 스트라익이 일어났는데, 52명의 고용주들이노동보호 전국조직의 세력결성을 분쇄하기 위해 단합하였다. 1834년 '영국과 아일랜드 연합산업노동조합'(The Grand Consolidated Trade Union of Great Britain & Ireland)이 결성되었다. 또한 노동자들의 신문인 "The Pioneer", "Trade Union" 등을 출판하기도 하였다.

광부노조처럼 산업노조도 감리교 속회지도자들 -속장들-과 지역설교가들이 노조조직에 적극 참여하였고, 속회처럼 매주 1페니씩 모든 회원이 노조지도자에게 헌납하면 그것으로 그들의 정치적 자유와 권리를 위해 사용하였다. 감리교도들은 감리교의 깃발을 포기함 없이 노동조합운동의 깃발을 들었다.

광부노동운동도 감리교도들에 의해 조직되었다. 세 명의 감리교 설교가들이 광부노동쟁의에 가담하여 둘함(Durham)에서 체포당했다. 그 중에 미스터 존 일리(Mr. John Iley)가 감옥 합창단을 조직하여 매일 합창을 불렀는데, 감옥 원목-성공회 목사-이 주일 예배시에 합창을 부르도록 허용하였다. 광부 노동운동 런던모임의 대표 12명중 9명이 감리교 설교가들이었다. 초기 광부 스트라익에 가담한 지도자들중에 감리교인들은 토마스 헵번(Thomas Hepburn), 벤자민 엠블톤(Benjamin Embleton), 찰스 파킨슨 (Charles Parkinson), 랄프 아친슨(Ralf Atchinson) 윌리암 하몬드(William Hammond), 랄프 헤론(Ralf Heron), 존 일리 (John Iley), 죠지 찰톤(Georg Charlton), 제임스 윌슨(James Wilson) 그리고 존 리차드슨(John Richardson)등이었다. 이런 박해의 시련 때문에 둘함지방(Durham district)에 소속된 감리교인이 1843년 1500명이었는데, 1844년에는 520명으로 줄어들었다.

또한, 시애튼 딜라발 탄광(Seaton Delaval Colliery)의 스트라익의 세 명의 지도자들은 모두 감리교 지역 설교가들이었다. 윌리암 도우즌 (William Dawson), 윌리암 리차드슨(William Richardson) 존 니콜슨 (John Nicholson)등이다. 감리교 설교가들은 스트라익을 위해 연설하기도 하였고 스트라익의 성공을 위해 스트라익 기간 동안 100-400여 명을 길에 모아 놓고 혹은 탄광 골짜기 예배당에서 매주 1회 기도회를 가졌다. 바로와 같은 노예와 폭력을 규탄하고 해방을 얻기 위해 기도하였다. 물론 보수적인 설교가들은 스트라익에 가담하지 않았다. 또한 그들은 매일 저녁 식사 후 갱안에서 설교와 기도중심의 기도모임을 가졌는데 13년간 무임금으로 노동을 강요당한 에드워드 오클리 (Edward Oakley) 등이 위로와 용기를 얻기도 하였다.

드디어 1842년 11월 7일 웨이크필드(Wakefield)에서 '영국과 아일랜드 광부 노동조합'(Miners' Association of Great Britain and Ireland)을 구성하기에 이르렀다. 단결, 평화, 법, 질서를 강조하고 뭉치면 서고(stand), 헤어지면 쓰러진다(fall)는 모토를 만들었다.

농부노동조합도 감리교 설교가들과 지도자들인 제임스 러브리스 (James Loveless), 조지 러브리스 (George Loveless), 조지 로메인(George

Romaine)등이 농부들을 의식화하고 조직화하였다. 농부노조도 역시 감리교처럼 가입비 1실링과 매주 회비 1페니씩 냈다. 감리교 설교가들 제임스 러브리스(James Loveless), 죠지 러브리스(George Loveless) 등이 1830년 폭동에 적극 참여하였다. 이들이 몇몇 동료들과 함께 감옥에 투옥되었다. 그들이 감옥에서 석방되어 나오게 되자 농부들의 연합체인 런던커미티(London Committee)가 그들에게 농장과 함께 1,200파운드를 수여하여 주었다. 톨푸들(Tolpuddle)의 농부 노동조합의 서기 죠지 로메인(George Romaine)은 개체교회 설교가요 감리교 건물재산관리자였다. 감리교는 정신적, 도덕적 힘을 일깨워 주었고, 농부 노조활동을 죄악시하지 않고 실천해야 할 의무라고 가르쳤다. 감리교는 또한 농부노조 조직화의 기술, 협동행동의 중요성, 친교의 기쁨 등을 가르쳐 주었다.

이런 격동과 전환의 시대에 감리교가 적극적으로 광부, 노동자, 농민의 사회 속에 참여함으로써 처음에는 박해를 받아 신도들이 줄어들기도 하였으나 1800년 교인 수보다 1850년 교인수가 6배로 증가하였다. 감리교 예배당은 광부, 노동자, 농민들로 가득차게 되었다.

그들은 조직화의 기술, 협동행동의 중요성, 친교의 기쁨 등을 가르쳐 주었다. 1800년에 시작된 노동운동이 1850년에 이르자 감리교인 수가 6배로 증가하였고, 감리교 예배당은 광부와 노동자와 농민들로 가득 차게 되었다. 당시의 웨슬리와 감리교는 영국인들에게 희년의 꿈과 이상을 심어 주었고 희년운동을 몸으로 프락시스하였다.

초기 노동조합은 속회 구조와 똑같이 12명의 회원과 1명의 지도자로 이루어졌다. 속회처럼 각 회원은 매주 1페니씩 지도자에게 지불하였고 그 돈은 그들의 정치적 자유와 보편적 자유를 얻는 목적에 사용되었다. 노동조합의 이름이 노동속회(working-class)였다. 감리교 속회의 연장이 노동현장에서 이루어진 것이었다. 그들은 일주일에 한번씩 만났다. David Watson은 그의 저서 The Early Methodist Class Meeting에서 "노동자들은 감리교 속회모임과 비슷한 작은 노동자 속회모임을 갖기로 결정하였다"고 표현하고 있다. 감리교도는 노동자 조직과 성장에 깊히 관계하였다. 실제로 수 천 명의 노조지도자들이 모두 감리교도들이었다. 새로운 감리교 부흥운동은 그 당시 영국사회에서 심각하게 소외당한 고용인 계층과 고용주 계층사이에 바람직한 협조를 이룩하는 천년 왕국설적 이상을 제공하여 주었다.

감리교는 산업부르조아(중산층) 사이에서나 프로레타리아(무산대중)-광부, 공장노동자, 어부, 농부, 면직물 직공, 토기장이 등-사이에서나 놀랍고 성공적인 인기를 끄는 종교였다. 감리교는 양쪽 계층을 이중적으로 섬기는데 성공적이었다. 공장구조는 노동자가 기계에 익숙하도록 훈련될 때까지 노동자의 성격변화를 요구한다. 감리교는 청교도보다 더욱 노동자를 훈련시키는데 영향력이 있었다. 감리교는 마음의 종교다.

그것은 청교도 종파들과 분명히 다르다. 감리교는 노동자들에게 은혜를 끼치는 세 가지 분명한 수단들을 제시하였다. 첫째로 설교가 혹은 속회지도자로서 교회에 봉사함으로써, 둘째로, 종교적 훈련을 통한 자기 자신 영혼의 개발을 이룩함으로써, 셋째로, 노동을 포함하여 모든 생활영역에서의 영적인 훈련을 함으로써, 노동자들에게 은혜로운 생활을 유지시켜 주었다. E.P.Thompson은 어떻게 감리교가 고용주와 고용인 모두에게 종교적 이중역할을 수행하였는지를 그의 논문 "Methodism and English Working Class"에서 해석하고 있다. 첫째로,

복음적 교회학교 교육을 통하여 주입시켰고, 둘째로, 감리교는 공동체 속에 사회적 문제에 관련된 요구에 응하는 인도주의적 운동이었다. 감리교는 속회활동 속에서 제도적 공동체보다는 경제를 활성화시키는 핵심적 그룹으로 체형화되었다. 셋째로, 감리교는 나폴레옹 전쟁동안 많은 노동자들에게 위로를 주는 종교였다. 감리교 부흥운동은 노동자들의 감정적 폭발-기절, 신음, 통곡, 울부짖음 그리고 정신착란 등 을 극복하는 힘으로 나타났다. 혁명가들의 천년왕국설적 유토피아는 종교적 주기의 보수적 태도형성의 길을 열어 주었다. 종교적 부흥운동은 정치적 열망이 힘없이 시들어 버린 곳에 중요한 역할을 보여주기 시작하였다. 가난에 대한 웨슬리의 특별한 관심은 실업자들에게 일거리를 찾아주는 것이었다. 일거리 주선이 불가능해졌을 때에, 웨슬리는 다양한 형태의 가내공업과 노동 프로젝트를 세웠다. 예를 들면, 그는 면직물 제품 노동에 노동자들을 취직시키고 훈련시켰다. 또한 작은 편물공장을 세워 주었다. 그러한 훈련 때문에 많은 수 천 명 무역노조 지도자들이 나왔다. Oscar Sherwin은 해석하기를 "감리교는 산업혁명의 자녀였다고"하였다.

당시의 감리교 지도자를 세우는 일에 웨슬리는 사회적 직위를 문제삼지 않았고 다만 긍정적인 종교경험을 갖고 상식(common sense)에 어긋나지 않는 사람이면 누구나 자격이 있었다. 적어도 일 천 명의 감리교 지도자들이 가난한 민중출신이었고 팔천명의노동조합 지도자들이 감리교인들이었다. 감리교 속장과 평신도 설교가들과 감리교모임(Methodist Society) 을 지역마다 개척한 사람들이 목수들, 제대군인들, 술집 종사자들, 변직 노동자들, 가죽세공업자들, 깡통 만드는 노동자들, 그릇 만드는 노동자들, 빵 굽는 노동자들, 산업노동자들이었다.

2) 여성해방운동

영국의 초기감리교회는 여성들에 의해 발전되었다. 여성 특히 과부들의 열심과 헌신이 없었더라면 감리교회는 성장될 수가 없었다. 영국 전역에 새로운 감리교신도회를(Methodist Society) 개척하고 예배처를 짓거나 사는 일에 충성한 사람들이 여성들이었고 그 중에 과부들이 많았다. 죽은 남편의 유산을 감리교의 발전을 위해 헌납한 과부들이 많았다.

여성 중에는 가난한 계층 여인들, 종살이하는 소녀들, 방적기 돌리는 여인들, 가난한 가정주부들이 용감한 개혁과 과감한 사회개혁의 중요한 직위들을 가졌다 열성껏 일한 여 인들 중에(Lightcliffe)의 대장간을 웨슬리 초청 설교 장소로 바친 Mrs. Holmes가 있었다. 이 대장간은 감리교부흥운동의 센터가 되었다. 가난한 과부 Goddard의 제안에 따라 Chinley를 순회설교의 휴식처로 만들었다. Elizabeth Blow는 Hull에 감리교 모임을 개척하였고, Martha Thompson은 Preston과 York에 감리교를 개척하였다. Elizabeth Clulow는 Macclesfield에 큰 교회건물을 사서 감리교 모임을 갖도록 헌납하였다. Mrs. Henrietta Gayer는 Lisburn에 예배당을 세웠고 Miss Harrey는 Hinxworth에 예배당을 세웠다. 웨슬리의 설교를 듣고 회심한 Mrs. Dorothy Fisher는 London과 Lincolnshire에 각각 그녀의 집을 감리교 설교처(preaching house)로 헌납하였다.

감리교회내에서의 여성의 지위는 다음과 같이 발전하였다. 공중기도, 간증, 권면, 속회지도 그리고 설교 등 Saran Crosby는 비공식적으로-연회차원이 아닌 웨슬리의 개인적 차원에서-설교를 허용한 최초의 여성 평신도 설교가였다. 그녀는 1752년에 속장이 되었다. 그녀는 웨슬리에게 설교할 수 있도록 허락해 달라고 편지를 보냈다. 그런데 흥미 있는 사실은 웨슬리의 응답편지가 도착되기도 전에 이미 설교를 하기 시작하였다. 편지 보낸 지 5일 후에 그녀는 부활절 저녁에 200여명이 넘는 청중들에게 설교하였다. 그녀는 "내양을 먹이라"는 주님의 음성을 듣고 설교하지 않을 수 없는 충동을 느꼈다. 그녀의 소명에 대한 내적 확신은 웨슬리가 보낸 답신으로 더욱 강화되었다. 웨슬리는 심각하게 망설인 후에 그 편지를 보냈다.

Mary Bosanquet은 그의 남편이 죽은 후에 그녀의 남편이 목회했던 Madely 교구에서 설교하기 시작하였다. 그녀의 남편 John Fletcher는 요한 웨슬리를 계승하는 후계자로 지목되었던 능력 있는 목사였다. Mary의 공중설교 목회는 런던의 속회모임에서 시작되었다. Cross hall에서 있었던 그녀의 설교에 대해 어떤 청중들이 비판을 가했다. 그들은 고전 14장과 딤전 2장을 갖고 그녀를 비판하였다. 그녀의 일차적인 방어는 하나님의 부르심이다. "나는 Huddersfield 거리에서 하나님의 능력을 알게 되었다"고 고백 한다. 그녀는 무엇을 하고 있는지에 대하여 두려워하였다. 그녀는 바울이 여성들은 교회안에서 잠잠해야 한다고 말한 것이 무엇을 뜻하는지 모른다고 생각하였다. 그녀는 고전 11:5에서 여선지자를 말하고 있다고 해석한다. 말씀을 선포하는 것이 없이 어떻게 여성이 예언할 수 있겠는가고 질문한다. 그녀는 하나님이 여성도 그리스도의 제자가 되는 결단을 할 수 있다고 강조했다. 1771년에 그녀는 웨슬리가 편지 써 주기를 요청하였다. 웨슬리는 그녀의 소명을 하나의 특수한 부르심(extraordinary call) 이라고 받아들였다. 성경에 그러한 특수한 경우들이 있었다고 주장 한다.

마침내 여성설교가들의 공식적 인정은 Sarah Mallet의 경우로부터 시작되었다(1787). Sarah는 그녀의 청각과 시각을 잃어버리고 말하는 능력만을 보유하였다. 200여명 이상의 무리들이 이 특유한 광경을 보기 위하여 그녀 의 설교들을 듣기 위하여 몰려들었다. Sarah는 하나님이 그녀의 입을 여셨다고 말하였다. 그리하여 모든 사람이 그녀의 능력 있고 영적인 설교에 의하여 감동을 받았다. 웨슬리는 맨체스터연회에서 그녀를 전적으로 지지하고 인정하게 되었다(1787년)(Chilcite,251). 하나님과 그의 형제들 눈앞에서 위엄 있게 명예롭게 여성 평신도 설교가로 공식 임명하게 되었다. 웨슬리는 여성 지도력에 대하여 어떤 문제를 느끼고 의문이 있었으나 결국 감리교내에서의 여성 지도력을 허락하도록 결단하였다. 이렇게 평범한 사람과 여성의 존엄성을 인정한 확신은 웨슬리의 가장 위대한 업적중의 하나였다.

3) 노예해방운동

웨슬리는 1774년 "노예제도를 논박함"(Thoughts Upon Slavery)을 써서 본격적으로 노예제도를 공격하였다. 그의 논문은 사실상 필라델피아 퀘이커교도 안토니 베네제트(Anthony Benezet)의 저서 [기네아의 역사적 사건](Some Historical Account of Guinea)을 제1차 자료로 썼다. 그의 논문의 거의 3/4이 베네제트의 글을 인용하는 것으로 구성되어 있고 마지막 1/4이 그 자신의 높은 논리적, 법적, 자연적 인권이해 속에서 그의 주장을 논증하기 시작한다(Leon O. Hynson, 1994:46). 웨슬리는 이 논문에서 노예제도를 정당화하는 성서인용을 의도적으로 거부한다. 미국의 남북전쟁당시에 정치적으로 사회적으로 노예제도를 주장하는 사람들은 웨슬리의 이 논문을 지지하지 아니하였다 (Leon O. Hynson, 1994:6).

웨슬리는 이 논문에서 목적론적 윤리(teleological ethics)를 주장한다. 윤리적 목표에 이르는 노력을 좌절시키는 인간적, 사회적, 정치적 장애물과 싸우면서 그 목표에 이르기 위해 계속적으로 노력하는 과정을 본 논문은 보여 주고 있다. 노예제도를 합법화하는 수단들이 기독교화, 식민지의 확장, 무지로부터의 개화, 경제적 이득 등임을 지적하면서 이런 정당화가 부당함을 강조하고 있다. 우주와 인간의 목적론적 윤리의 목표는 본성적 자연적 권리의 회복이다. 이러한 회복은 하나님의 형상의 회복이다. 하나님의 자연계시적 은총아래에 있는 피조물들은 자유하기를 원한다. 만일 활동의 자유, 공간의 자유, 예배의 자유를 주지 않으면 노예들이 노예 주인들의 목구멍을 자를 것이라고 경고 한다(John Wesley, Works, XI: 75). 흑인노예도 똑같이 하나님의 형상대로 지음 받았음을 선포하는 것은 그 당시의 상황에서는 상상도 할 수없는 일들이었다. 자유는 모든 인간피조물의 권리로서 그가 생명의 호흡을 시작할 때부터 누리는 자연법적 권리로서 어떠한 인간의 법도 자연법이 보장하는 자유를 빼앗을 수 없다고 주장한다. 버나드 셈멜(Bernard Semmel)은 웨슬리는 자연법의 완전한 대변인이라고 해석한다(Leon O. Hynson, 1994:52). 18세기에 통용되는 자연법의 권위에 호소하는 웨슬리의 외침은 그가 그 시대의 사람임을 잘 말해 주고 있다(Leon O. Hynson, 1994:53). 온 인류에 대한 형제애를 느끼는 차원에서 노예해방을 부르짖었다.

그런데 웨슬리는 자연법을 신적 법, 신율적 윤리(theonomous ethics)와 동일시하고 있다. 웨슬리는 자연법을 그의 신적 명령의 윤리 혹은 신적 기대의 윤리의 진보 속으로 더욱더 전개한다. 그는 자연적 본성적 권리와 하나님의 형상의 신학적 인간론과 종합시킨다. 생명과 자유와 행복의 꿈이 가득차게 되는 인류를 위해 웨슬리는 하나님의 영과 인간의 영이 합류하는 것을 시도하였다. 하나님의 생명의 끊임없는 유출에 의해 영양을 공급받지 아니하면 하나님의 창조에 의해 합법화된 자연법의 인간권리는 잘려진 꽃과 같다. 노예의 경제적 가치를 말하는 상대적 윤리를 신율적 윤리로 대체한다. 어떠한 환경 속에서도 인간은 비인간적이 될 수 없고 인간을 늑대화할 수 없다.

노예제도는 노예와 노예주인 모두를 비인간화하는 것임을 지적한다. 늑대가 되지말고 인간이 되기를 웨슬리는 호소한다. 동료피조물의 귀를 구어먹고 병든 노예들을 마치 똥처럼 대서양에 던져버린다고 비판한다(John Wesly,XI,70). 노예제도는 인간의 정의와 자비와 전혀 화해할 수 없는 비인도적제도임을 지적한다(John Wesly,XI,68). 동료 피조물의 눈물과 땀과 피에 의해 사는 모든 부유함보다도 차라리 정직한 가난이 더욱 좋다고 강조한다. 노예제도는 폭력과 복수의 정신이외에 기대할 것이 없음을 주장한다. 인간이 구원의 성화를 이루기 위해 그 수단으로 정치적 자유를 누려야 하는 것이 아니라 하나님의 형상으로 회복되는 창조적 존재론과 연결되는 구원론의 입장에서 노예제도 철폐를 주장하는 것이다. 제임스 콘(James Cone)은 웨슬리가 '뜨거운 가슴'(warm-heart)에 관심을 보였으나 흑인들은 정치적, 사회적, 경제적 자유를 찾는다고 비판하였다(Leon O. Hynson, 1994:47). 그러나 웨슬리는 그 뜨거운 가슴이 사회적 구조악에서의 인간적 해방을 이루어야함을 강조 한다. 하나님을 찾고 따르기 위해서 인간이 해방되어야 하는 게 아니라 창조질서대로 하나님의 형상을 회복하기 위해서 노예가 해방이 되어야 한다고 주장한다. 창조주는 당신의 가장 고상한 피조물이 이 보이는 세상에서 이처럼 대우받기를 결코 원하지 않으신다고 강조한다(John Wesly, XI, 68).

이러한 노예제도의 개혁을 주장하는 웨슬리의 외침은 가히 혁명적이다. 셈멜은 그것을 "감리교혁명"이라고 부르며 그의 책이름도 [감리교혁명](Methodist Revolution)이라고 하였다(John Wesly, XI,47). 이 혁명은 수천의 남녀들에게 새로운 동기를 불러일으키는 환상과 정신의 혁명이었다. 질서의 상황 속에서의 혁명 안정 한복판에서의 변화의 필연성을 가르쳤다.

4) 교도소제도개혁운동

이미 웨슬리는 올더스케잇 회심이전에 성곽(castle)감옥을 매주1회씩 방문하였다 그의 아버지 사무엘 웨슬리도 옥스포드를 다닐 시절 성곽 감옥을 매주 방문하였다. 까닭에 갇힌 자들에 대한 관심은 오랫동안 계속되었다. 그러나 교도소제도의 개혁에 관심을 쏟게 된 것은 회심이후였다. 당시의 형벌제도는 너무나 혹독하였다. 가령 토끼를 총으로 쏜 죄, 다리를 파손한 죄, 어린 나무를 자른 죄, 5실링(shiling)을 훔친 죄 등은 목매달려 처형되었다(Manfred Marquardt, 1992:78). 이러한 법은 소득의 수준이 낮은 계층의 사람들에게는 흔히 통상적으로 적용되는 상황이었다. 낮은 계층의 사람들의 이러한 범죄들이 발각되고 체포되기만 하면, 바로 사형에 처형되는 심각한 현실이었다. 이들의 공개처형은 주로 유명한 축제기간중에 진행되었기에 많은 사람들의 구경거리가 되었다. 수입이 여의치 못한 빚쟁이들은 그 빚

때문에 감옥을 가야만 하였다. 경찰의 능력과 콘트롤이 효력을 발생하지 못하였다. 그래서 대부분의 경우군인들이 투입되었다. 만일 여섯 명의 도둑들이 체포되었는데 재수 없는 사람이 목 매달리는 경우 다른 다섯은 이리저리로 도망쳐갔다. 그리하여 처형시키는 것 대신에 추방시키는 경우가 많아지게 되었다. 목숨을 부지하기 위하여 도둑질을 하다가 영구히 추방당하기도 하였다. 많은 죄수들은 재판을 받기 위하여 몇 달 혹은 몇 년을 기다리기도 하였다. 1689년 명예혁명이후 법률제도개혁이 진보하게 되었다. 법에 대한 의식이 18세기에 이르러 많이 자랐기에 더욱 법률제도의 개혁이 가능하게 된 것이다. 또한 많은 감옥들의 감독들이 정기적으로 지급되는 비용을 절감하였기에 상대적으로 하급 간수들이 봉급으로 살 수 없는 열악한 상황하에서 일하였으므로 부당한 방법으로 수입을 늘리려 하였다 죄수들에게 돈을 받게 특혜를 베풀었다. 예를 들면 족쇄를 풀어준다든가 금지된 알코올과 마약을 판다든가 매춘행위를 허락해 준다든가 악명 높은 죄수들을 돈을 받고 공개해 준다든가하는 짓을 하였다. 교도소 개혁가 존 하워드(John Howard)는 간수들이 죄수들로 부터 부당한 이익을 취하지 않기 위해서는 그들에게 정당한 임금을 지불해야함을 강조하였다.

웨슬리의 감리교는 영혼구원에 깊히 관심 갖고 영혼구원을 설교할 뿐아니라, 죄수들의 개인복지에도 깊히 관심 갖고 수치스러운 교도소 조건의 원인들을 자세히 조사하고 폭로하였다. 1739년 봄부터 런던과 브리스톨 감옥에서 웨슬리는 복음설교와 죄수상담목회를 동시에 실천하였다. 그는 죄수들과 개인적인 대화를 수없이 많이 나누었다. 특별히 사형수들과 함께 기도하고 그들의 비참한 운명을 함께 아파할 뿐아니라 그들을 회개시키고 영생에로 인도하였다. 웨슬리의 설교들은 많은 사형수들이 죽음의 공포에서 자유하고 내적 평안을 갖고 사형대에 오를 수 있도록 믿음을 심어 주고 큰 감동을 일으켜 주었다. 웨슬리의 활동의 결과로 말미암아 죄수들이 계속 그와 대화하기를 원하였고 그들의 감옥에서 설교해 주기를 요청하였다(John Wesly, Journal,19.8). 웨슬리의 가난한 사람들에 대한 관심은 감옥에 있는 가난한 사람들을 제외시킬 수 없었다. 그의 교도소선교활동은 목사들과 교도소 감독들로부터 많은 저항을 받았다. 판사는 웨슬리를 비난하면서 브리스톨의 뉴게이트(New Gate)에서 매일 예배드리는 것을 금지시키고 주1회로 제한시켰다. 같은 지역의 시참사위원이 사형수들이 대화하기를 원함에도 불구하고 그들을 면담하지 못하도록 하였다. 웨슬리는 그의 설교에서 하나님의 사랑은 모든 사람들에게 제한이 없음을 강조하였다. 그의 설교의 중심은 무한하신 그리스도의 사랑의 은총에 의한 죄인의 용서와 의롭다하심(justification)에 있었다. 또한 이 의인화(義認化)의 은총은 교회와 사회로부터 소외된 사람들에게까지 확장되어진다고 웨슬리는 선포하였다. 많은 죄수들은 웨슬리의 관심에 인격적 감정으로 응답하였고, 웨슬리의 사랑을 하나님의 선물로 생각하였다. 다른 감리교도들은 웨슬리의 모범을 따랐고 1743년부터 죄수들을 방문하는 것을 감리교의 사회활동을 방향 짓는 감리교신도회의 원칙으로 삼았다. 감리교신도들이 병자들과 죄수들을 방문하는 것은 그들의 신앙의 산 증거였다. 감리교도들은 이런 봉사에 적극적으로 참여하여 어떤이들은 조롱당하거나 육체적 심리적 학대를 받거나 심지어 건강을 해치거나 경제적으로 심한 타격을 받기도 하였다. 그들은 죄수들을 방문하여 성경을 읽어주고 함께 기도하였다. 그들은 자기나라 죄수들을 돌아볼 뿐 아니라 외국인 죄수들-프랑스, 네델란드, 미국-까지도 돌아보았다. 감리교도들의 예배에서 모여진 헌금을 죄수들의 옷과 음식과 침대 메트레스를 사서 그들에게 제공하였다.

1778년 한 연회에서 죄수를 목회하는 것이 모든 감리교 설교가들의 의무로 결정하였다(W.J. Warner, 1967:237). 웨슬리는 단순히 죄수들을 돌보고 목회하는 것 뿐 아니라 제도의 개혁을 위해 주장하였다. 감옥제도의 개혁을 주장한 존 하워드(John Howard)가 논문 "The State of Prisons in England and Wales in 1777"을 출판하기 전에 웨슬리가 먼저 감옥제도 개혁에 언급하기 시작하였다. 그는 많은 감옥들을 방문하여 철저히 조사하고 개혁되어 야할 조건들을 제시하였다. 하워드의 감옥개혁활동에 많은 추진력을 제공하였다. 웨슬리가 몇몇 신문들과 그 자신의 출판물에서 감옥제도개혁을 주장한 것은 다음의 다섯 가지로 요약할 수 있다.

(1) 지옥과 같은 대부분 감옥의 환경: 질병 오물 어두움, 그리고 쾌적하지 못한 공기 등은 감옥을 죽음의 골짜기로 만든다. 친구들과 친척들로부터 완전히 분리시켜놓았다.

(2) 비도덕적 행위를 배우는 감옥생활: 감옥은 온갖 욕설, 나쁜 행위, 모든 종류의 범죄, 잔혹성을 배우는 학교가 되어버렸다. 그래서 감옥은 범죄를 줄이고 죄수들을 교정시켜 주기보다는 또 다른 범죄 행위의 길에 들어서도록 만든다.

(3) 장기간의 재판과정: 몇 달 혹은 몇 년이 걸려야 재판을 기다려서 받을 수밖에 없는 제도는 개선되어야 한다. 비슷한 경우에도 사람에 따라서 다르게 취급당하고 있다.

(4) 부자와 가난한 사람의 불공평한 재판: 웨슬리는 항의하기를 한 사람은 부유하고 한 사람은 가난하다면 정의가 그 사람의 부의 정도

에 따라서 다르게 적용되는가? 돈을 변호사들은 아주 드물게 정직하게 변호하고 대부분의 경우에는 정직하지 못하게 변호한다고 불평한다. 많이 지불하는 죄수들을 위해서 변호사는 더욱 잘 변호해 주고 변호사비용을 지불할 수 없는 가난한 사람은 그들의 권리를 제대로 찾을 수 없다는 것이다.

(5) 전쟁죄수의 비인간적인 대우: 웨슬리는 영국인 죄수들을 방문하였을뿐 아니라 불란서인, 네덜란드인, 미국인 죄수들도 방문하였다. 웨슬리는 전쟁 죄수들에 대한 복수심에 이끌려지기를 원치 않았다. 웨슬리는 그의 설교에서 전쟁포로에 대한 그들의 태도가 변화되어야할 필요성을 강조하였다. 그의 본문은 "너희는 에집트에서 나그네되었던 때를 기억하고 나그네를 억누르지 말라, 너희는 나그네의 심정을 알기 때문이다"(John Wesly, Journal, 1938:355) 웨슬리의 공적인 탄식은 개인의 마음을 움직였고, 교회의 마음을 움직였다(John Wesly, Journal, 1938:356).

노예제도반대에서처럼, 감옥제도개혁에서도 성서적 신학적 근거에서 논쟁하지 않는다는 것은 놀랍다. 불란서죄수들을 돕는 것은 종교의 신뢰성을 위하여, 하나님의 영광을 위하여 필연적일 뿐 아니라 그들의 도시와 그들의 국가의 영광을 위해서도 필연적이라고 웨슬리는 생각하였다. 웨슬리의 마음속 중심에는 감옥의 제도개선 뿐 아니라 감옥 없는 사회를 희망하는 희년사회 실현이 자리 잡고 있었다.

4. 사회복지를 위한 존 웨슬리의 희년경제윤리

사회복지가 가장 바람직하게 이루어지는 희년사회의 실현을 위해 웨슬리의 구체적인 희년경제윤리를 다음과 같이 강조하고 있다.

1) 청지기의식

하늘과 땅의 소유주이신 창조주가 인간을 이 세상에 보내실 때에 소유주가 아니라 청지기로 세상에 보내셨다고 웨슬리는 믿는 것이다. 우리의 몸과 영혼과 모든 재산은 우리의 것이 아니요 모두 하나님의 것이다. 첫째로, 우리는 우리 자신이 먹고 옷 입는 것을 위해 돈을 써야 한다. 둘째로, 우리는 우리의 아내, 자녀 그리고 우리 집에 딸린 사람들을 위해 돈을 써야 한다. 그런데 더욱 안일하고 편리하게 그리고 사치하게 살도록 돈을 써서는 안 되고 목, 필요하고 필수적인 것을 위해서만 돈을 써야 한다고 강조한다. 우리의 식구들을 위하여 돈을 사용하는 것 이외에는 우리는 하나님의 소유를 하나님께 돌리지 않으면 안된다고 하였다. 우리는 육체의 정욕, 안목의 정욕 그리고 이생의 자랑을 위해 돈을 사용하기 보다 하나님을 기쁘시게 하고 영화롭게 하기 위해 돈을 사용해야 한다. 그는 우리가 모든 영혼, 몸, 그리고 본성을 하나님의 뜻대로 사용해야 함을 설교하였다(John Wesley, Ⅷ, 360-1). 우리가 갖고 있는 모든 것을 주님께 빚지고 있다. 빚진 자는 그가 받은 것을 갚아야할 의무가 있다. 주인과 함께 계산하는 날이 다가오기까지 마음대로 사용하는 것은 그의 자유이지만, 그는 청지기 정신대로 사는 것은 아니다. 청지기는 오직 주인의 기쁨을 위해 주인의 뜻대로 사용해야 한다. 우리는 우리가 기뻐하는 일을 위해 돈을 사용할 권리가 없다(John Wesley, 283).

그리고 그는 명령한다. “기회가 있는 대로 모든 사람에게 선을 행하라. 하나님의 것을 하나님께 돌려 드리되 십분의 일도, 십분의 삼도, 십분의 오도 아니라, 모든 것이 하나님의 것임을 알고 하나님께 갚아야 한다"고 강조한다.(John Wesley, 133-35)하나님은 우리에게 위임하시기를 우리에게 맡기신 돈으로 마25장의 말씀대로 굶주린 자를 먹이고, 헐벗은 자를 입히며, 나그네 된 자를 돕고, 과부와 고아를 돌아보며, 그리고 모든 인류의 필요를 해결하기 위해 사용하도록 부탁하셨다는 것이다. 어떤 다른 목적을 위해 돈을 사용하는 것은 하나님을 속여 빼앗는 것이라고 웨슬리는 해석한다. 그는 설교하기를 만약 어떤 사람이 은행에 수백만원을 저금하고도 가난한 자에게 그것을 나눠주지 않는다면 그는 아직도 가난한 사람이다. 인간 중에 가장 가난한 사람이라고 해석한다. 가장 많은 소유를 가진 사람들은 가장 많은 액수를 나눠주어야 한다고 역설하였다.

웨슬리는 유대인은 자기소유의 1/10을 나누어주고, 바리새인은 자기소유의 2/10를 나눠주지만, 참 크리스챤은 그들이 할 수 있는 한, 모든 것을 나눠주어야 한다고 강조한다(John Wesley, Ⅶ, 9-10). 그러나 필수적인 의식주문제를 해결하지 않고서 나누어주라는 것은 아니다. 필수적인 것은 해결하고 그 후에 남는 것은 모두 나누어주라는 것이다. 필수적인 의식주와 편리한 생활(the plain necessaries and conveniences of life) 을 위 해 돈을 사용하되 그 이상의 욕심을 부리지 말고 하나님이 원하시는 대로 나누어주는 청지기가 되라는 것이다(John Wesley, vol.3, 237). 웨슬리는 "The Danger of Riches"에서 1/10, 2/10뿐만 아니라 1/2, 3/4, 아니 전부를 나누어주라고 권면한다. 웨슬리는 그의 설교 "더욱 좋은 길"(The More Excellent Way)에서 다음의 이야기를 소개한다.

> 옥스포드에서 감리교도라고 불리우는 한 청년이 년 수입 30파운드 중에 28파운드를 자기 생활비로 쓰고 2파운드를 가난한 사람에게 나누어주었고, 그 다음해 년 수입 60파운드 중에 역시 자기 생활비로 28파운드만 쓰고 32파운드를 가난한사람에게 나누어주었으며, 세 번째 해에 년 수입 90 파운드 중에 역시 자기 생활비로 28파운드만 쓰고 62파운드를 가난한사람에게 나누어주었고, 네 번째 해에 년 수입이 120파운드가 되었는데 역시 자기 생활비로 28파운드를 쓰고 92파운드를 가난한 사람에게 나누어주었다(John Wesley, vol.3,23).

이 청년은 존 웨슬리였다고 Tyerman은 해석하고 Green은 John Clayton이라고 추측한다. 그러나 웨슬리 자신이 자신의 경험을 고백한 것이라고 많은 학자들이 추측한다. 그래서 그는 초대교회 속에 나타난 원시적 공유사회를 존경하였다.

2) 돈 사용의 3대 원리

그의 설교에서 돈 사용의 세 원리를 설교하였다. 제1원리는 '열심히 벌어라'(gain all you can)는 것이다. 웨슬리는 크리스챤들이 금을 사는 것 없이, 이웃에게 상처를 주는 것 없이 자신의 사업을 위해 이웃의 사업을 해치는 것 없이 열심히 돈을 벌어야 한다고 강조한다. 웨슬리는 이웃을 삼키면서, 그들의 고용인들에게 상처를 주면서 돈벌기 원하는 사람들에게 경고하였다. "그것이 이 사람들의 피가 아닌가?… 피, 피가 거기에 있다. 기초와 마루바닥과 벽과 지붕에 온통 피로 물들어 있다! 너 피의 사람아, 네가 가장 사치스러운 자줏빛 아마포로 옷 입었다 할지라도, 너의 피밭을 너의 후손에게 물려주기를 희망할 수 없다. 네가 몸과 영혼을 모두 파괴시킨 네 고용인들처럼 너의 기억과 함께 너도 멸망할 것이다(John Wesley, Ⅵ,129).”

웨슬리는 하나님이 주신 모든 재능을 사용하여 부지런히 돈 벌기를 또한 제안한다. “어떠한 일도 결코 내일까지 미루지 말라! 오늘 할 일을 오늘에 하라.” 제2의 원리는 “할 수 있는 대로 많이 저축하라”(save all you can!)는 것이다. 웨슬리는 육체의 욕망을 만족시키기 위해서, 맛을 즐기는 기쁨을 더하기 위해서, 집을 사치스럽게 장식하기 위해서 그리고 값비싼 그림과 책을 사기 위해서 돈을 낭비해서는 안된다고 설교하였다(John Wesley, Ⅵ,131). 자녀들 위해 돈을 지나치게 낭비하는 것은 돈을 바다에 던지는 것과 같다고 웨슬라는 비판한다.

제3의 원리는 “할 수 있는 대로 많이 주어라”(Give all you can!)는 것이다. 제1원리와 제2원리는 제3원리 위해 존재한다고 생각한다. 웨슬리는 제3원리를 가장 중요시여겼다. 열심히 노력하여 돈을 모으고 저축한 것이 올바른 일을 위해 하나님이 기뻐하실 일을 위해 바르게 사용되어져야 한다고 웨슬리는 강조한다. 경제적 재분배가 가장 중요하다. 인간이 모으는 것과 저축하는 것 이상으로 나아가지 않으면, 이 모든 소유가 아무 의미도 없게 되어 버린다. 만일 그들이 할 수 있는 대로 열심히 나누어주지 않으면, 돈을 바다에 던지거나 땅에 파묻어 버리는 것이 된다.

3) 재산상속의 반대

웨슬리는 부동산 상속의 권리에 반대하였다. 그리고 경제적 분배 운동을 강하게 주장하였다. 그러나 그는 영국의 사회주의자는 아니었다. 오히려 그는 재산의 청지기 원리에 대해서 강조하였다. 웨슬리는 재산에 대한 신성한 권리를 받아들이기보다, 오히려 재산에 대한 권리는 그 재산의 올바른 사용에 달려 있음을 강조한다. 웨슬리의 재산에 대한 관심은 농장 독점화를 반대하고 대지의 재분배를 권장하거나 강요하는 수단으로서 어떤 농장도 일년에 백파운드 이상에 세 주는 것을 거부해야 한다고 주장한다. 분명하게 그는 어떤 상황하에서는 정부의 재산공유원칙을 받아들여야 한다고 생각하였다(John Wesley, Ⅴ, 352-54). 웨슬리의 재산에 대한 견해는 감리교속에 협동적 정신을 불러 일으켰다. 가난한 자들 속에 감리교도들은 가난, 실업, 그리고 노동문제에 그의 신학적 원리를 응용하기에 망설이지 않았다.

4) 돈 사랑의 위험

웨슬리는 빈번하게 사도바울의 말씀을 사용하였다. "돈을 사랑함이 일만 악의 뿌리이다." 돈을 사랑하는 사람들은 그들의 행복을 돈 사랑 속에서 추구하는 자들이다. 사도바울은 그들이 창조주보다 피조물을 더욱 사랑하고 하나님을 사랑하기보다 쾌락을 더욱 사랑하는 사람들이라고 표현한다. 웨슬리도 이러한 바울의 사상을 받아들여, 물질을 더 많이 소유하는 것이 행복을 더욱 증가시키는 것이라고 생각하는 것을 비판한다. 사람들이 물질을 더 많이 소유할지라도 그들이 더욱 만족하지는 않는다고 웨슬리는 지적한다. 금이 사람의 마음을 소유하는 사람이 되어 버린다. 만일 그렇다면 그들은 하나님 나라에 들어갈 수 없다고 웨슬리는 강조한다. 웨슬리는 경고하기를 "너희 부자들이여! 너희에게 다가올 곤경을 위해 울어라"라고 경고한다 (John Wesley, Ⅶ, 10).

돈 사랑의 위험을 웨슬리는 그의 설교 "부에 관하여"(On Riches)에서 아주 구체적으로 성화생활에 방해됨을 지적한다.

첫째로, 돈 사랑은 무신론(atheism)의 유혹을 받을 위험이 있다. 부는 자연적으로 하나님으로부터 멀어지게 하고 하나님을 전적으로 잊어버리게 만든다. 부유한 사람과 위대한 사람들 속에는 방탕의 기술이 얼마나 큰가를 감탄한다(John Wesley, vol.3,523). 세상 오락과 향락이 너무 즐거워서 하나님을 마음에 둘 수 없다는 것이다. 웨슬리는 경고한다. "어리석은 자여, 당신이 하나님을 볼 수 없기 때문에 하나님도 당신을 볼 수 없다고 상상하는가? 웃어라! 놀아라! 노래하라! 춤추어라! 그러나 이 모든 일에 대하여 하나님이 당신을 심판하실 것이다"(John Wesley, vol.3, 524).

둘째로, 돈 사랑은 무신론에서부터 우상숭배(idolatry)로 쉽게 전이됨을 웨슬리는 지적한다. 참 하나님을 예배드리지 않는 자들은 거짓 신들을 예배드리게 된다는 것이다. 하나님을 사랑하지 않는 자들은 그의 손으로 만든 어떤 것을 사랑하게 된다. 창조주를 사랑하지 않는 자들은 피조물을 사랑하게 된다. 육체의 정욕, 안목의 정욕, 이생의 자랑에 빠지게 된다. 부자들이 육체의 정욕을 만족시키기 위해서 얼마나 많은 유혹에 빠져들어 가는가! 탄식한다(John Wesley, vol.3, 524).

셋째로, 돈 사랑은 안목의 정욕(the desire of the eyes)에 휩싸이게 한다고 강조한다. 부자들은 눈을 즐겁게 해주는 새것과 아름다운 것을 좋아하는 심미주의에 빠져들게 된다. 아름다운 집, 우아한 가구들, 호기심을 끄는 그림들, 멋진 정원들속에서 행복을 추구한다. 시와 역사와 음악과 철학과 예술과 과학 속에서 인생의 행복을 찾으려한다고 비판한다(John Wesley, vol.3, 524-25).

넷째로, 돈 사랑은 이생의 자랑(the pride of life) 속에서 행복을 추구한다. 런던시 전체가 '부'(rich) 와 '선'(good)을 같은 의미의 단어로 사용한다고 비판한다(John Wesley, vol.3, 525). 런던 사람들은 "그(부자)는 선한 사람이다. 그는 10만 파운드만큼 값어치가 있다"고 말한다는 것이다(John Wesley, vol.3, 525). 또한 웨슬리는 그의 설교 북아메리카에서의 하나님의 후기 사역"(The Late Work of God in North America)에서 그리고 "부에 대하여"(On Riches)에서 동시에 다음과 같은 말을 한다. "일천 파운드는 이만 파운드 질(qualities)의 수요를 공급한다"(John Wesley, vol.3,525, 600) 부자가 교만에서부터 벗어나기가 심히 어려움을 웨슬리는 지적한다. 물질적인 것 때문에 남으로부터 칭찬 받는 것은 일반적으로 영혼에 해독을 끼치는 것이다. 칭찬을 받으면 받을수록 치명적으로 고난을 겪을 수 밖에 없음을 말한다.

다섯째로, 돈 사랑은 하나님사랑과 이웃사랑에 거슬리는 자기의지(self-will)와 이기주의에 사로잡히게 만든다. 십자기를 지고 자기를 부인하여야 하나님을 사랑하고 이웃을 사랑하며 예수의 뒤를 따르는 제자가 될 터인데 정반대의 길을 걷게 된다. 웨슬리는 이렇게 질문한다. "당신들이 가난했을 때 자기를 부인한 것만큼, 지금 부자로써 자기를 부인하고 있는가? 당신들이 오 파운드의 값어치도 없을 때만큼, 지금도 기쁜 마음으로 노동과 고통을 견디고 있는가? 당신들은 전에 금식했던 만큼, 지금도 금식하고 있는가? 당신들은 전에 아침 일찍 일어났던 것처럼 지금도 그렇게 일어나는가? 당신들은 추위와 더위 바람과 비 등을 전에 기쁨으로 견딘 것처럼 지금도 견디고 있는가? 은혜가 감소되는 것 없이 상품을 증가시킬 수 있는가? 더 이상 자기를 부인하지 않고 자기 십자가를 지지 않기 때문이다. 그들은 더 이상 예수 그리스도의 선한 군사로써 어려움을 견디지 않기 때문이다"(John Wesley, vol.3, 527-28)

웨슬리는 그의 설교 "부의증가의 위험"(The Danger of Increasing Riches)에서 "부자들이여, 가라 당신들에게 다가올 환란을 인하여 통곡하고 울라"고 외친다(약5:1). 전적으로 깊히 회개하지 않고 변화되지 아니하면 환난의 날이 곧 다가오고 너의 금과 은이 너를 거스려 증거 할 것이고 그것들이 너의 육체를 불로 삼켜 먹어버릴 것이라고 경고한다. 전심으로 온 마음을 다하여 하나님만을 사랑하라! 하나님 안에서 너의 행복을 찾으라! 오직 그분안에서만 행복을 찾으라. 이 세상은 너의 살곳이 아니니, 세상을 사랑하지 말고 세상을 즐기지 말며, 오직 하나님을 즐기고 (enjoy) 세상은 사용하라(use)고 권고한다. 이 세상에서는 오직 가난한 거지처럼 모든 것을 잃어버리고, 하나님의 풍부한 은사들로 선한 청지기가 되라고 권고한다. 그리할 때에 주께서 "잘하였도다. 착하고 충성된 종아, 네 주인의 즐거움에 참여하라"고 말씀하신다.(마25:21) 웨슬리는 종말론적 신앙으로 하나님께 꾸어드리는 심정으로 모두 나누어 주어야함을 강조하였다.

웨슬리는 또한 그의 생애 마지막 설교 "부의증가의 위험"에서 50년간 50명의 구두쇠도 회개시키지 못하였음을 다음과 같이 탄식한다.

> 오! 그러나 부자들이 그들의 마음을 재물에 두고 있음을 누가 확신시킬 수 있습니까? 반세기(50년)이상동안 나는 나의 명백한 권위로 이러한 중요성에 관해 말해 왔습니다. 그러나 효과가 얼마나 적습니까! 나는 항상 50명의 구두쇠에게 그들의 탐욕스러움을 회개하도록 지적해 왔는지 의심스럽습니다. 돈을 사랑하는 사람이 확실하게 묘사되어지고, 가장 강한 색채로 그려졌을 때 누가 이것을 그에게 적용했습니까? 하나님과 그를 아는 이들이 누구에게 '당신이 바로

그런 사람입니다.'라고 말했습니까? 만약 그가 현재 함께 있는 당신중의 어떤 이에게 이야기한다면 오 제발 당신의 귀를 막지 마십시오! 차라리 삭게오와 같이 말씀하십시오: '보십시오! 주님, 저는 저의 재산의 반을 가난한 자들에게 나누어주겠습니다. 그리고 만약 제가 누군가에게 해를 끼친 일이 있으면 네 배로 갚겠습니다!' 그는 과거에는 이렇게 행하지 않았지만 앞으로는 그렇게 하기로 결심했습니다. 나는 하나님 앞에서 돈을 사랑하는 당신들에게 명합니다. '가서 이와 같이 행하시오'(김홍기편저, 1995:339). 저는 당신이 듣든지 혹은 참든지 간에 하나님으로부터 당신 부자를 향한 메시지를 가지고 있습니다. 재물이 당신과 함께 늘어났습니다. 당신 영혼의 위험을 무릅쓰고 '당신의 마음을 재물에 두지 마십시오.' 당신에게 그러한 재능 선행의 능력을 주신 그분께 감사하십시오. 그러나 두려움이나 떨림으로 그것들을 감히 기뻐하지 마십시오. 경건한 토마스 아 캠피스(Thomas a Kempis)가 말하듯이, Cave ne inhereas, ne capiaris et pereas-'당신이 얽혀서 멸망당하지 않기 위해서 거기에 빠지지 않도록 주의하십시오.' 그들을 당신의 목적, 당신의 주된 기쁨, 당신의 행복, 당신의 하나님으로 만들지 마십시오. 당신의 돈 돈으로 살 수 있는 어떤 것- 즉 육체의 욕망과 안목의 욕망, 혹은 이생의 자랑에서 행복을 기대하지 마십시오.

5) 하늘나라의 저축

웨슬리는 그의 설교 28번 산상수훈설교에서 "너희자신을 위해 보물을 땅에 쌓아 두지 말고 하늘에 쌓아 두라"고 역설했다. 이것은 개인적 안정과 번영을 위해서 부를 사용해서는 안 되고 하나님의 영광을 위해 사용해야 함을 의미한다. 이 하나님의 영광을 위해 보물을 하늘에 저축하는 것은 헌금만을 의미하는 것이 아니라, 이웃을 구제하고 나누어주는 것을 뜻한다고 힘주어 강조한다(김홍기편저, 1995:285). 가난한 이웃에게 나누어주는 것은 주님께 꾸어 주는 것이고 주님은 다시 그에게 갚아 주실것이라고 해석한다(김홍기편저, 1995:385). 주님께로 부터 거저 받았기에 거저 주어야한다는 것이다. 배고픈 자, 헐벗은 자, 병든 자, 갇힌 자등 마 25:34-46 의 소자들에게 나누어주고 베풀기 위해 항상 준비해야 한다고 강조 한다. 또한 억눌린 자를 변호하고 고아를 위로하고 과부에게 남편이 되어 주어 마음속에서 기쁨의 노래가 나오도록 도와야 한다는 것이다. 웨슬리는 설교 "더욱 좋은 길"(The More Excellent Way)에서 세상은행에 저금하는 1파운드도 하늘나라에서는 이자를 받을 수 없고 상급을 받을 수 없다고 강조하고 가난한 이웃에게 나누어주는 1파운드도 하늘의 은행에 저금하는 것이 되고 영광스러운 이자를 받게 될 것이라고 역설한다(John Wesley,vol.3,275). 그는 그의 평신도 설교자들에게 더욱 부유해지기를 추구하는 부자들을 경고하는 설교를 해야 함을 가르쳤다.

6) 최근의 웨슬리 경제윤리에 관한 연구

러년(Theodore Runyon)은 1977년 영국 옥스퍼드 대학교 링컨대학에서 있었던 제6차 감리교신학연구에 관한 옥스퍼드 대회에서 발표된 논문들을 모아 가지고 [성화와 해방](Sanctification and Liberation)이란 주제로 책을 편집하면서 그의 논문에서 "맑스처럼 웨슬리도 혁명적 실천의 프락시스를 강조함으로써 인간생활의 목표를 행동에 두고 있다"해석하였다. 콘(James H. Cone)은 흑인신학적 입장에서 웨슬리와 흑인들에게 있어서는 성령의 현존은 해방의 경험이라고 풀이하였다. 보니노(Jose Piques Bonino)는 웨슬리의 성화는 단순히 영적 상태에만 머무르지 않고 사회적 역사적 영역으로 연결된다고 강조하였다. 하데스티(Nancy A. Hardesty)는 여성신학의 입장에서 웨슬리의 하나님나라 이해는 단순히 미래적 차안적 행복이 아니라 지상에서 누리는 행복으로 그곳에는 여성도 남성도 자유와 해방을 누리는 곳임을 강조한다. 제닝스(Theodore Jennings)는 그의 책 [가난한자를 위한 복음](Good News to the Poor) 에서웨슬리의 경제윤리는 복음적 경제윤리로서 그 핵심이 청지기정신에 있다. 믹스(Douglas Meeks)도 최근 연구논문에서 청지기 경제윤리를 소개하고 있다.

필자도 이러한 새로운 웨슬리해석의 노력에 동참하는 신학적 시각으로 박사학위논문을 썼고, 최근에는 [존 웨슬리의 희년사상]이란 제목으로 그의 희년사상과 경제적 성화론을 논문으로 정리하며 웨슬리의 경제에 관한 설교들과 논문들을 번역하기도 하였다. 그러나 필자의 학문적인 독창적 공헌이라면 지금까지 아무도 웨슬리를 희년과 연결시켜 해석하지 않았다는 점에서 그 새로운 해석의 시도였다. 그리고 웨슬리의 설교와 논문을 번역한 것은 따로 [존 웨슬리의 희년사상]이란 제목으로 출판할 예정이고, 필자의 논문 "존 웨슬리의 희년사상"을 좀 더 발전시켜 [존 웨슬리의 희년경제윤리 -IMF와 통일시대를 위한]의 제목으로 책을 출판하였다.

5. 나오는 말 -한국적 희년복지운동과 한국교회의 갱신-

이러한 웨슬리의 희년적 꿈은 통일희년의 꿈과 통한다. 바로, 이러한 신학적 통찰이 한국의 통일희년운동의 신학적 기초가 될 수 있다. 웨슬리가 오늘 한국에 다시 온다면 그는 이런 희년사회가 실현되기 위해 열심히 통일운동에 앞장설 것이다. 이런 희년운동의 프락시스를 한국적 상황 속에 다시 응용할 수 있을 것이다. 위에서 고찰한 바와 같이 웨슬리는 단순히 내면적 개인적 성화만을 강조한 부흥사가 아니라 외향적 사회적 성화운동까지 전개한 사회복지운동가이다. 그의 사회복지운동은 사회봉사만 아니라 더욱 나아가 사회변혁까지 추구하였다. 그러나 그의 사회변혁을 위한 성화운동은 철저히 개인구원에 기초한 운동이었다. 독일의 경건주의는 개인의 변혁을 통한 세계변혁을 희망하였으나, 개인구원에 더욱 집중함으로써 세계변혁에 아무런 기여도 못하였다. 아니 오히려 내세 지향적 현실 도피적 비정치적 이원론적 신앙에 머무르고 말았다. 그러나 웨슬리의 경건주의는 개인적 성화와 동시에 사회적 성화를 함께 중요시 여겼기에 18세기 영국의 심령부흥운동을 일으켰을 뿐 아니라 사회변혁운동까지 일으키게 된 것이다. 그래서 불란서 역사가 할레비(Elie Halevy)와 칼라일(Thomas Carlyle)은 불란서 혁명같은 혁명의 위기에서 감리교운동은 영국을 구원하였다고 해석한다. 왜냐하면 감리교운동은 신앙운동으로만 끝나지 아니하고 사회변혁운동으로 진보한 운동이기 때문이라고 강조하였다. 이러한 개인구원과 사회변혁의 신학적 기초는 성화사상에 뿌리를 두고 있다.

그리고 그의 성화사상은 복음적 신인협조설, 은총의 낙관주의, 행동주의 신앙으로 설명되어 지기에 적극적 사회참여와 성육신적 선행운동이 나타나는 것이다. 오늘의 한국교회는 예배당만 잘 지을 뿐만 아니라 사회복지센터를 예배당과 함께 지어서 복지운동에 앞장서야 할 것이다.삶의 질을 향상시키는 데 앞장서는 교회가 되어야 21세기에 살아남을 수 있다. 또한 건전한 복음주의, 민족개혁운동과 은총의 낙관주의에 의한 희년운동은 오늘의 한국적 통일운동의 실천 프로그램으로 다시 응용할 수 있다. 그의 노예해방과 여성해방운동이 희년사상과 통할 뿐 아니라 특히 경제적 성화운동은 오늘의 통일 희년운동에 큰 교훈을 주고 있다. 웨슬리가 외치고 실천했던 경제의 3대원리 청지기정신, 하늘나라의 저축운동, 재산상속반대운동, 세금제도개혁, 고용체제개혁, 시장과 대지의 독점화 반대운동 및 경제의 재분배운동은 남북통일을 위해 우리가 실천해야 할 프로그램들이다. 사유재산을 인정하면서도 -gain all you can과 Save all you can- 분배하는 삶 -give all you can-을 외친 웨슬리의 가르침은 확실히 공산주의와 자본주의의 모순을 극복해 가는 제3의 길(Third alternative)이다. 웨슬리의 가슴속에 붙은 개인적 성화와 사회적 성화의 불이 오늘 한국 감리교인들, 더욱 나아가 전 국민의 가슴속에 다시금 붙어져야 할 것이다

21세기 한국교회는 그 역사적 사명을 위해 다시 거듭나야 한다. 웨슬리신학의 빛에서 다시금 자기변혁을 해야 한다.

첫째, 한국감리교회는 웨슬리처럼 루터가 무관심하였던 성화론을 구원론의 중심으로 끌어들여야 한다. 구원의 출발-의인화와 거듭남-보다도 오히려 구원의 과정과 영적 성장과 성숙을 의미하는 성화를 더욱 중요시 여겨야 한다. 이것은 오늘날 한국 교회가 무시해 왔던 부분이다. 영적 탄생의 부흥 운동은 많이 일어났으나 영적 성장과 성숙의 부흥 운동은 약화되었다. 앞으로 한국 교회는 성화를 열심히 가르쳐야 한다. 웨슬리는 수동적 성화(imputation)와 능동적 성화(impartation)가 변증법적으로 조화를 이룬 성화를 강조한다. 그리스도의 의로움과 참 거룩함(righteousness & true holiness)을 닮아 가는 하나님의 형상의 회복(엡4:24)운동에 한국감리교회가 주력하여야 할 것이다.

둘째, 완전교리를 한국교회가 강조해야 한다. 웨슬리는 완전 교리에 의해 종교개혁구원론을 더욱 성숙시키고 완성시켰다. 루터나 칼빈

은 인간의 죄악성 때문에 죽기 전의 완전 실현이 불가능하다고 보았으나, 웨슬리는 죄악성의 깊이보다 은총의 높이가 더욱 크심을 주장하는 은총의 낙관주의에 의해 완전의 실현 가능성을 강조함으로써 감리교도들로 하여금 보다 열심 있는 구원 완성의 순례자들이 되게 하였다. 당시 영국성공회나 영국장로교회나 영국침례교회보다 더욱 빠르게 성장한 이유가 완전교리를 믿었기에 죽기 전에 사랑의 완성을 이루기 위해 열심히 봉사하고 열심히 전도할 때 급성장하는 감리교회를 만들었다. 우리 한국감리교회도 이러한 정신을 살려야 한다.

셋째, 체험중심의 신비주의에서 말씀중심의 신앙으로 거듭나야 역사적 종교가 될 수 있다. 웨슬리는 신비주의는 비사회적 비지성적 비성서적 신앙이 됨을 지적한다. 다미선교회같은 사건이 다시 일어나지 않고 역사 속에서 책임적 공동체가 되려면 꿈과 환상에서 말씀탐구로 돌아가야 한다. 말씀을 연구하고 듣고 실천하고 믿음으로 의로워지고 거듭나고 성화되어야 한다.

넷째, 물량주의, 성공주의의 신앙에서 십자가 신학의 신앙으로 거듭나야 역사적 책임을 지는 한국교회가 될 수 있다. 역사의 소외와 빈곤과 억눌림의 아픔을 함께 나누어지는 십자가의 한국교회가 될 때 한국 역사의 바른 방향에 설 수 있고 역사에 앞장서가는 교회가 될 수 있다.웨슬리의 의인화와 거듭남과 성화와 완전의 중심은 십자가의 복음이였다.

다섯째, 신앙지상주의 혹은 신앙제일주의(solafideism)에서 행동주의 신앙으로, 믿음이 행함으로 나타나는 산 신앙으로 거듭나야 역사창조의 공동체가 될 수 있다. 신앙의 생활화, 사회화가 일어나 세상의 빛과 소금이 되어야 한다. 삼풍백화점과 성수대교 등이 안 무너지는 사회를 만드는데 한국감리교회가 기여하여야 한다.

여섯째, 개인구원과 사회구원의 이원화에서 벗어나서 총체적인 구원을 말하는 한국감리교회로 거듭나야 한다. 복음화와 인간화의 총제적 선교를 수행하는 것이 한국교회의 역사적 과제이다. 그래서 복음선교 뿐만 아니라 통일운동에도 앞장서 나가야 한다. 앞으로 21세기의 한국사와 세계사는 한국교회로 말미암아 새롭게 창조되어지기 위해서 보수와 진보를 넘어서 개인적 성화와 사회적 성화를 총체적으로 이루어 가야할 것이다. 그런 의미에서 한국교회협의회가 헌장도 개정하고 새롭게 보수적 교단들도 받아들이는 것은 바람직한 일이라고 생각한다. 이제 한국교회는 민족사적 사명과 세계사적 사명을 위해 하나가 되는 교회로 거듭나야할 것이다.

일곱째, 자본주의 병폐인 이기주의적 신앙에서 더불어 살고 더불어 나누어주는 신앙으로 거듭나야 민주화와 통일의 시대적 사명을 감당하는 교회가 될 수 있다. 웨슬리가 가르친 청지기정신에서 '할 수 있는 대로 열심히 나누어주는 정신'으로 재산상속을 반대하고 속회헌금은 통일기금화하는 운동을 일으켜야할 것이다.

여덟째, 현실 도피적 묵시문학적 종말 신앙에서 현재적 천국을 건설하는 신앙으로 거듭나야 역사적 부르심에 응답하는 탈출의 공동체가 될 수 있다. 희년사회의 실현을 위해 열심히 일해야 한다.

아홉째, 은총의 낙관주의 신앙으로 한국역사의 예언자가 되어 정의와 사랑의 실현을 위해 앞장서야 한다. 지금까지 한국교회는 예언자적 공동체가 되기보다, 5.18과 12.12사태에서 체제 지향적 공동체였음을 회개하고 반성해야 한다. 하나님의 정의와 사랑의 뜻이 한민족사 속에도 실현되어 하나님의 통치가 현존하도록 역사 속에서 일하는 예언자적 공동체가 되어야 한다.

열째, 앞으로의 한국감리교회는 자유와 평등의 공동체로 거듭나야 한다. 웨슬리가 외친 자유를 모든 교인들이 누리는 자유함의 공동체가 되어야한다. 21세기는 역사가 헤겔이 예언한대로 역사는 모든 사람이 자유하는 방향으로 더욱 발전한다. 또한 모든 교인들이 평등한 인간으로 대우받는 교회가 되어야 한다. 초대 감리교회사에서처럼 여성도 똑같은 인간으로 대우받아야 한다.

열한째, 웨슬리가 강조한대로 성육신적인 정신으로 역사 속에서 섬김으로 사회적 성화를 열심히 이루어야 한다. 앞으로 21세기는 섬김(service)정신을 요구한다. 많은 21세기를 얘기하는 미래학자들이 한결같이 얘기하는 것은 섬기는 서비스정신이다. 세계화 국제화시대에 살아남는 사람이 되려면 섬기는 사람이 되어야하고, 살아남는 교회가 되려면 섬기는 교회가 되어야하고 살아남는 국가가 되려면 섬기는 정신을 생활화하는 국가가 국제 경쟁력에서 살아남을 수 있다.

열두째로, 웨슬리가 강조한 사회봉사운동, 사회변혁운동, 희년경제운동에 참여해 가는 한국교회가 될 때 IMF위기를 극복하고 통일의 역사를 창조해 가는 주체가 될 수 있을 것이다. 웨슬리는 "세계는 나의 교구이다."(The all world is my parish)라는 슬로건만 강조한 것이 아니라 "민족을 개혁하자"(To reform the nation)라는 슬로건도 자주 사용하였다. 하나님이 감리교 설교가들을 부르신 것은 어떤 새로운 종파를 만들려는 것이 아니라 민족을 개혁하기 위해서라고 강조하였고, 영국성공회를 개혁하기 위해서라고 주장하였다.

참고문헌

G. Roger Schoenhals ed., 1987, 『John Wesley's Commentary on the Bible』, Grand Rapids: Rancis Asbury Press.

John Wesley, 『"On the God's Vineyard』,Works, VII.

John Wesley, 1986, 『The Works of John Wesley』, VIII, ed. Thomas Jackson, Peabody: Hendrickson Publishers.

John Wesley, 『On Perfection』, Works.

John Wesley, 『Christian Perfection』, Works, VI.

John Wesley, 『"Scriptual Christianity』, Works, vol.V.

John Wesley, 『The Important Question』, Works, vol.VI.

John Wesley, 『Thoughts Upon Slavery』, Works, XI.

John Wesley, 『The Good Steward,』, The Works, 2.

John Wesley, 『"Use of Money』, Works, VI.

John Wesley, 『The More Excellent Way』, The Works, vol.3.

John Wesley, 1976, 『Explanatory Notes Upon The New Testament』, London: Epworth Press.

John Wesley, 1938, 『The Journal of John Wesle』』, ed. N. Curnock, Lodon: Epworth Press.

John Wesley, 1931, 『The Letters of John Wesley』, vol.V,(London: Epworth Press.

Leon O. Hynson, 1994, 『Wesley's Thoughts Upon Salvery: A Declaration of Human Rights』, Methodist History, 33:1, Madison, New Jersey: General Commission on Archives and History, the United Church, October.

Martin Luther, 1974, 『The Freedom of a Christian』, ed. J.M.Porter, Philadelphia: Fortress Press.

Manfred Marquardt, 1992, 『John Wesley's Social Ethics, trans, by John E. Steely and W.Stephen Gunter』, Nashville: Abingdon Press.

W.J. Warner, 1967, 『The Wesleyan Movement in the Industrial Revolution』, 2nd ed, New York.

김홍기편저, 1995, 웨슬리, “부의 증가의 위험,” [존웨슬리의 희년사상].

기독교사회복지 NGO로서의 『기아대책』 사업활동분석

박란이[1]

요 약

본 연구는 기독교사회복지 NGO기관 중 기아대책의 사업활동 내용, 가치, 운영방식, 조직구조, 역할과 사명, 기구운영방식을 알아보았다. 기아대책은 떡과 복음이라는 가치관아래 떡의 사업인 사회복지사업은 해외구호사업, 국내사업, 북한지업사업을 실시하고 있다. 또 다른 기아대책의 사업 즉, 복음을 전하기 위해 다른 NGO와 달리 기아대책사역의 핵심은 VOC(Vision of Community)로 이웃사랑의 정신을 실천하여 다른 사람을 섬길 줄 아는 그리스도인으로 성장하도록 돕는 차별성이 있다.

이러한 떡과 복음의 정신으로 기아대책은 한국을 대표하는 기독교사회복지 NGO 기관으로 그리스도의 사랑을 실천하고 예수그리스도의 복음을 전하고 있음을 알 수 있다.

주제어: 기아대책, NGO, 떡과 복음. VOC, 해외사업, 북한사업, 긴급구호사업

1. 서론

오늘날 우리나라뿐만 아니라 세계 각국에는 수많은 NGO(Non-Governmental Organization)들이 다양한 활동을 하고 있다. 혹자는 이를 NGO의 르네상스시대라고 부르기도 한다. 본래 NGO는 어의적으로는 비정부조직으로 시민사회조직이나 비영리조직 등과 유사한 의미를

---

1) 기아대책 이주여성쉼터 간사

지니는 개념으로 권력이나 이윤을 추구하지 않고, 그 대신 인간의 가치를 옹호하며 시민사회의 공공선을 지향하면서 시민사회에서 활동하고 있는 시민사회단체를 말한다. 따라서 국가의 지배나 규제보다는 자율성을 중요한 특성으로 하는 민간의 자발적 조직체로 사회구성원들의 공동이익을 위해 노력한다. 즉 정부와 독립되어 있으면서도 정부에 영향을 미쳐 사회구성원이 공동으로 추구하는 공공선을 실현하는 역할을 하는 단체이다.

특히 기독교 NGO의 활동은 사회복지분야에서 적극적으로 나타났고, 선교의 중요한 기반이 되어왔다. 특히 국가 복지제도로는 부족한 부분의 소외계층 구호사업에 있어 기독교NGO의 역할은 더욱 돋보이는 것이었다.

이러한 기독교NGO의 하나인 기아대책은 하나님의 조건 없는 사랑을 도구로 하여 위험과 고통이 있는 곳에서 구호사업 및 개발 사업을 수행하는 세계적인 민간선교기관이다.

1971년에 창립된 기아대책은 스웨덴에 본부를 두고 유엔경제사회이사회(UNECOSOC) 협의 지위 자격으로 등록되어 있다. 따라서 미국, 캐나다, 일본, 홍콩, 한국 등 12개 나라를 중심으로 세계 약 50여개국에서 400여명의 선교사들과 3,000여명의 스텝들이 활동하고 있다.

우리나라에는 1989년에 설립되어 제3세계의 굶주린 이웃들에게 떡과 복음을 전하는 한국 최초의 해외원조민간기구이다.

이는 "받는 나라에서 주는 나라"로의 터닝 포인트를 이룬 무척 역사적인 일이다.

기아대책이 주로 사역의 목표로 삼고 있는 지역은 전통적 개념의 선교사가 활동할 수 없는 지역인데 달리 생각하면 이런 지역은 민간

NGO의 활동이 절실히 필요한 지역임을 의미하기도 한다.

기아대책은 21세기의 고효율 저비용 NGO 선교의 대안으로 전인적이고 공생적 사역(Symbiotic Ministry)을 전개하고 있다는 특수성을 가지고 있다.

이는 육체적인 필요를 채워주는 사회적 행동을 통해 사람들을 회복시키고 성장시키며, 나아가 복음을 전하여 독립된 공동체를 만드는 사역인데 이는 "떡과 복음"이라는 성경의 정신에 근거한 사역이고 기아대책의 근본정신이기도 하다.

이에 논자는 기아대책의 여러 사역이 기독교NGO로서의 사명과 정체성을 감당하기 위하여 떡과 복음의 기본정신을 얼마나 효과적으로 반영하는지 기아대책의 여러 사업을 통하여 확인 해 보고, 사회 정치, 경제의 변화에 따른 기독교 NGO로서 기아대책의 역할과 과제를 기독교 사회 복지적 관점에서 고찰해보고자 한다.

2. NGO의 의의

NGO(Non-Governmental Organization)란 직역하면 비정부기구로, 어의적으로는 정부기구가 아닌 모든 기구를 의미하지만 공식적으로는 시민사회단체를 의미한다. NGO는 국제적 개발을 지원하는 민간기관일 수도 있고, 국가적으로나 지역적으로 조직화된 자생집단이거나 종교집단일 수도 있다. 또한 NGO는 대중들 가운데 경각심을 불러일으켜서 정부정책에 영향을 미치는 시민집단일 수도 있다. UN에 다양한 부속기구들이 등장하고, 동시에 국제사회에서 민간단체들이 활발한 활동을 펼치면서 UN기구들은 정부기구가 아닌 민간단체들과도 동반

자관계를 형성하게 됨에 따라 기존의 정부기구가 아닌 민간단체를 NGO라 부르게 위해 사용하는 다양한 자선기관이나 종교기관도 NGO로 간주될 수 있다. 미국이나 일본에서는 NGO란 용어보다는 비영리 조직을 의미하는 NPO(Non-Profit Organization)란 용어를 사용하고 있다. NGO나 NPO란 용어 이외에도 시민사회단체를 의미하는 CSO(Civil Society Organization), 지역사회조직을 의미하는 CBO(Community Based Organization), 지역사회에 기반을 둔 NGO를 의미하는 CB-NGO(Community Based Non-Governmental Organization), 사람들의 조직을 의미하는 PO(People's Organization), 사적 자발적 조직을 의미하는 PVO(Private Voluntary Organization), 시민운동조직을 의미하는 CMO(Civil Movement Organization), 제 3 영역(The Third Sector) 등과 같은 용어들이 있다(김광식, 1998:11-4.)

일반적으로 NGO는 비정부-비영리기구로서 권력이나 이윤을 추구하지 않고, 인간의 존엄성을 옹호하며, 시민사회의 공공선을 지향하면서 시민사회에서 활동하고 있다. 공식적으로는 1950년 2월 UN 경제사회이사회에서 결의안 288조가 통과되면서, 비록 정부 대표는 아니지만 UN과 협의적 지위를 인정받은 공식적 조직이란 의미로 사용되기 시작하였다.

그러나 역사적으로 문헌에서 찾아볼 수 있는 최초의 NGO는 1800년대에 형성되어 19세기 대영제국의 노예제도 반대를 이끌어 왔던 '대영제국과 외국의 반(反)노예사회(British and Foreign Anti-Slavery Society)'이다. 1855년에는 YMCA 세계연합이 설립됨으로써 최초의 국제적 NGO가 등장하게 되었다. 1863년에는 적십자국제위원회가 제네바에서 설립되었고, 1892년에는 요세미트 공원을 보호하기 위한 미국 세에라 클럽(U.S. Sierra Club)이 형성되었으며, 1910년에는 132개 국제 NGO가 국제협의회조합(Union of International Association)이 형성되어 최초로 다양한 NGO들이 국제적 수준에서 협력을 시도하였다.

그러나 1945년 UN이 탄생되기 까지는 NGO란 용어가 일반적으로 통용되지 않았다. NGO란 용어가 정부간 전문기구들(intergovernmental specialized agencies)의 참여권을 국제민간조직들의 참여권과 구분하기 위해서 UN 헌장에서 사용됨으로써 공식적으로 사용되게 되었으로 1960년대 이후 급속한 증가 추세를 보이고 있다. NGO가 이처럼 급속히 증가한데는 다음의 5개의 요인에 기인하였다; 첫째, 전세계적인 민주주의와 자유시장의 확산이 가장 중요한 요인이 되었다; 둘째, 과거 10년간의 커뮤니케이션 혁명이 다양한 NGO들로 하여금 전 세계의 개인이나 집단들과 연계하여 그들의 역량을 강화할 수 있도록 하였다; 셋째, 재정이 부족한 정부가 많은 사회서비스 분야에 대한 투자를 줄이자, NGO들이 그 공백을 채우기 위해 움직였고, 그리고 기본적인 생활필수품들을 제공하는 데 있어서 정부의 역할을 대신하기 시작하였다; 넷째, 정부나 종교기관 그리고 기업과 같은 전통적인 기관들에 대한 불신이 증가함에 따라, 공적인 신뢰도 조사에서 NGO들이 전통적으로 높은 것으로 나타나자, NGO들이 이러한 장점을 목적 달성을 위한 수단으로 삼게 되었다. 마지막으로, 지속적인 사회적 불평등과 환경악화와 같은 몇 몇 문제들이 등장하였다. 이러한 현상은 자원봉사자와 기부자들로 하여금 비전통적인, 즉, 비정부적인, 해결방안을 통하여 이러한 문제를 치유하기 위해 노력하도록 만들었다(Nalinakumari, Brijesh & MacLean, Richard, 2005:2-7).

NGO의 규범적이고 실질적인 토대가 되는 시민사회는 정치적으로는 민주주의의 발전, 경제적으로는 자본주의의 발전과 밀접한 관계를 갖고 있다. 절대체제 이후 국가권력을 견제하고 개인의 자유와 권리를 방어하기 위한 자율적 공간을 확대하는 과정에서 성장하였다. 민주주의가 보편화된 이후에도 대체로 시민사회는 작은 정부하에서 그 역할이 강화되었지만, 거대 정부하에서도 국가권력 견제, 다수결원리와 관료제통치의 보완, 사회적 이슈의 제기, 정책결정과 집행에 대한 참여 등의 분야에서 중요한 역할을 수행하였다. 또한 자본주의가 발전하고 사유재산제도와 시장경제가 발전함에 따라 자신의 자유와 권리를 누릴 수 있음을 인식하게 되었고 이러한 자유와 권리를 추구하는 과정에서도 시민사회는 발전하게 되었다. 그러나 이윤을 추구하는 자본주의가 사회적 불평등, 빈부격차, 자연환경 파괴 등 사회문제를 파생시키었고, 경쟁과 효율을 기본이념으로 하는 시장원리는 공동체원리나 사회연대의식을 훼손하였으며, 시장경쟁에서 탈락한 사람들과 신체적 정신적으로 취약한 계층들이 낮은 생산성으로 인해 노동시장에 진입하지 못함으로써 삶의 위기에 처하게 되는 결과를 낳기도 하였다. 그러나, 이러한 문제들을 정부가 복지정책을 통하여 일부 해결하기도 하지만 획일적인 규제와 융통성이 부족한 관료주의로 인해 다양한 사회문제와 국민들의 욕구를 효과적으로 해결하거나 충족시키지 못하는 경우가 종종 발생하게 된다. 이러한 정부의 실패(government failure)에 사회공동체가 대처하는 과정에서 NGO들이 형성되고 활동을 하게 된다. 정부의 실패의 단적인 사례로는 국가가 주체가 되어 실시한 복지가 한계에 처하게 된 소위 복지국가 위기론(crisis of welfare state)을 들 수 있으며, 이러한 복지국가위기론이 대두하였던 1970년대 이후 NGO가 전세계적으로 급속히 증가하여 활동하게 되었

다(박상필, 2003:53-509)

오늘날 NGO는 기업과 같은 영리조직을 제외한 비정부적(non-governmental), 비당파적(non-partisan), 비영리적 또는 공익적(not-for-private profit or for public interest), 자발적(voluntary), 자율적(self-governing) 성격을 갖고 있는 기구를 의미한다.

종교단체는 특정한 종교에 기반하고 있지만, 복지, 인권, 환경 등 공공선을 위해 활동하는 경우 NGO로 간주할 수 있으며, 노동조합이나 노동운동단체도 노동자들의 경제적 이익을 추구하는 이외에 사회보장이나 빈부격차해소 사회불평등구조 개선 등 공공선을 추구하는 사회운동을 전개할 경우 NGO로 간주할 수 있다.

이들 NGO는 각각의 성격과 성향에 따라 국가의 사회복지정책과 사업에 관해 협력적 관계, 대립적 관계, 포용적 관계, 지배적 관계, 비판적 관계, 감시적 관계 등 다양한 관계를 형성할 수 있다(김동춘, 2000:79-85).

NGO가 정부의 실패(government failure)에 대한 하나의 대안으로서 의미를 갖는다는 주장도 있다. 시장이 오랫동안 재화와 서비스를 효율적으로 배분하여 왔지만, 비경쟁적이고 비배제적인 공공재의 출현, 외부효과, 정보의 불완전성 등으로 인해 시장의 실패(market failure)가 발생하고, 시장의 실패로 인한 문제를 해결하기 위하여 정부가 개입하여 복지사회를 이루려 하였으나, 다수결의 원리, 획일성의 원리, 관료제의 병리현상 등으로 인해 국민들의 다양한 욕구를 충족시키는데 한계를 드러내면서 정부의 개입은 실패하게 된다. 이러한 정부의 실패에 대한 하나의 대안으로 제3영역인 NGO의 존재가 필요하게 된다는 것이다(박상필, 2003:53-61). 과거 케인지안 복지국가(Keynesian welfare state)하에서 거대정부는 경기침체에 따른 재정적 위기와 함께 비효율적 정부실패의 초래로 신자유주의적 정부개혁과 세계화, 지방화, 정보화, 민영화, 민주화 등의 정부환경변화에 따른 정부의 역할을 변화시키게 되었다. 따라서 과거 정부가 담당하던 업무를 정부와 민간이 합동하여 해결하려는 거버넌스적 협력적 통치는 NGO의 적극적인 참여와 기능 확대를 필요로 하게 되었다(박재창, 2002:398-401).

3. NGO로서의 국제기아대책기구[2)]

1) 기아대책의 탄생배경 및 창립취지

기아대책은 국제기아대책기구(Food for the Hungry International)라는 이름으로 1971년 미국인 래리워드(Larry Ward)박사에 의해서 탄생하였다. 래리워드는 기아대책을 창설하기 전 월드비전의 개척자였는데, 1957년 월드비전에 입사하여 월드비전의 창설자 밥피어스 (Bob Pierce, Robert Willard Pierce)와 함께 사역하였다. 그는 월드비전의 부총재로 있었던 1969년 연세대학교에서 명예박사학위를 받았고, 그로 인해 연세대학교와 함께 한센병 환자들을 위한 특수진료소를 개설하기도 하였다.

그는 1971년 월드비전을 사임했는데 월드비전의 총재 밥피어스가 래리워드에게 하나의 기구를 만들 것을 권했고, 그로 인해 만들어진 것이 지금의 국제기아대책기구이다.

2) 이 부분은 국제기아대책기구의 home page(www.kfhi.or.kr.)의 내용을 요약 정리하였음.

래리 워드 박사가 세계의 수많은 가난한 사람들을 어떻게 도울까를 고민하며 기도할 때, '한 번에 한명씩 도우라'는 하나님의 음성에 듣게 되었다.

그리하여 이사야 58장 7절 "**너희 음식을 굶주린 사람에게 나누어 주고, 가난하고 집 없는 사람을 너희 집에 들이며, 헐벗은 사람을 보면 그에게 너희 옷을 주 고, 기꺼이 너희 친척을 돕는 것이 내가 바라는 것이다.**" "Is it not to share your food with the hungry and to provide the poor wanderer with shelter when you see the naked, to clothe him, and not to turn away from your own flesh and blood "말씀을 따서 'Food for the Hungry'로 기구명칭을 정하게 되었다.

기아대책은 세계의 가난한 사람들, 그 중에서도 미래의 희망인 어린이들을 그 주요 대상으로 도우며, 어린이들을 통해 그 가정을 함께 성장시키고 회복시킨다.

월드비전이 1950년 한국전쟁이라는 최악의 상황에서 절망과 고통속에 있는 사람들을 하나님의 사랑으로 돌보는 하나님의 도구로 세워졌다면, 국제기아대책기구는 1971년 전 세계 빈민 국가들을 향한 하나님의 부르심으로 세워진 것이다.

또한 한국은 1989년 한국최초의 해외원조기구로 한국기아대책기구(KFHI-Korea Food for the Hungry International)가 설립되어 현재 114명의 선교사와 70여명의 스텝이 활동하고 있다. 특히 한국기아대책은 전 세계 빈민의 82%가 집중되어 있는 10/40창 지역을 중심으로 사역을 하고 있는데, 이 10/40창의 사람들 중 90%가 한번도 복음을 접하지 못하였으며, 이 지역은 기독교에 적대적인 종교의 근원지이기도 하다.

한국 기아대책은 이 10/40창 지역에서 구호사업, 개발사업, 교육사업, 어린이개발사업, 보건의료사업, 수자원사업 등을 하며 떡과 복음을 전하는 일을 하고 있다(한국국제기아대책기구, 2011).

2) 기독교적 NGO로서의 가치관

(1) 떡과 복음의 정신

기아대책은 지구촌의 기아상황을 전 세계에 알리고, 굶주린 이들에게 식량과 사랑을 전하며 그들의 생존과 자립을 돕기 위하여 '기아봉사단'을 보내 각종 개발사업과 긴급구호활동을 펼치고 있다.

이러한 활동은 "하나님의 사랑"과 "예수님의 떡과 복음"정신을 바탕으로 하는데, 육체적으로 배고픈 사람들에게 우선 먹을 것을 제공하고, 거기에 사랑의 실천으로 복음을 전한다는 정신이다.

기아대책에서 파견되는 기아봉사단이 한쪽 손에는 구호를 위한 떡을, 한쪽에는 하나님의 말씀을 가지고 가서 그 지역의 공동체를 변화시켜 하나님의 사역을 완성한다는 정신으로 이 떡과 복음의 정신은 기아대책의 모든 가치와 비전, 그리고 모든 사역이 오직 예수그리스도와 하나님나라를 위한 것을 우선으로 한다는 뜻으로 그 실천방법은 다음과 같은 5가지를 두고 있다.

ㄱ) 하나님의 뜻

하나님이 뜻하시는 구원이 영혼과 육체의 자유, 즉 샬롬을 의미한다고 생각하여 고아와 과부와 헐벗고 굶주린 자들을 향한 하나님의 사랑(사 58:6)을 기아봉사단이 직접 전하는 것이다.

“그의 십자가의 피로 화평을 이루사 만물 곧 땅에 있는 것들이나 하늘에 있는 자들을 그로 말미암아 자기와 화목케 되기를 기뻐하심이라(골 1:20)”

“ 그리스도인은 예수안에서 선한 일을 위하여 지음을 받은 자들이다(엡2:10)”

위의 말씀처럼 기구의 모든 사역에는 하나님의 뜻이 있어서 그 어떤 사역이든 마땅히 해야 하는 것이라고 생각하는 것이다.

ㄴ) 예수님의 방법

4복음서를 통해 “떡과 복음”을 전하는 것은 예수님의 사역방법이라는 것이 소개되어 있다. 잃어버린 영혼 구원을 위해, 눈먼 자, 귀머거리, 벙어리, 앉은뱅이, 문둥병자 등 모든 이들의 필요를 채워주고, 또한 배고픈 5천명의 군중을 먹이신 뒤 천국 말씀을 전하신 예수님의 방법을 따라 실천한다는 방법이다.

ㄷ) 사도행전적 방법

초대교회 사역의 핵심은 구제와 선교였다. 열 두 사도가 중심이 되어 말씀을 전하고 구제는 빌립이나 스데반 같은 성령 충만한 집사들이 담당했다.

이를 귀감으로 삼아 말씀을 전하는 사람과 구제하는 사람이 각자의 역할을 감당하는데 있어 사명감을 가지고 진실하게 사랑을 실천해야 한다는 방법이다.

ㄹ) 지상명령성취의 길

떡과 복음을 전하는 것은 "내가 분부한 것을 가르쳐 지키게 하라"는 예수님의 지상명령을 성취하는 길이다.

"복음"이 하나님 말씀의 지식적 측면이라면 "떡"은 하나님 말씀의 실천적 측면이라 생각하여 떡과 복음을 전하는 것이 예수님의 지상명령을 성취하는 길임을 늘 상기하는 것이다.

(2) 최선의 선교전략

82%의 사람들이 가난과 굶주림에 시달리는 지역은 97%가 한번도 복음을 들어본 적이 없는 곳이다. 이곳은 대부분 모슬렘, 힌두, 불교, 공산권지역으로 전통적인 기독교 선교사들의 접근이 어렵고 현재 전세계 선교사의 5% 정도만 사역하고 있다.

그러므로 기아대책의 사역방법은 예수님의 말씀을 전하는 최고의 선교이며, 그들에게 떡과 복음을 전하는 노력 또한 최선의 선교전략인 것이다.

(3) 개발사역의 완성

개발은 경제적인 도움을 얻어 자립할 수 있는 기반을 마련하는 것을 목표로 한다. "복음"을 통해 성경적인 세계관을 세우고, 개발사역의 주체로서 개인과 공동체가 변화되어 가는 과정은 개발사역을 완성하는데 꼭 필요한 요소이다.

따라서 떡과 복음의 정신은 개발사역을 성취하는데 있어서도 중요한 기반이다.

(4) 비전

기아대책이 전 세계의 가난한 이들을 위하여 사역하는 것은 “모든 민족을 제자 삼으라(마 28:19-20)는 주님의 지상명령을 성취하기 위해서 “떡과 복음” 사역이 끝날 때까지 주님의 부르심에 응답하겠다는 약속이며 하나님께서 주신 섬김의 권세(마 28:18)를 가지고 우리에게 주신 각자의 믿음의 분량을 가지고 세상을 향해 나아가는 것이다.”

첫째 “하나님께서는 우리를 부르셨고 우리는 세상의 육적, 영적 굶주림이 종식되는 때까지 그 부르심에 응답하였다”는 비전으로 그리스도의 정신이 없으면 가질 수 없는 기독교 NGO로서의 비전이다.

둘째 기구의 모든 사업은 예수그리스도의 사랑이 동기가 되어 영적, 육체적 굶주림을 끝마치기 위함이 목적이다. 기아대책 창립자 래리워드 박사는 “매 순간 한 사람씩 죽어갑니다. 그래서 우리는 매 순간 한 사람씩 살려냅니다.” 라는 말로 이 땅의 육적 영적 굶주림이 끝나는 날까지 지구촌 이웃들과 함께 할 것을 강조했다.

따라서 가난한 이들의 육체적, 영적 굶주림을 온 세상에 알리고 예수 그리스도의 사랑을 전하기 위해 기아봉사단을 파송하며 긴급구호와 지속적인 개발 사업을 활발히 하는 데 중요한 목적이 있는 것이다.

셋째, 기아대책은 아래의 5가지를 기본으로 모든 것이 조화된 하나님의 사랑을 최고의 가치로 여긴다.

가. 예수그리스도의 주권(Lordship of Jesus Christ)

최고의 리더십은 오직 예수 그리스도라는 것을 인정하는 것이다.

하나님의 목적은 사람의 능력과 시간, 관계 돈, 아이디어, 그리고 소망들에 대하여 그분의 주권을 행사하려는 것이며, 하나님의 계획은 기구의 전략, 계획, 아이디어, 목표, 그리고 자원들에 대하여 그분의 주권을 행사하는 것임을 인정한고 예수 그리스도의 주권을 제1의 가치로 여긴다.(골 1:15-20, 빌 2:5-11)

그분은 왕이시다 (빌 3:7-14, 히 12:1-3)

그분은 뛰어나시다 (마 22:36-40)

그분은 통치자이시다 (히 1:1-4)

나. 전인격적인 사랑 (Love for the whole person)

예수그리스도의 사랑을 실천하는 사역은 말, 행동 표정, 등 모든 것으로 표현되어야 하며, 영적(Spiritual), 사회적(Social), 물질적(Physical), 정신적(mental)인 모든 활동에서 하나님의 사랑을 나타내야 하는 전인격적인 사랑을 나타내야 한다는 것이다(요일3:16, 약 1:21-25-성육신, 눅 2:52).

다. 통일성과 다양성(Unity & Diversty)

기구의 사역은 서로 다른 기능들과 서로 다른 지역들 그리고, 서로 다른 사람들과 서로 다른 부분들이 하나의 목표를 향해 함께 나아가는 것이라 생각하여 민족성이 다르고, 문화가 다르고, 언어와 성별, 나이가 다르고, 서로가 맡은 기능이 달라도 서로 조화를 이루어 함께 가는 것을 말한다.

또한 있는 곳이 더운지역이든 추운지역이든 또 산악지대든 평야든 그리고, 정글이든 사막이든 가리지 않고 도시와 시골, 복음화지역과 미전도 지역, 닫힌 지역과 열린 지역, 그 어느 곳이든 예수님의 비전과 목표를 향해 함께 나아간다(고전 12:1-11).

라. 정직성과 투명성(Integrity & Transparency)

정직은 우리가 행하는 것을 말하고 말한 것을 행하는 것이며, 투명은 우리가 보여 지는 모습 그대로 항상 진실해야 한다는 것으로, 기구의 모든 사역자가 사역의 현장 어디서나 정직하고 투명할 것을 원칙으로 한다. 이는 기구 모든 사람의 자세, 대화, 표정 , 행동뿐 아니라 기구사업의 홍보, 출판, 계획, 보고, 인사 재정 등 모든 것에 정직하고 투명해야 함을 강조하는 것이다.

(마 5:8)－마음이 청결한 자, (마 25:23)－두달란트 남긴 자

마. 공의(Justice)

공의가 없는 사랑은 진정한 사랑이 아니고, 공의가 없는 사랑은 공허한 것이라고 하여 모든 사역자가 하나님의 공의를 증진시키기 위해 힘써야 함을 강조하는 가치관이다.

하나님의 뜻을 실현하기 위해서, 기구의 가치와 비전을 실천하기 위해서, 기구의 정관, 규정 , 방침을 실행하기 위해서는 항상 공의를 지켜야 한다.

하나님은 공의로우시다.(시 4:7, 신 32:4, 시11:4, 시 103:6, 사61:8)

그러므로 하나님의 백성은 공의를 증진시켜야 한다.

(마25:31-46, 사58:6-7)

3) 기구 운영방식

기아대책의 운영은 하나님을 중심으로 하는 것이며, 다음의 10가지 자세에 에 입각한 방식으로 기구 뿐 아니라 기구의 모든 조직과 사역자들이 공통적으로 지키며 행해야하는 방식이다.

가. 하나님의 말씀을 사모하며 기도한다 나. 팀을 중심으로 하고 협력한다 다. 비전을 갖고 배우는 자세로 일한다 라. 섬김과 환대를 실천한다 마. 원칙과 신뢰에 기반을 두고 분권화 한다 바. 창조적이며 혁신적으로 일한다 사. 모든 나라의 사람을 동원한다 아. 기쁨과 축제분위기에서 일한다 자. 단순화를 지향한다. 차. 질적인 면과 더불어 성장해나간다

4) 기아대책의 조직구조 및 사업현황

(1) 법인구성

국내, 해외, 북한 지원사업의 효율성을 위해 사단법인 기아대책 외에 사회복지법인 기아대책과 국제개발원, 재단법인 섬김, 재단법인 행복한 나눔, 의료법인 선한이웃병원을 자매기관으로 하여 6가지 법인으로 구성되어 있다. 이러한 형태는 유사 다른 사회복지법인들이 중앙집권적인 하나의 법인 아래 법인 소속 기관이나 시설을 두고 운영하고 있는 것과는 달리 각 법인마다 고유의 정체성을 갈고 전문적으로 책임있게 사업을 수행할 수 있는 장점을 갖고 있다. 이러한 전문성의 확보는 합리성을 담보하게 되고, 전문지식체계에 바탕을 둔 기술적 권위는 NGO로서 기아대책의 도덕성을 보증해줄 가능성을 제고시킬 수 있다(조대엽, 1999:318-421). 이러한 기아대책이 실시하고 있는 사업의 현황은 아래와 같다.

(2) 기아대책기구의 사업현황

NGO는 국가와 시장을 감시하는 견제기능, 시민들의 삶의 질을 향상시키고 사회문제를 해결하기 위한 복지기능, 사회적 약자의 이익을 옹호하는 대변기능, 집단간 갈등을 조정하거나 중재하기 위한 조정기능, 민주시민교육 등을 담당하는 교육기능을 담당한다(박상필, 2005:272-277) 이 가운데 기아대책의 사업현황을 살펴보면 복지기능이 매우 강하게 수행되고 있음을 알 수 있다. 복지기능을 수행하는 사업 가운데 해외사업은 인도적 구호사업이 주를 이루고 있다. 인도적 구호활동을 수행하는 NGO들은 ICRC(국제적십자위원회), Oxfam, Save the Children, World Vision International, 월드비젼 등이 있다(김동춘 외, 2000:83-84) 월드비젼은 기아대책과 함께 기독교 정신을 바탕으로 국내외에서 전문적인 구호개발기관으로, 기독교사회복지기관으로 활동을 하고 있다(월드비젼, 2011) Save the Children은 세계 최초 아동구호기관으로 국제적인 활동을 펼치고 있다(Save the Children, 2011) 영국에서 탄생한 Oxfam은 빈곤구제를 하기 위한 국제적 구호기관이다(Oxfam, 2011)

기아대책의 사업은 크게 국내사업과 해외사업으로 나누어져 실시되고 있다.

(가) 해외사업

어린이개발사업(Child development program)은 어린이의 건강과 정서, 교육 및 신앙까지 통합적인 관리로 건강한 성장을 목표로 한다.

*신체적 영역: 부족한 영양섭취, 불결한 위생으로 인해 만연한 질병과 환경을 개성하기 위해 정기검진, 의약품 지금, 영양공급, 보건교육, 부모교육 등을 실시하고, 필요한 경우 장기치료를 받을 수 있도록 한다.

*사회정서적 영역: 정기적인 가정방문을 통해 아동을 정서적으로

지지하고 가정의 필요나 변화를 모니터하고 문제해결에 적극적으로 참여하도록 돕는다. 그 외에 방과후 프로그램, 어린이캠프, 리더십 교육 등을 통해 공동체의 일원으로 자라가도록 돕는다.

*교육 영역: 부족한 교과서, 교복 및 학습 기자재를 지원하고 교실, 책걸상 지원 및 보수 등을 통해 학교환경을 개선한다. 부모을 독려하여 아동이 최소한의 교육을 받을 수 있을 때까지 최대한 지원하도록 한다. 상급학교 진학과 직업훈련 등의 기회를 확대하고, 교사훈련을 통해 교육의 질을 높일 수 있도록 돕는다.

*신앙적 영역: 지역사회 교회와 연합하여 성경공부, 주일학교, 여름성경학교, 정기 가정방문, 어린이캠프, 성탄절행사 등을 열고 이를 통해 어린이가 성경적 세계관과 자아관을 배우도록 돕는다.

(ㄱ) 의료보건사업

기본적인 의료활동과 위생교육을 통해 지역주민의 사망률과 질병발생률 감소를 목표로 하고 있다. 모자 보건 프로젝트를 통해 아동 및 임신 연령 여성의 영양상태 개선과 설사병으로 인한 아동 사망률 감소에 힘쓰고 있으며, 충분한 단백질과 비타민을 섭취하지 못해 지능이 떨어지고 발육이 정상적으로 이루어 지지 않은 어린이들에게 비타민, 해충약을 제공하고 각종 피부병 및 질병치료와 예방접종을 실시하고 있다.

이와 더불어 주민들을 대상으로 위생과 균형있는 영양섭취의 중요성, 설사병/말라리아 예방과 초기 치료, 에이즈 예방 등에 관한 교육활동을 하고 있다.

(ㄴ) 교육사업

당장 먹고 사는 것도 힘든 이들에게 교육은 전혀 생각도 할 수 없는 일이다. 하지만 계속되는 가난의 굴레를 깨고 미래에 대한 소망을 심어주기 위해 교사 파견, 교육 프로그램 개발, 학교 설립, 학교 시설 및 학습 기자재 지원을 통해 새로운 교육환경과 교육의 중요성을 일깨워주고 있다. 이와 더불어 여성, 청소년, 실직자를 위한 직업 교육센터를 운영해 재봉, 미용, 컴퓨터 등의 직능 교육을 통한 생계수단을 마련해 주고, 과정이수 이후 그들이 소규모의 사업을 시작할 수 있도록 도움을 주고 있다.

(ㄷ) 수자원개발사업

케냐, 에디오피아, 캄보디아, 루마니아 등에 소규모 댐과 관개수로를 건설하고 우물, 펌프를 설치해 주민들이 깨끗한 물을 마실 수 있도록 한다. 위생 및 시설 관리 교육으로 질병 발생률을 억제시키며, 지역주민 스스로 체가 되도록 한다.

(ㄹ) 영적개발사업

빈곤의 기본은 예수 그리스도에 대한 무지에서 비롯된다는 신념하에 거의 대부분의 현지는 영적 개발 사업에 중점을 두고 있다. 기아대책은 국제적인 교회의 조직망을 통해 성서적 세계관, 섬김의 도 등을 교회 지도자들에게 가르치고 훈련시켜 그들로 하여금 각자의 교회에서 성도들을 가르치게 한다. 또한 성경공부와 교회 개척등을 통해 복음이 존재하지 않는 땅에 소망과 개발의 기회를 제공한다.

(ㅁ) 무료급식사업

대부분의 굶주린 자들에게는 교육과 복음이전에 허기진 배를 해결하는 것이 제일 시급한 문제이다. 따라서 그들을 먹이고 그들의 일차적인 필요충족을 위해 무료로 급식을 제시한다. 많은 걸인들과 생계수단이 없는 노약자들에게 급식을 제공한다.

(ㅂ) 가정강화사업

대부분의 재난 지역에서는 분열된 가정과 가정 원들의 역할 혼동으로 인해 많은 아이들이 방치되고 학대를 받고 있다. 이러한 가정적인 상황에서 본 기구는 이산 가정을 하나로 강화시키는데 노력하고 있다. 보모 교육과 부모, 자녀 찾아주기 등의 프로젝트를 통해 가정의 중요성과 가정의 관계성을 강화시킨다.

(ㅅ) 농업개발사업

버려진 농토와 황무지를 개간하고, 선진 기술과 농기구를 보급하여 주민들 스스로 식량을 생산해 자립해나갈 수 있도록 지원하고 있다. 또한 유실수 조성, 가뭄 등의 자연재해에 강한 종자 개량을 통해 농작물 생산을 증대시키고, 육식성 위주의 식생활 문화 속에서 농업을 정착시켜 식생활을 개선시키는 등 다양한 활동을 벌이고 있다.

(ㅇ) 긴급구호사업

지진, 홍수, 가뭄, 허리케인 등의 자연재해와 내전 등의 갑작스런 재난으로 생명의 위협과 굶주림에 처하게 되었을 때 급히 현장에 파견되어 구호 활동을 펼치는 것을 말한다. 지금껏 르완다 난민, 코소보 난민, 터어키, 인도 지진, 아프간정쟁, 이라크전쟁 등의 사태가 발생했을 때 긴급구호팀 파견과 함께 현지 단체와 협력하여 식량, 의약품, 생활용품, 옷 등을 보내준 바 있다.

(나) 국내사업

(ㄱ) 아동복지사업

전국에 지역아동센터를 운영하여 저소득 결손가정아동을 위해 단순한 급식비 지원뿐만이 아닌 이들의 정서문제, 학업문제, 건강문제, 가정의 경제적 지원 등 빈곤아동의 근본적인 문제를 해결하기 위해 전인적이고 통합적인 전문사회복지 프로그램을 시행하여 아동이 긍정적인 자아상을 형성하고 사회성을 개발하여 원만한 학교생활과 건전한 사회성원으로 자라가도록 돕는다.

(ㄴ) 노인복지사업

우리나라는 그동안 지속적인 생활수준 향상과 보건, 의료기술의 발달로 국민들의 연장과 함께 노인인구가 크게 늘어나고 있다.

그 결과 2000년에 7.1%를 넘어서 고령화 사회에 진입하고, 2022년에 14%를 넘어서 고령화 사회가 될 전망이다. 우리나라는 그간 높은 경제성장을 이룩하였음에도 불구하고, 경제발전에 헌신적인 기여를 해온 65세 이상 노인이 수입원의 대부분을 자녀에 의존하는 등 대다수 노인이 경제적으로 어려운 생활을 유지하고 있다. 65세 이상 노인의 대다수(약87%)가 당뇨, 관절통, 고혈압 등 만성퇴행성질환을 앓고 있고, 전체 노인의 약 3.5%가 일상생활을 위한 동작수행을 전혀 할 수 없으며, 치매, 중풍노인이 증가하고 있으나, 이들을 효율적으로 치료, 요양할 시설과 프로그램이 매우 부족한 실정이며 이로 인해 노인부양 가정에 경제적으로 큰 부담을 주고 있다. 이와 같은 섬기는 사람들에서는 노인복지사업을 활발하게 펼치고 있으며 지속적으로 프로그램을 개발하여, 경제적인 어려움과 가족의 해체로 인해 식사를 해결할 수 없는 무의탁 독거노인과 실직노숙자 식사를 제공하고, 반찬배달사업 및 말벗서비스를 제공하고 있다.

(ㄷ) 장애인복지사업

영세 장애인 시설의 주부식비를 지원하고, 빈곤 장애인 가정에 직접 반찬을 배달하고 있다.

중증장애인을 위한 목욕차량을 구입해서 이동목욕서비스를 제공한다.

경제적으로 형편이 어려운 비법인시설 혹은 법인이지만 예산의 부족으로 사업의 수행에 현저한 어려움이 있는 경우를 판단하여 지원함으로써 장애인 복지를 위한 시설의 사업집행과 운영을 돕는다.

(ㄹ) 긴급구호사업

천재지변이나 불의의 사고 및 갑작스런 질병으로 긴급한 지원이 요청되는 곳을 지원하여 긴급 상황에 대처한다.

(다) 북한사업

(ㄱ) 수자원개발 및 정수 소독사업

수자원개발사업은 제3세계에서 활동하고 있는 기아대책기구의 주력사업 중의 하나로써 소규모 댐, 관개수로 건설, 지하수개발(우물, 펌프설치), 위생 및 시설관리교육등의 형태로 케냐, 모잠비크, 에디오피아, 캄보디아 등 10여 개 국가에서 실시하고 있다. 현재까지 북한에 진행되어온 일반구호, 농업복구, 보건의료분야의 지원사업에서 만나게 되는 여러가지 한계중 하나가 북한의 열악한 수자원개발 상황이다. 그 예로, 병원 및 제약공장에서 수액제 및 액상 약제를 제조할 경우, 농장에서 농산품을 가공하여 생산하는 경우, 원료로 필요한 정수된 물이 반드시 필요한데, 기아대책은 제 3세계 개발사업의 경험을 바탕으로 북한에 수자원개발 및 정수, 소독사업을 전문적으로 진행한다.

(ㄴ) 시범농장 지원사업

북한 동포의 식량난이 정치 체제 모순에 주 원인이 있다고 보나 결과적으로는 농토의 지력이 심각하게 저하되어 만성적인 흉작이 매년 반복되고 있기 때문에, 해를 거듭하면서 식량난은 더욱 심각해지고 있다. 이 문제를 해결하기 위해 북한 국경에 가까운 연변 지역에 널려있는 풍부한 퇴비원료를 이용하여 유기질 비료를 생산하여 북한에 공급함으로써 북한 땅의 지력을 회복시켜 항구적인 식량난을 해결하는 데 초석이 되게 하였다. 생산방법은 퇴비 원료로 피트모스, 톱밥, 축분, 인분, 주정박, 살겨, 점질토, 미량요소와 규산석, 고토석회 등을 장비로 혼합, 미생물로 발효시켜 유기질 비료를 생산한다.

(ㄷ) 빵 공급지원사업

북한의 어린이들은 남한의 어린이들에 비해 키 차이가 현저하며 영양실조 및 각종 질병에 시달리고 있다. 이러한 상황이 장기간 지속됨에 따라 북한 어린이들의 정상적인 성장을 기대 할 수 없는 것이 사실이며 이에 대한 가장 직접적이고 현실적인 대안으로 북한의 아이들에게 생명의 빵을 직접 공급하게 되었다.

(ㄹ) 북한분유지원사업

5세 이하의 북한 어린이 중 45%가 만성적인 영양실조 상태이며, 400만명의 어린이들이 심각한 영양부족 상태에 있는 북한의 상황에서 아기들이 먹을 분유가 모자란다는 것은 정말 심각한 상황이 아닐 수 없다. 이 아이들에게 필요한 영양이 제대로 공급되지 않는다면 각종 영양소와 비타민 부족으로 폐렴, 간염, 소아마비 등의 질병으로 시달리게 될 것이기 때문이다. 이에 기아대책은 북한의 아이들의 성장에 꼭 필요한 분유를 지원하는 사업을 진행하고 있다.

(ㅁ) 인민병원건립사업

북한의 병원은 의료장비가 부족하고 의료기술이 낙후되어 있어 양질의 서비스 제공에 어려움이 있고, 신분이나 계급에 따라 이용할 수 있는 병원이 구분되어 있어 의료접근성에 문제가 되는 것이 현실이다. 특히 경제난 이후 의료기관의 기능이 저하되어 일반주민에 대한 치료가 제대로 이루어지지 못하고 있다. 이에 병원건설, 운영 사업을 추진함으로서 직접적인 의료지원을 통해 북한 동포들에게 실질적인 지원과 함께 지속적인 공동운영의 단계까지 격상된 남북의료협력의 장을 마련하였다.

(ㅂ) 수액공장지원사업

수액제란 우리가 흔히 말하는 링겔로 생명을 유지하기 위해 필요한 성분을 긴급하게 보급하는 것을 목적으로 한 멸균, 비발열성 용액을 말한다. 남한에서 수액제는 아주 흔하게, 저렴한 가격으로 유통되고 소비되지만, 북한에는 수액제를 생산할 수 있는 공장이 한 곳도 없는 실정이다. 이로 인해 대부분의 병원에서는 증류수에 여러 첨가

물을 넣고 소독해서 수액제를 만든다. 소독불량으로 인한 의료사고가 도리어 더 많이 일어나고 있고, 고무관조차 턱없이 부족한 상황이다. 이것은 만성영양실조로 고통 받는 북한의 어린이들을 더욱 힘겹게 한다. 왜냐하면 만성영양실조는 음식물을 소화시킬 수 없기 때문에 초기에 수액으로 영양분을 섭취해야 하고, 지속적인 영양수액을 공급 받으면 만성영양실조를 치료할 수 있는데 북한에서는 겨우 17.7%의 어린이만 수액을 공급받고, 이 수액 역시 조악하게 제조된 것이기 때문이다. 이 사업은 영양실조 상태에 놓여 있는 북한 동포들에게 기초 의약품을 공급하고, 제약 공장 설비와 의약품 원료를 지원함으로써 지원효과를 극대화하며, 일회성 사업이 아닌 중장기적 지원 사업으로써 전개하고 있다. 또한 본 사업을 매개로 각종 보건의료 사업도 함께 추진 한다.

5) 기아대책의 사역의 차별성

(1) 기아대책사역의 핵심으로서 VOC

기아대책사역의 핵심은 VOC 이다. 지역공동체가 가지고 있는 잠재력을 개발하므로 인간이 가진 기본적인 필요충족을 넘어 자립하고 발전시키며, 더 나아가 이웃을 사랑하고 성령의 열매를 드러내며 다른 사람을 섬기는 그리스도의 공동체가 성장하도록 하는 것을 VOC 즉 Vision of Community(우리가 섬기는 공동체의 비전)하는데 이것은 기아대책 사역의 핵심이다.

또한 공동체의 비전으로 섬기는 공동체가 문제를 스스로 해결하며, 하나님과 이웃을 향한 사랑을 통해 성령의 열매를 나타내고, 다른 사람을 섬길 줄 아는 그리스도인으로 성장하도록 돕는다.

따라서 VOC는 기아대책의 모든 사역이 궁극적으로 추구하는 목표이며 재인과 지역공동체 속에서 실현하기 원하는 비전이다.

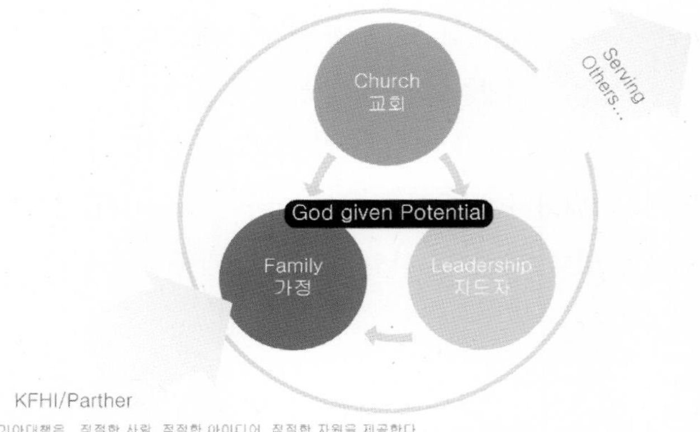

(2) 성경적 근거에 기반을 둔 사업

기아대책의 VOC는 다음과 같은 성경 말씀에 기반을 두고 사업을 수행한다.

① 교회, 지도자, 가정(마 16:16, 롬 13:1, 엡 5:22)

② 자립, 자조, 자생(창 1:22,28)

③ 발전, 성장(엡 4:17, 시 1:1-6)

④ 성령의 열매(갈 4:22-23)

⑤ 가난한 이웃 섬김 (약 1:27)따라서 기아대책의 최종 목표는 마 28:19-20의 예수그리스도의 지상명령을 성취하는 것이다.

“그러므로 너희는 가서 모든 족속으로 제자를 삼아 아버지와 아들과 성령의 이름으로 세례를 주고 내가 너희에게 분부한 모든 것을 가르쳐 지키게 하라.”는 명령의 성취이다.

(3) 떡과 사람을 함께 보내는 사역

보통 NGO들은 해외에 자금과 물자 즉 떡만을 보낸다. 그러나 기아대책은 떡만을 보내는 것이 아니라 훈련받고 소명 있는 그리고 헌신하기를 원하는 사람을 보내어 육적, 영적 굶주림을 진정으로 해결하는 기관이다. 기아대책은 5대 파송 선교 단체 안에 있을 만큼 해외 선교지와 선교사들을 적극적으로 돕고 복음을 통해 배고픔과 가난을 이겨낼 수 있는 믿음을 심어주는 일에 앞장선다.

‘한국국제기아대책기구’에 왜 ‘한국’이라는 말이 들어갔는지 살펴보면 대부분의 NGO들은 미국에 본부를 두고, 미국 교회가 이런 일들을 먼저 시작하고 한국에 그 지부를 두기 시작했다. 기아대책도 처음에는 미국의 지부역할을 했지만 그러나 협력은 하되 귀중한 헌금과 모금을 미국으로 보내지는 않는다. 기아대책의 헌금과 모금은 직접 선교지로 보내져 한국 선교사들의 사역을 돕고 한국교회의 선교에 함께 동역한다.

기아대책의 마크를 보면 ‘사람을 보내는 기아대책’이라고 되어 있는데, 여기서 말하는 ‘사람’이란 바로 기아봉사단을 말한다. 기아봉사단이란 선교지를 위한 헌신된 사람들로 목사 ,선교사, 일반 전문인선교사를 말한다. 기아대책은 바로 이런 헌신된 기아봉사단을 세계 가장 어려운 지역으로 보내 주님의 섬김을 실천하는 떡과 복음을 전하는 NGO라는 것이 다른 NGO 기관과의 차별화된 점이다. 땅끝까지 떡과 복음을 전하는 사명을 감담하기를 원하는 마음으로 사람을 보내는 기아대책, 사람을 가장 중요시하는 기아 대책은 70개국에 1000명가량의 기아봉사단을 보내고 있다

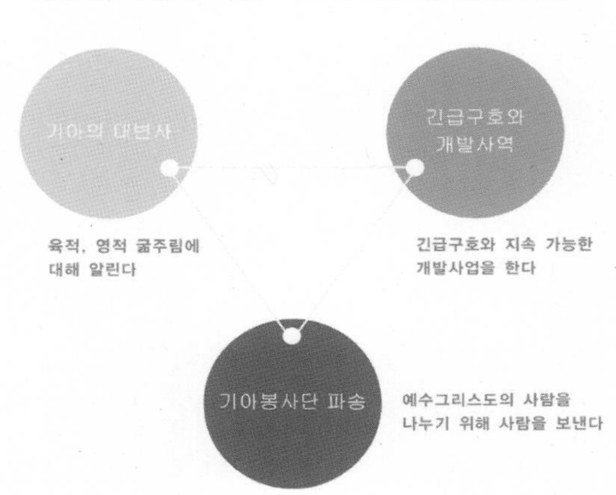

(4) 북한지원을 위한 독립법인 설립

1998년 국내와 북한을 보다 효과적으로 지원하기 위하여 사회복지법인인 '섬기는 사람들'을 설립했다. 또한 복음의 선교사역에 뜻이 있는 사람들을 훈련시켜 기아지역에 전문인 선교사인 기아봉사단을 파송 하는 선교 기관인 '국제개발원'과 함께 해외, 국내, 북한, 선교 사업들을 필요에 따라 협력하여 해 오고 있다.

사회복지서설 운영, 지원 사업, 긴급구호 등 여러 가지 업무를 수행하고 있지만 결손, 결식아동 사업에 중점을 두고 있다.

(5) 긴급구호와 장기적 지원을 수행

지난 2004년 12월 26일 인도네시아에 쓰나미 해일 발생으로 아시아 남부 전역에 걸쳐 30만 명의 사망자와 500만 명의 이재민 발생하여 20세기 들어 최대 규모의 사상자를 낸 쓰나미로 기록되었다. 이에 한국기아대책기구는 인도네시아, 태국,스리랑카 등 쓰나미 지역에 22억원 상당의 구호품 지원의 긴급구호를 시작으로 장기적으로 지원하고 있다.

긴급구호는 긴급구호요원과 의료진파견으로 의약품,의류,식수, 식료품을 지원하고 긴급한 부상자들과 감염된 병자들을 치료재난으로 인해 정신적 충격을 받은 어린이들을 위한 상담, 교육 프로그램을 진행한다.

장기적 지원으로는 수자원개발(우물개발)등으로 지하수를 개발하고 저수조를 설치하여 식수 및 생활용수를 공급하였다. 특히 수자원 개발 기술을 청년들에게 전수해 현지인들이 직접 수자원을 개발하도록 하여 깨끗한 식수를 공급하는데 이는 콜레라 등 수인성 전염병의 발병을 막고 주민들의 삶의 질을 높일 수 있다.

학교건축 및 교육사업 등으로 어린이와 청소년에게 컴퓨터, 영어교육 등을 실시해 장기적으로 지역사회의 지도자로 양성할 계획을 가지고 기숙사와 교육할 수 있는 강의 동으로 구성 된 학교건물을 지었다.

어린이교육 기회제공과 더불어 양성평등과 여성능력 고양, 모든 교육에 성별간의 차이를 제거하며, 개발을 위한 전 지구적 파트너 십 구축하여 개발도상국과 협력 해 청년층을 위한 적정하고도 생산적인 일자리 창출 전략의 개발 및 실행하여 15세부터 24세 인구 전체 실업

률을 낮출 수 있는 역할을 하고 있다.

(6) 생명존중사상에 입각한 사업

기아대책은 생명존중사상을 구현하고 있다. 대표적인 사업이 모기장지원사업이다. 아프리카는 말라리아 감염자 연간 3억 명이며,어린 아이들이 30초마다 한 명씩 말라리아로 사망한다. 이러한 말라리아의 피해는 사망률을 높이고 노동력의 상실을 가져오며. 즉 빈곤의 결과인 동시에 원인으로도 작용한다. 빈곤 국가들은 이로 인한 만성적 노동력 상실로 인해 빈곤상태를 벗어나지 못하고 빈곤은 다시 말라리아에 대한 취약성을 가져오는 악순환 반복하게 되어 이에 대한 해결책으로 약품 처리된 모기장 1장에 7달러(우리 돈 7,000원)를 사용하게 하였다.

하루에 1 달러 미만으로 생활하는 40%의 아프리카 사람들에겐 모기장은 구경조차 하기 힘든 물건이기 때문에 이 프로젝트가 시작된지 3~4년 동안에 말라리아 발병률 30%이상 감소했고, 죽음을 당연한 듯 받아들이던 사람들은 이제 적극적으로 질병을 퇴치시키려 노력하고 있다.

4. 결론

한국사회 및 인류사회의 변화에 따라 기독교 사회복지 NGO로서 기아대책의 과제는 많다. 새롭게 발생되는 여러 종류의 환경문제와 천재지변 뿐 아니라 가족의 기능 회복 및 가치 강화, 여성의 복지증진, 소외계층에 대한 체계적인 복지서비스 제공, 세계선교에서의 사회복지사업 확대, 통일한국에서의 북한동포를 위한 사회복지사업체계 구축 등 기아대책이 감당해야할 사명은 아직도 무궁무진하다.

오늘날 한국 기독교의 사회복지의 특성은 소극적이고 비 조직인 경향이 강하다. 이러한 현상은 본질적으로 교회의 사회봉사가 전도를 위한 목적 외에는 그 예산과 규모에 있어 무척 소극적으로 움직이기 때문이다. 이러한 이유 때문에 기독교 NGO가 효과적인 활동을 하기 위해서는 교회의 적극적인 관심과 지원을 필요로 한다.

또한 기독교 사회복지사업의 유형에 있어서도 어린이집이나 유치원 등이 대부분이다. 최근 고령화가 사회 이슈로 대두되면서 노인복지 프로그램이 많이 증가하여 기독교 사회복지영역에서도 노인을 위한 사업을 많이 하고 있는데 그 역시 노인대학이 주를 이루고 있다.

이와 같이 교회의 사업은 일시적 성격의 프로그램들이 대부분이며 어린이집이나 유치원 같이 전도효과와 수익을 동시에 올릴 수 있는 유료 프로그램의 비중이 크기 때문에 사회복지사업을 전문적으로 실시하고 있는 전문 기독교 NGO로서 기아대책은 이러한 교회의 한계를 극복할 수 있는 역할을 해야 할 것이다.

또한 교회는 체계적인 사회복지활동이 미흡한 편이다. 왜냐하면 교회가 개교회의 양적성장에 주요 목표를 두는 경우가 많기 때문에 사회복지사업에 체계적으로 개입할 수 있는 제도적, 조직적 장치가 부족하다.

이 외에도 교회와 연계되지 않은 NGO에게는 재정적인 후원을 하지 않아 세계의 긴급 재난발생시 각 교회마다 여러 기관과 단체를 통해 후원금 및 구호물품을 지원하기 때문에 이로 인한 경제적, 자원적인 손실도 무척 크다.

사람을 현지에 직접 보내는 기아대책은 세계 어느 곳도 하루 안에 갈 수 있도록 각 곳에서 기아봉사단이 헌신하고 있다. 따라서 어떤 재난과 어떤 상황에서도 구호물품과 후원금을 그대로 현지의 어려운 지역에 전달할 수 있다.

이에 기아대책은 교회와 다른 NGO간의 network를 형성함으로써 사회문제에 효과적으로 대처할 수 있는 체제를 구축하여야 하며 서로 정보와 자원을 교환함으로써 기독교 NGO로서의 선한 영향력을 확대하고 효과적인 사업을 추진할 수 있도록 하는 사명을 감당해야 할 것이다.

기아대책의 구호사업과 개발사업이 훈련된 기아봉사단을 직접 보내어 사역하기 때문에 다른 기관이나 단체보다 고효율, 저비용의 선교적 목표를 달성하는 데 있어서 뛰어나다. 하지만 무엇보다 중요한 것은 그런 사역을 담당하는 사람 즉 '사역자'(Worker or staff)인데, 사역자가 과연 영적으로 성장되어 있는지, 그리고 사역자가 자신의 사역을 감당할 수 있는 자질과 전문성을 가지고 있는지를 끊임없이 관리하는 노력도 그 어떤 프로그램보다 중요할 것이다.

사역자가 전문능력을 구비했다 해도, 하나님과의 관계가 바르지 않다면, 그가 수행하는 사역의 결과는 하나님의 목적과는 거리가 멀게 될 것이고 이것은 기독교 NGO의 사명과 역할에서 벗어나는 것이 되기 때문이다.

또한 기아대책의 사역이 교회나 다른 기독교 기관과의 협력 없이 독자적으로 이루어진다면, 그것 또한 비효율적일 뿐 아니라 여러 어려움을 가지게 된다.

기아대책 사역자들이 고통과 절망 속에 있는 사람들에게 말뿐 아니라 그들의 삶과 행동으로 예수그리스도를 증거하기위해서는 모든 기관과의 협력과 교류를 통해 '영적인 사역자'(Spiritual Formation of Staff), '교회와의 파트너십'(Partnership with Churches)을 통해 모든 사역의 현장에서 하나님의 사랑을 전하는 기관으로 든든히 세워져야 할 것이다.

참고문헌

1. 단행본
김광식(1998), 「한국 NGO: 시민사회단체, 21세기의 희망인가?」, 동명사.
김동춘 외(2000), 「NGO란 무엇인가」, 아르케, 아르케.
박상필(2003), 「NGO와 정부 그리고 정책」, 아르케,.
박상필(2005), 「NGO학: 자율-참여-연대의 동학」. 아르케
박재창(2002), 「정부와 NGO」. 법문사
조대엽(1998), 「한국의 사회운동과 NGO」, 아르케.

2. 인터넷 사이트
한국국제기아대책기구, 2011, http://www.kfhi.or.kr
월드비전 , 2011, http://www.worldvision.or.kr
Oxfam, 2011, http://www.oxfam.org
Save the Children, 2011, http://www.sc.or.kr/

칼빈 신학과 사회복지 사상

배경식[1]

요 약

칼빈은 일반적으로 그의 주 저서인 「기독교강요」를 통해 종교개혁의 기초를 제공한 한 사람이며 장로교의 교리를 제정한 저술가와 신학자로만 알려져 있다. 그러나 그의 삶의 여정을 살펴보면 철저한 인문주의자로서 신앙을 그의 삶 속에 실천한 목회자임을 알게 된다. 동시에 그는 파렐과 함께 제네바에서 추방을 당하면서까지 종교와 사회의 개혁을 단행할 때 교회를 중심으로 하는 교육과 설교를 통해 성경적인 사회복지의 일들을 실현하였다고 보여 진다.

본 논고를 통해 필자는 그의 생애와 사상을 간략하게 살펴 본 후 기독교강요와 그의 신학, 정치사상과 두 개의 정부 마지막으로 교회의 직임들과 봉사의 직을 논거하면서 한국교회와 연관시켜 몇 가지의 제안을 해 보려 한다.

주제어: 칼빈, 기독교강요, 종교개혁, 칼빈의 정치사상, 교회의 직임과 봉사의 사역

1. 생애와 사상[2]

칼빈은 1509년 프랑스의 노용(Noyon)에서 태어났다. 그의 원 이름은 장 칼뱅(Jean Calvin) 혹은 장 꼬뱅(Jean Cauvin)이라 불리었다. 노용시의 주교의 자녀들과 친하게 지냈으며 1521-23년 경 파리 유학을 같이 갔을 정도로 친분이 있었다.

1) 한일장신대학교 신학부 교수

2) 이글은 필자가 '한국사회복지 선교연구원'에서 출판된 「선교와 사회복지」(2004)에 게재한 논문을 필자가 수정 게재한 것임.

라 마르슈대학에서 라틴문법과 교양과정을 이수한 후 파리의 몽떼귀(de Montaigu)대학에서 신학예비과목을 오를레앙(orleans)대학에서 아버지의 권유에 의해 법학을 공부하였다. 그가 파리 대학교에서 보수적인 신학만을 공부했었다면 로마 카톨릭 교회의 한 성직자로 남아 있었을 것이나 오를레앙 대학에서 인문주의를 접함으로써[3](김재성, 2001:23) 로마 카톨릭 교회를 비판하고 종교개혁 운동을 전개할 계기가 마련되었다고 보여 진다.

1531년 아버지가 세상을 떠난 후 프랑소아 Ⅰ세가 1530년에 설립한 프랑스 대학(Collége de France)에서 희랍어와 히브리어 공부를 시작하였다. 1532년 「세네카 관용론 주석」(Commentary on Senecas Treatise De Clementia)이라는 책을 출판하였다(죤 칼빈 편집부, 1993:975).[4] 이 책은 당시 베스트셀러인 마키아벨리(Machiavelli)의 군주론(IL Principe)에 나타난 절대 군주의 사상을(마키아벨리,1982:29)[5] 공격한 복음주의적인 정치 윤리학의 저술이다. 이점에 있어서 그는 신학자이었을 뿐 아

3) 인문주의란 학문의 전반과 기독교신앙에서 근본이 되는 고전으로 되돌아가는 것(ad fontes, back to the sources)을 의미한다. 당대 최 정상의 석학이며 고전에 대한 정열적인 애호가는 에라스무스였다. 1503년에 그가 펴낸 책 전투하는 「크리스천의 교본」(Enchiridion)은 평신도들에게 가장 많은 영향을 끼친 책이다. 이 책에서는 평신도에 의해 교회가 개혁되어야 함을 주장하고 있으며 신자들 스스로가 성경읽기를 통한 하나님의 지식이 풍성해 지도록 강조하고 있다.

4) 「세네카의 관용론」은 네로황제의 가정교사이자 법률고문이었던 세네카가 네로황제에게 관용을 권면한 책이다. 칼빈도 이 주석에서 통치자가 관용으로 통치해야 함을 강조하고 있다. 세네카는 제후가 다가올 때 백성이 밝은 별을 향하듯이 달려 나아간다라고 했는데 우리 한국적인 표현으로는 버선발로 뛰어 나아간다라는 말과 같다. 칼빈이 가장 관심을 갖는 것은 전제정치와 무정부 상태에 대립하는 안전하고 질서 있는 자유이다. 통치자들은 자유의 수호자이다. 칼빈이 이 책을 출판한 동기는 첫째, 법학을 공부하는 동안 고전을 사랑하여 세네카의 세계관에 대한 동정심을 가졌으며 둘째, 학자로서의 자질을 기지고 있음을 보여 주었으며 셋째, 독창적인 판단력을 가진 인문주의자로서 인정받고 싶은 욕망이 있었을 것이라고 한다.

5) 마키아벨리, 군주론은 1532년 마키아벨리가 죽은 5년 후에 출간되어 1536년부터 250년간 천주교와 개신교로부터 악마의 책으로 규정되어 규탄과 탄핵을 받아왔다. 이 책에서는 정치의 세계는 윤리와 도덕의 세계와 다르다는 문제 의식이 제기 되었다. 정치의 세계에서는 오직 힘만이 결정적인 원인이 됨으로 목적 달성을 위해서는 수단과 방법을 가리지 말아야 한다는 내용이 상세히 기록되어있다. 정치에서는 「여우의 교활함과 사자의 폭력」을 아용해야 한다는 것이다. 오늘의 시대를 의식을 가지고 사는 분들은 한번 읽어 볼 만한 소책자 이다.

니라 교회의 정치가요 외교가 이었다(크리스토프 융엔, 1989:13). 이때를 전후로 하여 그에게는 점진적인 회심이 있었던 것 같다.

그는 이 책에서 성서적 가르침과 고전철학 전통을 동심원적 관계로 묘사함으로써 복음주의를 강조하면서도 인문주의를 부정하지 않는 이 둘을 종합하는 작업을 하였다. 칼빈 신학의 주제는 삼위일체 하나님의 창조와 구속임을 밝혔다.

첫째, 하나님은 교회 안에서 구속활동을 하심과 동시에 교회 밖에서 창조활동을 하신다는 것이다. 둘째, 영원한 성자는 성육신하신 그리스도안에 계심과 동시에 육체 밖에서 우주를 통치하시는 분이시다. 셋째, 성령은 특별 은총을 통해 신자들을 성화 시키시며 동시에 일반 은총을 통해 세상에 지혜를 주시는 분이시다. 이처럼 칼빈에게는 복음주의와 인문주의가 함께 존재하였다.

1533년 파리대학교의 콥 총장의 취임연설을 인문주의자 에라스무스와 종교개혁자 루터의 말을 인용하여 개혁적인 내용을 담아 써준 것에 연루되어 파리를 피신해야 했으며 1534년에는 성직록을 반환하였다.

1534년 마르쿠트(Antonie Marcourt)가 미사를 반대하는 조문들을 붙인 사건이 있은 후 프랑소아 Ⅰ세가 개신교도들을 핍박하기 시작하자 칼빈은 서둘러 복음주의의 진리를 설명하기 위해 프랑소아 Ⅰ세에게 헌정하는 글을 첨부하여 1536년 바젤에서 라틴어로 출판한 책이 된 「기독교강요」(Institutio religionis christianae) 제1판이다. 이 책의 본문은 조직이 단순하며 분량도 많지 않았다. 율법, 신앙, 기도, 참된 예전과 거짓 예전, 기독교의 자유 등이었다(이종기, 1976:289).[6]

칼빈은 하나님과 자신을 아는 것이 최고의 지식이라고 가르쳤다.

정확한 지식은 성경에서만 주어지는 데 성경을 읽는 신자의 마음속에서 역사하시는 성령의 증거는 하나님의 음성으로서 보증된다. 하나님의 뜻에 복종하는 것이 인생의 처음 가는 목표이다. 아담의 타락으로 인해 선과 선행의 능력을 상실한 인간은 완전한 선행을 할 수 없으며 그러므로 인간의 어떠한 행위도 자신의 구원을 이루는 공로가 될 수 없다. 전 인류는 형벌을 받을 수밖에 없다. 이러한 절망적인 상태에서 그리스도의 죽으심과 죄 값으로 말미암아 구원을 얻게 되는데 이일은 하나님의 사랑에 근거한 자유스러운 성령의 역사이다. 칼빈의 "행위로서는 아니지만 행위 없는 의롭다 하심을 받지 않았다"(We are juistified not without, and yet not by works)는 말은 칼빈의 독특한 표현으로서 신자로 하여금 삶 속에서 하나님 뜻을 성취하도록 하는 하나님의 동역자가 되게 하는 것이다(윌리스턴 워커, 1976:297).

이탈리아의 여행 후 제네바에 들렀을 때 그곳에서 종교개혁을 하던 파렐(Guillaume Farel, 1489-1565)을 만나게 되었다. 파렐은 「기독교강요」의 저자인 칼빈이 제네바에 왔다는 소식을 듣고서 칼빈을 찾아가 함께 개혁에 동참할 것을 권유 하였으나 그는 간청으로서는 목적을 달성 할 수 없음을 알고 드디어 저주하는 말을 하기 시작하였다.

"전능하신 하나님의 이름으로 내가 명하노니, 너는 너의 학문으로 핑계 대고 있는 것이다. 그러나 네가 만일 우리와 같이 하나님의 일을 하기를 거절한다면 하나님이 너를 저주하실 것이니, 이는 네가 그리스도를 위하지 않고 오직 너 자신만을 위해서 추구하고 있기 때문이다(김재성, 2001:208)."

---

6) 칼빈은 죽기까지 이 책을 손질하였다. 1539년, 1543년, 1550년 개정판과 프랑스 번역판, 1559년 최종판에서는 그 내용이 충실하게 정돈되고 분량이 증가하였다.

칼빈은 제네바에서 성서강해자와 설교자로 일을 하게 되었다. 파렐과 함께 베른(Bern)이나 보드(Vaud) 그리고 로잔(Lausanne)에까지 종교개혁을 확립하도록 하였다. 이들의 개혁 내용은 다음과 같다.

첫째, 성찬식을 매달 행하며 감독자들은 성찬에 합당치 않은 자들을 찾아내어 출교를 시킨다. 둘째, 교리문답을 만들어 아동교육을 시킨다. 셋째, 신조를 만들어 시민들에게 부과한다는 것이었다. 제네바의 소의회는 이들의 제안을 받아들여 수정 채택하였다. 그러나 이 일은 15328년 200인 의회에서 거센 반대에 직면하여 그해 4월 칼빈을 비롯한 제네바 목사들은 제네바에서 추방을 당하였다.

마티 부처(Martin Bucer, 1491-1551)의 초청으로 슈트라스부르크에서 프랑스 피난민 교회의 목회를 하였으며 1949년 「기독교강요」의 증보판과 「로마서 주석」을 출판하였다. 1541년 제네바와 베른과의 조약체결에 관한 내부 갈등이 생겨 다시 제네바에 오게 되었다.

칼빈은 제네바에 오자 「교회법령」을 작성하였다. 교회의 네 직임은 목사, 교사, 장로, 집사이며 장로는 소의회에서 12명을 선출하도록 하였으며 이들은 목사와 함께 당회(Consistoire)를 구성하였다. 당회에서는 권징의 문제를 취급하였으며 권고해도 회개하지 않으면 출교하고 죄가 무거우면 시 당국에 넘겨 처벌을 하였다. 칼빈은 제네바가 기독교 공동체의 모델이 되기를 원했다. 제네바에는 많은 프랑스의 난민들이 몰려왔으며 그 이외에도 이탈리아, 네덜란드, 영국, 스코틀랜드에서도 왔다.

칼빈의 개혁활동은 다시 도전을 받게 되었다. 개혁의 엄격성에 반대하는 자유주의자들과 외부인들의 영향력에 두려움을 갖던 본토인들의 도전이었다. 칼빈 신학에 대한 비판은 볼섹(Jerome Bolsec)에 의해 되었는데 "칼빈의 예정설은 하나님을 죄의 원인으로 만든다"라고 하는 것이었다.

1553년 칼빈의 반대파들이 선거에서 우세하였으나 "삼위일체론과 유아세례를 비판하는" 세르베투스 사건이 터져 그가 화형 당함으로써 자유주의 자들의 기가 꺾이게 되었다.

1554년 선거에서 칼빈파가 우세하여 네 명의 집정관이 모두 칼빈파가 되었다. 이후부터 칼빈의 개혁운동은 순조롭게 진행되었으며 제네바를 방문한 죤 낙스의 표현은 이를 반증해 준다. "여기에 사도시대이후 가장 완전한 그리스도의 학교가 있다. 나는 이곳보다 도덕과 신앙이 향상된 것을 발견하지 못했다."

제네바의 정치는 안정되었으나 그의 건강은 악화되었다. 그는 여러 가지 질병을 겪으면서 구술하여 저작활동을 하였다. 1564년 5월 27일 여러 사람이 지켜보는 가운데 세상을 떠났다. 그의 사상은 그의 저작들과 제네바 아카데미에서 교육을 받은 유학생들을 통해 전 유럽으로 확산되었다.

2. 기독교 강요와 그의 신학

1) 특성

신학자의 사상과 신학이 계속 변화하고 발전하는 경우와 시종일관 지속적인 경우가 있다. 전자는 어거스틴, 바르트 등이며 후자는 루터와 칼빈이다. 이러한 일관성 때문에 루터의 작품들과 칼빈의 기독교 강요는 계속 읽고 또 읽히면서 거의 5세기 동안 시대적으로 야기되는 신학적 토론에 활발한 반응을 보이고 있다.

루터나 칼빈의 작품들이 기독교를 거칠고 편협하게 묘사하여 그리스도의 복음을 왜곡시켰다는 비난을 받기도 하는가 하면 다른 한편으로는 성경진리의 독보적 해석이며 복음주의적 신앙의 보루로 격찬을 받으며 수 세대에 걸쳐 인류의 신앙과 행위에 지대한 영향을 끼치고 있다.

기독교 강요가 갖는 특성은 다음과 같다.

(1) 기독교강요가 갖는 의미는 우선 두 가지이다. 기독교 교리의 개요와 믿음의 형제들을 박해하는 프랑스왕 프랜시스 Ⅰ세 왕(1515-1547 재위)에게 바치는 자신의 신앙고백이자 탄원서이다. 개혁교회의 생존을 위한 투쟁이라고 볼 수 있다. 박해 당하는 성경적 신앙의 소유자들을 계속 변호하기 위해 칼빈은 이 책을 썼다. 강요(Institutio)라는 말은 훈련(discipline), 교훈(instruction), 교육(education)이라는 의미를 갖는다.

(2) 칼빈은 교부들의 저서들과 성서와 주석의 역사를 계속 읽음으로서 기독교강요를 보충하였다. 제 1판인 1536년 시작하여 제 2판인 1539년 그리고 제 3판인 1543년을 보면 어거스틴의 영향이 인류학과 교회론에 까지 미치는 것을 보게 된다. 존 크리소스톰의 영향은 제 2판부터 나오며 이 두 사람의 영향이 매우 크다.

1536년 판 본문은 6장을롤 구성된다. 루터의 교리문답(Luthers Catechismus) 주제들인 율법, 신조, 주님의 기도, 세례와 성만찬, 중세교회의 5가지 성례전, 기독교인의 자유 등이다. 제2판에서는 성경인용과 하나님 지식, 구약과 신약의 차이점, 예정과 섭리, 기도교인의 생활 등을 더 다루었다. 그는 이 책을 신학 지망생들에게 하나님의 말씀을 감독할 준비를 시키는 교과서로 보았다.

칼빈의 「기독교강요」는 네권의 책으로 나뉘어지며 일반적으로 사도신경의 순서를 따르고 있다. 즉 성부, 성자, 성령 그리고 거룩한 공회의 순서이다. 칼빈은 하나님을 창조주로, 구속주로 그리고 인간에게 영감을 주는 분으로 다루며 교회를 신적인 사회 -그것을 통해 그리고 그 안에서 하나님게서 인간과 더불어 역사하시는- 로 묘사한다. 이는 바르트의 교회 교의학에서도 동일하게 나타난다.

에밀 두메르그(E. Doumergue)는 칼빈이야 말로 말의 사람으로서 -하나님의 말과 인간의 말- 인간의 말이 하나님의 말씀에 의해 높임을 받도록 종교적 확신과 열정으로 살아간 실천적 종교개혁자라고 하였다(죤 T. 맥닐, 1990:147).

(3) 슈트라스부르크에서 가르침을 받은 마틴 부쳐(M. Bucer)의 영향력이다. 특별히 예정론으로서 기독교강요의 초판과 재판을 이어주는 디딤돌 역할을 한다. 그의 교리문답(1537-38)과 로마서주석(1539)에 확실하게 보여 진다.

(4) 슈트라스부르크에서의 프랑스인을 위한 소규모 회중목회기간(1528-1541)의 경험이 들어 있다. 여기에서 그는 교회의 본질과 훈련, 기독교적 경배와 찬송에 대한 실질적인 체험을 갖게 되었다.

(5) 제네바의 생활 그 자체이다. 제네바를 개혁하기 위해 가능한 모든 법적이며 행정적인 체계를 동원하여 교회, 법원, 학교의 심방 그리고 광범위한 서신교환 이 모든 활동이 기독교강요를 목회신학이 되게 한 것이다. 칼빈의 예정설과 삼위일체설을 비판한 볼섹(J. Bolsec), 캐롤리(Pierre Caroli)와 미카엘 세르베투스(M. Servetus,, 1511-1553)는 그의 신학의 깊이를 더해주었다. 이들의 사상은 자유스러웠으며 유아

세례를 부정하고 이단적인 사상을 가지고 있었다.

2) 자서전적 영적 일대기

그는 성경을 더 잘 이해하기 위해 기독교 강요를 기록했다. 그리고 성경의 참된 이해는 성령에 의한다고 말한다(1:7, 3:2). 구약의 인물들을 그는 전기(傳記)와 동일시함으로서 루터에게서도 보여 지듯이 성경해석에 경험적인 접근을 시도하였다. 기독교강요와 시편주석에 나오는 다윗을 본받아(Imitatio Davids)는 그 한 예이다. 그는 다윗으로 하여금 그의 영적 상태를 대변하게 하였다.

신약에서는 바울이 칼빈의 영혼 상태(Status animae)를 가장 잘 반영해 준다. 시편 주석의 서문(1555/7)에서 밝힌 대로 자신의 개종과 신앙적 성장에 대해 그는 로마서 1:18-25를 든다. 진실과 거짓의 대립 그리고 하나님과 자아에 대한 두 지식의 가정은 이 구절에서 유래 한다.

기독교강요는 경건의 책이다. 하나님을 하나님으로 영화롭게 하자는 한 인간의 진실한 노력이며 간절한 바램이기도 하다(3, 200, 43). "하나님께서 모든 민족을 지배하신다. 하나님은 왕이시다"가 그 주제이다. 프랜시스 1세에게 보내는 편지에도 이것을 언급한다.

그는 바젤의 피난처에서 소르본 대학의 가톨릭 신학부의 기독교신앙을 반대하였으며 자신을 급진적인 신앙을 가진 재 침례파로부터 분리하고 있다. 이 시대의 정치적, 교회적 위기를 변증하는 변증서이기도 한다. 그러나 칼빈은 일차적으로 성서 신학자이다. 철학, 논리학, 수사학 등 모든 조직에 필요한 것들은 이차적 도구들이다. 항상 칼빈의 사고 속에는 "구원의 역사"에 대한 간절함이 구구절절 흐르고 있다.

3) 구조

프랑스왕 프랜시스 I 세에게 드리는 헌사

(1) 기독교강요가 쓰여 진 배경

① 프랑스 민족의 독실한 신앙에 도움을 주려 함.

② 그릇된 소문으로 인한 복음주의자들에 대한 박해의 지적

③ 왕의 공정한 조사 요구

(2) 핍박받는 복음주의 자를 위한 탄원

① 복음 주의자: 가) 성서적 신앙 나) 영웅적 순교

② 가톨릭성직자들: 가) 성서적 신앙 경시 나) 미사, 연옥, 순례와 같은 하찮은 일 강조

(3) 복음주의적 교리에 반대하는 적대자들의 주장

① 복음주의적 교리를 새것, 갓 태어난 것, 의심스럽고 불확실 한 것이라고 함

② 참된 교리가 인간의 불경과 잘못으로 오랫동안 잊혀져 왔다.

③ 우리의 확신은 죽음의 공포와 심판을 두려워하지 않는다

④ 기적은 하나님의 영광을 위해 행해야 한다.

(4) 교부들이 개혁 교훈을 반대한다는 부당한 주장

① 가톨릭 성직자들은 교부들의 미덕 보다 단점이나 실수를 숭배한다.

② 성경의 증거 없는 제도, 교회법, 교리적 결정은 경솔한 짓이다.

가. 하나님은 금이나 은을 필요로 하시지 않음: 풍성한 의식.

나. 고기를 먹는 것과 금함: 사순절 금식.

다. 수도사들도 일을 해야 함: 게으름과 음란.

라. 그리스도나 성자들의 성상의 문제

마. 죽은 자의 안식: 죽은 자의 영원한 고독.

바. 빵과 포도주의 성찬예식 사용: 화체설.

사. 성직자 결혼: 독신 생활.

아. 하나님의 말씀: 사색적인 신학 논쟁.

제 1권: 창조주 하나님에 관한 지식(The Knowledge of God the Creator)

1) 하나님: 1-4장 하나님에 관한 참된 지식, 5장 거짓된 철학적 지식
2) 계시: 6-9장 성경의 계시와 성경 이외의 그릇된 계시
3) 경배의 대상으로서의 하나님: 10-12장 미신, 우상
4) 하나님: 13장 삼위일체에 관한 참된, 그릇된 견해(세르베투스)
5) 창조: 14장 천사와 사탄, 옳고 그릇된 견해
6) 인간의 지식: 15장-16장 영혼과 육체, 인간에 대한 진실 된 성경의 견해와 그릇된 철학적 견해.
7) 섭리: 16장 진실된 견해와 그릇된 견해 17장 교리의 적용 18장 불경한 자들의 심판과 하나님의 역사.

제 2권: 그리스도안에 계신 구속자로서의 하나님에 관한 지식 (The Knowledge of God the Redeemer in Christ)

1) 인간의 타락과 원죄
2) 율법과 복음
3) 중보자 그리스도
4) 선지자, 왕, 제사장으로서의 그리스도
5) 그리스도의 죽음, 부활, 승천

제 3권: 그리스도의 은혜를 받는 길 (The Way in which We receive the Grace of Christ)

1) 성령의 역사
2) 믿음
3) 회개
4) 기독교인의 삶
5) 믿음에 의한 칭의
6) 기독교인의 자유
7) 기도
8) 예정설
9) 최후의 부활

제 4권: 그리스도의 공동체로 초대하시는 하나님 (God invites us into the Society of Christ)

1) 교회의 본질과 조직: 진정한 교회는 경건한 자의 어머니이다
2) 교회의 회의와 권위
3) 교황의 제도
4) 성례와 세례
5) 성만찬
6) 국가통치

3. 칼빈의 정치사상과 두 개의 정부

칼빈의 정치사상은 개신교가 일찍 뿌리를 내린 국가들의 근대 민주주의의 발전에 큰 기여를 했다는 것이 일반적인 견해이다. 그의 정치사상은 「기독교 강요」 제 3권 19장과 제 4권 20장에 자세히 다루어져 있으며 이를 중심으로 그의 정치사상을 살펴보려 한다.

인간에게는 두개의 정부가 있다(duplex in homine regimen). 영적인 정부와 시민정부이다. 전자는 "경건함과 하나님을 경외하는 가운데에서 양심에게 알려지는 것이며, 후자는 정치적인 것으로서 사람들 사이에 유지되는 인간성과 시민 됨의 의무를 위해 교육을 받는 곳이다(죤 칼빈, 1993: 628)." 이 두 가지의 측면을 영적 및 세속적인 통치권이라 부른다.

칼빈이 여기에서 양심을 영적인 정부에서 인간의 표준으로 삼은 것은 양심을 하나님과 사람의 중간적인 것으로 이해했으며 바울이나

베드로도 양심을 이렇게 이해했다고 주장한다(양심의 증거, 롬 2:15-16, 선한 양심, 벧전 3:21). 의미상으로 볼 때 영적인 통치는 영적인 생활에 관한 것이요, 세속적 통치는 현실생활에 관한 것인데 먹고 입는 것 뿐 아니라 거룩하고 고결하고 절제 있는 사회생활을 하는 데 필요한 법률을 제정하는 것에 관한 통치이다.

두 세계에는 각기 다른 왕과 법률이 권위를 행사한다. 그러나 이 둘이 철저히 구별되어 분리되는 것이 아니다. 기독교인들이 하나님 앞에서 양심의 자유를 얻었다고 해서 외적인 통치인 인간사회의 법에 복종할 필요가 없는 것이 아니며 영적으로 자유스럽다고 해서 모든 육적 예속으로부터 해방된 것은 아니라는 것이다.

두 개의 정부 이론은 사상적으로 세네카에까지 거슬러 올라간다. 하나의 공화국은 법과 정치적인 시민국가이고 다른 하나는 이성적 존재들로 구성된 사회로서 도덕적, 종교적 사회라고 보았다. 칼빈은 이두개의 정부가 궁극적으로는 왕의 왕인 하나님께 속한다고 보았다. 이런 면에서 두개의 정부가 구분되지만 분리되지는 않는다고 보았다(이양호, 1997:241).

칼빈이 배격하는 시민정부 형태에 관한 두 가지의 다른 입장은 재세례파와 마키아벨리적 입장이다. 전자는 신앙과 양심의 자유를 절대시하며 자신들의 양심을 속박하는 어떠한 법적인 제도나 규정도 인정하지 않음으로써 하나님이 정하신 제도를 전복하려 하는 이상적인 세계관을 갖던 그룹이었으며 후자는 제후들에게 아첨하며 절대 권력을 만들어 감으로써 하나님의 통치와 대립시키려는 것을 말한다. 칼빈은 이 두 가지를 모두 해악으로 보았다. 그에게 있어서 영적 통치와 국가 통치는 모두 하나님께 속하며 서로 다른 사명이 있음을 말한다.[7]

영적 통치는 지상에 있는 우리 안에 하나님의 나라를 이미 시작하게 하며, 죽을 수밖에 없고 허무한 이 생명 속에서 영원히 썩지 않을 축복을 예지하도록 한다. 국가 통치의 우선적인 직무는 정의의 실현이다(롬 13:1-4). 정부의 공무원들은 하나님의 대리자요, 그의 뜻을 행하는 사람들이므로 그들의 양심이 하나님의 말씀의 원리로 인도되어야 한다(H.헨레미터, 2000:125). 국가통치의 목적은 하나님께 향한 외적인 예배를 보호하며 교회의 경건한 교리와 지위를 보호하며 우리의 생활을 사회에 적응시키며 우리의 행위를 사회 정의와 일치하도록 하며 우리가 서로 화해하여 전체적인 평화와 평온을 증진시키는 것이다(죤 칼빈, 1993:961).

칼빈에게서 남는 하나의 물음은 칼빈이 제네바에서 신정정치(theocracy)를 했느냐 라는 것이다. 이 말이 성직자 통치(hierocracy)나 성서적 통치(Bibliocracy)와 같은 의미로 사용되었다면 칼빈의 신정정치는 불가능했다. 그 이유로는 칼빈이 제네바에서 관리와 성직자를 구분했으며 그가 말한 것은 각 민족에게 그 민족에게 유익되는 법률을 만들 자유를 인정하고 있기 때문이다. 1535년 독일 뮨스터를 장악하고 구약의 제도를 모방한 신정사회를 건설하려던 재세례파의 참사를 경험한 칼빈은 구약의 사법적 규정을 그대로 적용하려던 시도를 받아들일 수 없었다.

칼빈의 통치는 그리스도 통치(Christocracy)이다. 육체 안에 있는 그리스도가 구원을 위해 십자가에 못 박힌다면 육체 밖에 있는 그리스도는 온 세계를 다스리고 있다는 것이다. 그리스도를 통한 하나님의

7) 칼빈의 기독교강요 제4권 20장을 보라.

구속활동과 창조활동을 말한다.

칼빈의 정치적 이상은 성직자가 직접 정치를 하는 것은 아니었다. 설교와 교육을 통해 훌륭한 정치가를 길러 내어 그들을 통해 하나님의 뜻에 따른 훌륭한 사회를 건설하려는 것이었다. 그리고 이사회는 성서의 사법적 규정을 맹목적으로 따르는 것이 아니라 일반은총에 속하는 지성과 양심에 의한 사회였다.

4. 교회의 직임들과 봉사의 사역

칼빈은 엡 4:11과 롬 12:7-8을 근거로 하여 교회 안에 여러 가지의 직분이 있음을 말한다.

사도, 선지자, 복음전하는 자, 목사 그리고 교사이다. 이 가운데 끝의 둘만이 교회 내의 정상적인 직분이고 처음 셋은 필요에 따라 부활시키신 특별직 이다.

사도들은 교회의 창설자로서 "온 천하에 다니며 만민에게 복음을 전파하라"(막 16:15)는 주님의 명령을 받은 사람들이다. 이들은 온 세계에 다니면서 복음을 전파하여 하나님 나라를 세우는 사람들이다. 선지자는 어떤 특별한 계시의 은사에 있어서 뛰어난 사람들이었다. 이런 사람들은 오늘날에는 거의 없다. 복음전하는 자는 전도자로서 사도들보다는 직분이 낮으나 그들 다음으로 활동한 사람들이다. 누가, 디모데, 디도 등과 같은 전도자들로서 70인의 제자들도 전도인들이었다(눅 10:1).

목사와 교사는 이들이 없이는 교회가 유지될 수 없다. 교사들은 성경 해석하는 일을 전담하였다. 그 이외에 제자 훈련이나 성례집행이나 경고와 권면을 하는 일은 목사가 전담하였다. 전도자와 사도를 함께 보면 서로 상응하는 두 쌍을 보게 된다. 교사들은 선지자에 그리고 목사는 사도에 해당한다.

선지자의 직분은 그 탁월한 계시의 은사 때문에 두드러졌으며 교사의 직분도 성격이나 목적에 있어서 비슷하다. 사도들은 특별한 소식을 전하는 사람들로서 이들의 사명을 알리는 것이 중요하였다. 목사들은 맡겨진 교회를 다스린다는 것을 제외하고는 사도들과 같다.

하나님께서 그 교회를 다스리시기 위하여 교회에 직제를 두셨다. 이 권위는 오직 그의 말씀에 의해 행사되어져야 한다. 그들의 입을 통하여 자신의 사역을 이루시려하신다. 이는 마치 노동자가 연장을 사용하는 것과 같다.

물론 하나님께서는 아무의 도움이 없이 친히 일하실 수도 있고 천사들을 시켜서 일하실 수 도 있다. 그러나 사람을 통해 일하시기를 원하신다.

바울은 인간의 사역은 신자들을 묶어서 한 몸을 이루게 하는 힘줄과 같다고 한다. 인간의 사역이 하나님께서 교회를 다스리시기 위해 사용하시는 중요한 힘이 된다. 교회의 구원을 이루기 위해 교회를 안전하게 유지하기만 하면 교회가 온전히 지켜질 수 있다.

1) 사도들과 목사들

주께서 사도들을 파송하실 때 복음을 선포하고 성례전을 집행하라고 하셨다(마 28:19). 바울은 목사에 대하여 "그리스도의 일꾼, 비밀을 맡은 자"(고전 4:1)라고 한다. 감독에 대하여는 바른 교훈으로 권면하고 거스리는 자를 책망한다(딛 1:9)라고 하고 있다. 목사의 직은 복음을 전하고 성례를 집행하는 특수한 기능이 있다. 교회를 다스리고 돌보는 일을 위해 목사가 세워지며 목사는 하나님의 소명에 의해 부름을 받는다.

2) 장로와 감독

가르치며 다스리는 사람들을 말한다. 장로(πρεσβυτεριον)는 감독, 장로, 목사, 사역자라고 불리 우기도 한다. 칼빈은 딛1:5와 1:7, 행 20:17과 20:28을 근거로 하여 감독과 장로는 같은 직책임을 주장한다. 다스리는 사람들은 신자들 사이에서 선택된 장로들이었으며(고전 12:2) 각 도시에서 장로들이 자기들 가운데 한 사람을 뽑아 감독이라 불렀다. 이는 계급이 같은 사람들 사이에서 일어나는 불화를 막기 위함이었다.[8] 장로들은 감독들과 함께 도덕적인 견책과 권징을 행하는 일들을 맡았다. 그러므로 "다스리는 자는 부지런함으로 할 것"(롬 12:8)을 말한다. 처음부터 각 교회에는 경건하고 위엄 있고 성결한 사람들 가운데에서 선택된 장로회가 있어서 과오를 시정하는 재판권을 가지고 있었다. 이 직분은 한 시대에 국한된 것이 아니라 모든 시대에 필요하다.

감독과 장로들은 말씀 선포와 성례전 집행에 전력을 다했다. 장로가 설교를 해서는 안 된다고 결정된 것은 아리우스의 논쟁이 있은 후 알렉산드리아에서이었다. 하나님의 백성들에게 말씀을 먹이고 건전

---

8) 기독교강요 감독의 지위 참조.

한 교리로 교회를 세우는 것은 감독의 일차적인 의무라고 하는 것이 교회에서 오래 지속된 원칙이다.

3) 집사

가난한 자를 보살피는 일이 집사에게 맡겨졌다. 구제하는 일과 긍휼을 베푸는 일을 했다(롬 12:8). 이를 볼 때 집사에는 두 종류가 있다. 교회의 구제 사업을 관리하는 집사들과 직접 빈민을 돌보는 집사들이다. 집사라는 말에서 나온 기독교사회봉사(διακονια)는 더 넓은 뜻을 가지지만 성경에서 집사라고 명명되는 사람들은 구제 물자를 분배하며 가난한 자들을 돌보고 빈민 구제금을 관리하는 일을 교회로부터 맡은 사람들이다.

누가 이들의 기원과 임명 그리고 직분에 대하여 사도행전에 기록하였다(행 6:3). 헬라파 유대인 과부들이 매일 구제에서 제외된다는 소식을 듣고 사도들은 말씀 전하는 일에 전무하기 위해 정직한 사람 일곱 명을 택하여 이일을 맡기라고 신자들에게 부탁을 하였다. 칼빈은 이런 종류의 집사들이 사도들의 교회에 있었고 우리도 본 받는 것이 마땅하다고 주장한다. 칼빈이 일하던 제네바는 두 종류의 집사들이 있었다고 한다. 구제품을 분배하는 집사와 병자들을 돌보는 집사들이었다(죤 칼빈, 1993:11).

5. 새로운 교회관 건립과 제안들

1) 대 사회적인 교회

사회학적인 측면에서 사회는 정치와 경제 그리고 종교로 구분되어 각기 그 기능을 다 할 때 건전한 사회라고 할 수 있다. 정치는 국민의 평화와 안전의 문제를 전담하는 것이 주요 사안이다. 공권력을 사용하여 기업이 독점하지 못 하도록 하며 국민들의 경제생활에서 빈부의 격차를 조절하는 것이 그 주요과제이다. 동시에 국민의 재산과 권리를 지켜야 할 의무가 주어진다. 여러 가지의 법들을 만들어 시행하는 것은 정치가 해야 할 일이다. 경제 분야에서는 생산과 이윤을 추구하며 부를 축적하여 국가가 부강해질 수 있도록 국민의 총생산액(GNP)을 높여야 한다. 종교는 가치와 윤리의 문제를 조절하는 기능을 갖는다. 종교는 정치가 독재로 가지 못하도록 비판하는 기능을 가지며 경제가 인간의 삶 자체를 지배하지 못하도록 견제하는 일을 해야 한다. 이 세 조직이 기능을 다 할 때 상호 유기적이고 건강한 사회가 형성되어 간다.

경제가 정경유착이라는 먹이 사슬을 통해 정치에 간섭을 한다든지 정치가 국민으로부터 주어진 공권력을 남용하거나 제대로 행사하지 못함으로 인하여 독재적으로 변형된다거나 무능한 정부가 된다면 국민의 주권이 짓밟혀 지고 흐려지는 것은 명약관하한 일이다. 특히 종교가 이윤을 추구한다거나 부와 권력을 축적하는 곳이 된다면 교회 구성원들의 신앙의 문제는 전혀 다루어지지 못하고 세속적인 단체로 전락할 수밖에 없다. 교회가 교인들의 신앙적 문제와 삶을 전담하는 기관이 될 때 사회로부터 주어지는 성스러움을 스스로 유지할 수 있을 것이다. 이렇게 정치와 경제는 인간의 외적인 면을 지배하며 종교는 인간의 내적인 면을 지키는 것이 라고 말 할 수 있다. 이런 면에서 한국의 교회는 종교적인 기능을 기본으로 하는 개 교회의 NGO, NPO 그리고 제3섹터화가 절대적으로 필요하다.

한국은 전체 인구의 25%가 기독교인이라고 한다. 인구 네 명중 한 명이 기독교인이라는 말이다. 그럼에도 불구하고 교회가 교회로서의 사명을 다하지 못하는 것은 우선 목회자들의 좁은 신학적 견해라고 말을 할 수 있다. 목회의 사명을 개인의 영혼구원과 교회 부흥에만 치중하며 대 사회적인 것은 구호정도로 생각하는 것이 문제이다. 이는 과거의 하나님-교회 -세계라는 교회의 선교라는 틀에서 벗어나지 못하고 있는 신학적 입장을 갖고 있기 때문이다.

하나님은 이 세상을 사랑하셔서 이 땅에 독생자를 보내셨으며 그를 통해 구원을 이루기 원하신다. 그리고 이일을 계속하시기 위해 교회를 세우셨다. 하나님께서 선교의 주체가 되는 하나님의 선교(Missio Dei)를 한국의 교회들이 받아 들여 선교의 틀을 삼음으로써 이 세대를 위한 교회의 교회다움을 회복할 수 있다.

이를 통해 알 수 있는 것은 기독교적인 즉 기독교를 상징하는 것이 교회 안의 울타리에만 머물러 있는 것이 아니라 교회를 뛰어 넘어 사회와 연관되어 사회에 지대한 영향을 미치면서 기독교적인 문화가 형성되어야 한다. 칼빈에게서의 교회는 정치, 경제, 사회 등의 여러 분야에서 서로 분리되지 않고 상호 긴밀한 관계에 있었다는 것을 인지해야 할 것이다. 한국 교회는 교회가 있는 자리에서 더 지역 사회에 영향을 미치지 못하고 어떤 부분에서는 역으로 사회의 영향을 받아 가고 있다는 점이 우리 한국 교회가 반성해야 될 것들이다. 이것이 칼빈의 교회와 한국 교회의 일반적이면서도 근본적인 차이가 아닌 가라는 생각을 하게 된다.

교회도 사회의 한 조직체로서 교회가 처한 사회와 국가에 영향력을 발휘할 수 있다. 종교와 정치와 경제 이 세 가지가 긴밀한 연관 관계를 가지고 있을 때 그 사회는 건전한 사회가 될 것이다. 교회가 정치와 경제가 하는 일에 협조하고 정신적으로 도움을 주며 경제와 정치는 종교를 보호하고 가르침을 받는 가운데에서 그 기능을 잘 발휘한다는 것이다. 이것이 칼빈의 정신이다. 이렇게 됨으로써 교회와 사회가 분리되는 괴리현상을 방지하고 열려진 교회로서 이상적인 교회상을 이 사회에 보여 주며 교회는 영적인 지도력을 발휘 할 수 있을 것이다.

2) 제안들

기독교 사회봉사는 지금까지의 교회가 해오던 구호사업의 일들에만 한정되는 것은 아니다. 기독교 사회봉사의 장은 신학적으로 볼 때에 훨씬 더 많은 다양한 분야의 일을 해야 된다.

(1) 기독교 사회봉사를 전문화시키기 위한 신학교육의 개편이 요구된다. 기독교 사회봉사자는 모든 기독교인의 제자직에 포함되는 것으로서 개인적인 기독교 삶에 있어서 “나는 기독교 사회봉사자이라”라는 의식을 가져야한다. 전문적인 기독교 사회봉사자로서의 직업을 가지라는 것은 아니며 자신들의 삶 속에서 예수님의 제자로 사회봉사를 한다는 말이다. 세상의 빛과 소금의 역할을 하는 것(마 5:13-16)이

라고 할 수 있다.

교회공동체 안에서 다른 사람에게 도움이 되도록 하는 모든 것이 사회봉사이다. 교회의 교역자들이 생각해야 할 것은 기독교인이 된다는 것은 기도만 하는 것이나 설교 말씀만을 듣는 것이 아니라 예수의 제자로써 도움을 필요로 하는 사람들을 섬기는 것이다. 교회는 사회봉사의 설교나 강연 등을 통해 교인들로 하여금 이일을 하도록 해야 한다. 이러한 일들을 통해 기독교 사회봉사자들이 일을 할 수 있도록 의식을 갖게 하고 경제적으로도 도와주어야 한다. 한국 교회는 남녀전도회를 통해서 고아원이나 병원, 사회복지 기관, 시설, 개척교회, 선교지를 정기적으로 방문하는 일들을 해야 한다.

(2) 교회와 신앙공동체 안에 있는 전문직업과 자신이 가지고 있는 작은 달란트의 사회봉사화 이다. 우리가 살고 있는 세상에는 많은 직업 가운데 다른 사람을 도와주는 전문직업들이 있다. 예를 들면 교사, 간호사, 간병인, 사회사업가, 의사, 변호사 등등이다. 이분들이 자신들의 직업을 가지고 사회봉사의 일을 매우 잘 할 수 있을 것이다. 교회 안에 이러한 직업을 가진 사람들이 있다면 서로 모여 이 직업을 가지고 기독교 사회봉사의 일을 어떻게 할 수 있을까 의논하면서 봉사의 일을 전문적으로 할 수 있을 것이다.

어느 노 목사님이 아프리카의 봉사활동에 참여하여서 어린아이들의 손톱과 발톱을 깎아 주었다는 이야기는 시사하는 바가 크다.

(3) 교회 속에 있는 지도급의 장로와 집사, 권사 등 제직들이 하는 봉사이다. 목회의 일은 넓은 의미에서 보면 기독교사회봉사의 일들이다. 목회자가 어느 가정을 심방했을 때 예배를 드리면서 사죄의 확신과 구원의 선포를 말하는 것도 중요하지만 예수님처럼 그 가정에 다

른 문제는 없는지 살펴보는 것도 필요하다. 그러므로 목회자와 심방 전도사들 그리고 전도부인이 해야 할 일은 사회봉사의 일들을 하는 것이 필요하다. 목회자는 교회 속에 있는 제직들이 봉사를 할 수 있도록 권고하며 동기를 부여하고 봉사의 기회를 주어야 한다. 이는 성경적인 근거를 가지며 칼빈은 이를 체계화하고 조직화 한 것을 보게 된다.

(4) 교회가 전문적인 사회복지사를 양성하여 병원이나 지체부자유자 그리고 청소년을 위한 복지 사역을 감당해야 한다. 많은 교회들이 노인 선교원이나 지체 부자유자들을 위한 시설을 운영한다.

한일장신대학교의 김삼수 전도사[9]가 운영하는 완주 화산의 사랑의 집은 160여명의 지체 부자유자와 독거노인을 모신 기독교 신앙공동체를 만들어 운영하고 있으며 전국 규모단위의 청소년 집회를 유치하여 영적인 집회를 할 뿐 아니라 영농법인을 만들어 그 지역의 특산물인 감을 주 원료로 하는 감식초와 생식 등 자립을 위한 기반을 만들어 가고 있다. 사랑의 집을 케냐에 건립하는 일도 추진하고 있다.

얼마 전에 방문한 일본의 아가페 신체장애자 센터에서는 장애인들이 자립을 하도록 아파트형 기숙사와 공장을 만들어 놓고 기업체의 전기 부속제품을 만드는 단순노동을 하고 있었다.

어느 경우에는 목회자가 사회복지사의 자격을 가지고 일을 하시는 것도 필요하다. 교회의 교인들이 이일에 동참하여 자원봉사의 일을 하도록 교육을 시키며 일을 하도록 해준다. 이런 일들을 많이 함으로

---

9) 김삼수 전도사는 우체국 집배원출신으로 가난이 무엇인지를 아는 사람이다. 자신과 가족들의 모든 재원을 사회복지 일에 투자하여 지금은 200 여명의 식구들을 거느리고 있다. 지금도 국가의 지원을 거부하고 있으며 사회복지 법인의 설립 정신이 매우 좋다. 작은샘골 사랑의 집은 전북 완주군 화산면에 소재하며 전화는 063-261-7181 이다.

써 한국 교회가 사회봉사의 일을 제대로 감당 할 수 있다.

(5) 세계교회와 연관을 갖는 교회 연합적인 사회봉사이다. 세계는 곳곳에 굶주림과 기아, 홍수, 지체 부자유자와 여성학대, 환경파괴 등등의 문제들로 인해 어려움 속에 있다. 기독교인으로서 세계적인 문제를 우리의 문제로 보며, 책임의식을 갖는 것이 필요하다. 한국교회는 많은 선교사들을 전 세계에 보내고 있다. 이러한 선교의 일이 사회봉사와 함께 이루어진다면 한국교회는 세계적인 영향력을 끼칠 것이다. 한국교회는 세계 선교회를 통해 아프리카와 동남아시아 등의 국가들을 위해 많은 일을 하고 있다. 선교가 이러한 다양한 사회복지의 일과 연관되어 행해 져야 한다.

한국교회는 기독교 사회봉사의 좋은 전통을 가진 교회이다. 그러므로 사회봉사를 더욱 발전 시켜 한국교회가 사회봉사의 교회가 되어야 한다. 많은 교역자를 갖는 한국 교회는 교회 안에 한 두 분 정도의 사회복지를 전문한 사람이 있어서 사회봉사가 이루어지도록 하는 것이 효율적이다.

참고로 독일 교회는 교회 안에 서 너명의 간호사와 사회사업을 하는 사람들로 구성된 "사회봉사 부서"(Sozialestation)를 만들어 상주시킨다. 교구내의 사람들이 도움을 필요로 하면 간단한 진료와 간호, 상담, 청소, 식사준비, 수발 등을 해준다. 여기에 드는 경비는 일부는 본인이 부담하며 보험에서도 지불된다. 사회봉사 부서가 있는 교회 안에는 간단한 응급 진료실과 물리 치료실과 목욕실도 갖추어져 있다. 이것은 독일 교회를 사회봉사의 교회로 전환시키는 것이기도 하다.

미래의 한국 교회 역시 예배가 중심이 되던 현재의 교회를 사회봉사의 교회로 전환시키는 것이 필요하다. 미래의 한국 교회는 신앙적인 것에 기초를 둔 교회로서 인권과 평화, 통일, 환경, 여성, 노동, 도시와 농촌 지역의 문제들을 전문적으로 해결하는 교회가 될 때 그 사명을 다 할 것이라고 보여 진다. 이러한 역량을 가지고 있을 때 한국의 교회는 자연스럽게 남북의 평화통일의 문제에 참여하게 되며 그 일을 주도적으로 해 낼 수 있을 것이다. 이러한 교회의 참 모습을 우리는 칼빈에게서 발견하게 되며 이 일을 실천하는 것이 한국교회의 과제이기도 하다.

참고문헌

강근호외 공역, 1976, 「세계기독교교회사」, 윌리스턴 워커,서울: 대한기독교서회.

김영익, 이승미역, 1989, 「칼빈이 말하는 그리스도의 사회참여」, 크리스토프 융엔, 서울: 실로암.

김재성, 2001, 「칼빈의 삶과 종교개혁」, 서울: 이레서원.

김진홍, 박윤선역, 2000, 「칼빈주의 기본사상」 ,H. 헨레미터 서울: 개혁주의신행협회.

마키아벨리, 1982, 「군주론」, 세계사상대전집, 서울: 대양서적.

양낙홍, 전성구역, 1990, 죤 T. 맥 닐, 「칼빈주의 역사와 성격」, 서울: 크리스챤다이제스트.

이양호, 1997, 「칼빈, 생애와 사상」, 서울: 한국신학연구소.

이종기, 1976, "교회사", 「신학총서 7」, 서울: 세종문화사.

편집부역, 1993, 죤 칼빈, 「영한 기독교 강요 제3권」, 서울: 성문출판사.

편집부역, 1993, 죤 칼빈, 「영한 기독교 강요 제4권」, 서울: 성문출판사.

Krankenhausseelsorge und diakonische Praxis in Deutschland[1]

Antonia von Bose[2]

Ich freue mich, Ihnen heute ueber die Arbeit in der Krankenhausseelsorge berichten zu können.

Ich war 11 Jahre lang Krankenhauspfarrerin in der Frauenklinik und Neonato-

logie Neonatologie der Un iversitaet Tuebingen. Nur dort, nicht zugleich in einer. Nur dort, nicht zugleich in einer Gemeinde!

Das ist etwas Besonderes in unserer Kirche: sie hat Personalstellen eingerichtet für Seelsorge-Aufgaben auß erhalb der Kirchengemeinden: in den Kranken-haeusern, in den Altersheimen, in den Gefaengnissen und in der Industrie.

Die Pfarrer und Pfarrerinnen, die solche Sonderpfarrstellen inne haben, muessen eine spezielle Seelsorgeausbildung absolviert haben. Denn die Herausforde-rungen sind ganz besondere und nicht zu vergleichen mit der Arbeit eines Gemeindepfarrers.

---

1) 2011년 한국기독교사회복지학회 추계 학술대회 발표논문을 소개한 것임.

2) 튜빙엔 대학병원 목회상담자, 목사.

Ich moechte Ihnen nun die Arbeit der Klinikseelsorge in Grundzuegen vorstellen. Dazu habe ich als Grundlage unser "Leitbild" gewaehlt.

In diesem Leitbild stellt die Klinikseelsorge ihre Arbeit nach außen dar. Denn: wer weiß schon, was wir eigentlich tun?! Wenn ein Seelsorger ein Kranken-zimmer betritt–dann toben viele Vorurteile gegen uns Pfarrer in den Koepfen mancher Menschen! Die meisten denken: "Was will der hier?! Wirklich helfen und heilen–das tun doch Krankenschwestern und Aerzte! Ein Pfarrer oder eine Pfarrerin kann vielleicht ein paar Trostpflaster kleben, mehr aber auch nicht!"

Auch unserer eigenen Kirche gegenüber war es notwendig, zu zeigen, was wir eigentlich tun und wo unsere Kompetenzen liegen. Die Kirchenleitungen mues-sen immer sparen–da wollen sie gern zuallererst einige von den Sonderpfarr-stellen streichen.

Und: inzwischen gibt es bei uns in Deutschland keinen Betrieb und keine Einrichtung, die nicht im Zusammenhang mit dem Qualitaetsmanagement ein Leitbild formuliert hat!

Mit dem Leitbild haben wir also unsere Arbeit transparent gemacht.

Mit dem Leitbild koennen wir unsere Ansprueche an unsere Arbeit zeigen und ihre Qualitaet messen lassen.

Mit dem Leitbild haben wir uns selbst eine Richtschnur fuer unsere Arbeit gegeben, an der wir uns orientieren.

Im Folgenden werde ich anhand von drei Abschnitten aus unserem Leitbild die Arbeit der Krankenhausseelorge darstellen und ein wenig vom Klinikalltag hinzufuegen, wie ich ihn erlebt habe:

1. Krankenhausseelsorge ist ein Angebot der Kirche fuer alle Patienten und Patientinnen, Angeh rige und Mitarbeiter/-innen im Krankenhaus.

Hier beginnt schon die Besonderheit der seelsorglichen Arbeit im Krankenhaus: wir verstehen uns als Seelsorger/-innen fuer alleMenschen! Das heißt aber leider nicht, dass auch das Krankenhaus uns so sieht. Aerzte, Krankenschwestern, Verwaltungsmitarbeiter, Hausmeister, Hauswirtschaft-alle denken wie selbstverständlich: die Seelsorger sind fuer die Patienten da. Das sind wir ja auch, Patientinnen und Patienten haben immer Vorrang. Darin folgen wir dem Auftrag Jesu Christi (Mt.25: " Ich war krank und ihr habt mich besucht...") . Aber in einem Krankenhaus sind nicht nur die Patienten krank! Da ist Ueberlastung bei den Schwestern, da ist Uebermuedung bei den Aerzten. Ein Hoersturz oder Burn-out bei einer leitenden Angestellten, ein Zusammenbruch einer Hebamme nach dem Tod eines Saeuglings. In einem Krankenhaus, in dem Hochleistungsmedizin betrieben wird, wird alle Kraft aus den Mitarbeitern herausgepresst! Sie muessen arbeiten bis zur Erschoepfung und sollen dann auch noch immer freundlich zu den Patientinnen und Patienten sein.

Deshalb gehört es zur Arbeit der Krankenhausseelsorgerin, sehr aufmerksam zu sein fuer alles, was sieim Stations zimmer hoert und sieht. Sie fragt nach den Patienten undn immtzugleich wahr, wie abgekaempft die Krankenschwester ist, die ihr ueber die Patienten berichtet. Manchmal ist es schon entlastend, wenn sie zeigt: Ich sehe, wie erschoepft du bist. Hoffentlich darfst du heute pünktlich gehen. Hoffentlich hat schon jemand gekocht, wenn du nach Hause kommst.“

Manchmal liegt schon darin großer Trost, dass jemand die Anspannung in Ruhe ansieht, und sich genug Zeit nimmt, das auch zu sagen.

Mit der Zeit waechst Vertrauen zur Krankenhausseelsorgerin. Das muss hart erarbeitet werden.

Dafuer ist permanente Praesenz noetig, um im Haus bekannt zu werden: das heißt taeglich auf die Stationen gehen. Taeglich sich zeigen im Stationszimmer. Sichtbar sein! Die Menschen ansprechen. Nur so merken die, die dort arbeiten, dass wir uns auch auf ihre Probleme ansprechen lassen.

Eines Tages klopfte es an der Tuere meines Dienstzimmers. Eine Hebamme stand davor: kann ich Sie kurz sprechen?–Ja gerne, kommen Sie herein!

Sie kam gerade von einer Mammographie mit dem Ergebnis: Sie hat Brustkrebs!

Wie oft hatten wir schon zusammen im Kreißsaal fuer ein totes Kind um Segen gebeten. Wie oft waren wir gemeinsam erschuettert ueber eine Totgeburt. Sie hatte erlebt, wie die Arbeit der Krankenhausseelsorge Menschen in der Tiefe der Seele erreichen kann. Sie kann fuer eine Weile das Chaos der Gefuehle unter-brechen und zur Ruhe bringen.

Deshalb ist die Hebamme zu mir gekommen, als sie selbst Patientin wurde.

2. Krankenhausseelsorge sieht den Menschen als Ebenbild Gottes und achtet deshalb die Wuerde des menschlichen Lebens von seinem Anfang bis an sein Ende in seiner Unvollkommenheit.

Der Glaube an Gott, den Vater Jesu Christi ist es, der uns als Krankenhaus-seelsorgerinnen die Kraft gibt, in den Krankenhaeusern ueberall da praesent zu sein, wo das Leben beschaedigt ist oder ans Ende kommt. Gott ist in Jesus Christus auf unserer Welt erschienen und hat sich allen Menschen zugewendet, die krank waren oder einsam oder schuldig oder ohnmaechtig oder traurig. Ja: er selbst war einsam und verzagt und ohnmaechtig kurz vor seinem Tod am Kreuz. Wir glauben, dass er den Menschen in seiner Schwaeche liebt und in seiner Unvollkommenheit.

Ich bin vielen Frauen begegnet, die ihre Schwangerschaft abgebrochen haben, weil bei ihrem Kind praenatal eine Fehlbildung festgestellt wurde. Es war fuer mich ein tiefer Trost, wenn diese Frauen mich gerufen haben, damit ich fuer das Kind um Gottes Segen bitte. Ich konnte dann dieses kleine Kind unserem Gott anvertrauen, der das Unvollkommene liebt und nicht verwirft. Ich wusste: auf dir kleinem Menschlein ruht Gottes liebevolles

Angesicht, auch wenn deine Eltern sich selbst und dir dein Heranwachsen ins Leben nicht zugetraut haben.

Manchmal hatte ich den Eindruck, dass unser Glaube im Widerspruch steht zur Medizin und ihrer Intention. Die Medizin ist zum Heilen da. Und es faellt vielen (nicht allen!) Aerzten schwer, zu akzeptieren, wenn sie nichts mehr für den Patienten tun koennen. Manchmal therapieren sie weiter, weil sie nicht den Mut haben, zu sagen: wir koennen nichts mehr fuer dich tun. Und manchmal nimmt sich gerade deshalb ein Arzt viel zu wenig Zeit fuer das Gespraech mit einer Patientin: er vermeidet es, schwierige Fragen beantworten zu muessen.

Zu unserem Amt gehoert es, diesem Verhalten unsere Achtung vor dem gebro-chenen, verletzten und ohnmaechtigen Leben entgegenzusetzen. Und unsere Aufgabe ist es, dem perfektionierten Apparat der Hochleistungsmedizin die Stirn zu bieten und zu sagen: Halt! Der Tod ist ein Teil unseres Lebens! Ihn verschweigen und vermeiden, als ob es ihn innerhalb des Krankenhauses nicht gaebe, nimmt die Kranken nicht ernst. Das ist ein inhumanes Verhalten!

3. Krankenhausseelsorge vertraut auf die Wirklichkeit Gottes, dessen Verborgenheit sie aushaelt und dessen liebevolle Naehe sie bezeugt.

Dieser Abschnitt unseres Leitbildes bringt auf komplexeste Weise zum

Ausdruck, was unser Auftrag ist.

Im Gottesdienst, im seelsorglichen Gespraech und im Gebet bemuehen wiruns, Zeugen fuer einen liebenden Gott zu sein, auch wenn wir selbst manchmal um Worte ringen muessen.

In jedem Krankenhaus gibt es eine Kapelle. Der Einrichtung eines solchen Raumes geht fast immer ein Kampf voraus, denn nur selten versteht ein Klinikchef, dass ein Gottesdienstraum notwendig ist. Immer sind Zimmer knapp, immer muessen sich Aerzte oder Sekretaerinnen Raeume teilen-waere es dann nicht wichtiger, dass jeder Arzt ein eigenes Untersuchungszimmer hat?!

Aber: kaum ist die Kapelle eingerichtet-und die sind inzwischen kuenstlerisch von hoher Qualitaet-werden sie fast ununterbrochen besucht. Patienten und Patientinnen gehen dort ein und aus. Die Kapellen sind bei Tag und bei Nacht offen und beleuchtet. Auch Aerzte, Schwestern und Sekretaerinnen-jeder Mensch, der spuert, dass die Kraft am Ende ist-sucht diesen Raum auf und genießt fuer eine Weile die Stille, sammelt sich, meditiert vielleicht oder spricht ein Gebet. "Das ist der schoenste Raum in unserem Haus" so haben mir viele Mitarbeiterinnen gesagt. Warum? Ich bin ueberzeugt: weil in ihm schon so viele Menschen Kraft gesucht und gefunden haben. Weil Gott die Traenen sieht, die dort leise geweint werden, und sie in Trost verwandelt. Ein Buch liegt da, in das Patientinnen ihre Sorgen und ihre Dankbarkeit hineinschreiben koennen. Manchmal blaettern sogar Aerzte darin und lernen auf diese Weise von den Patienten: sie sind beruehrt von der Not und von der Dankbarkeit, die in vielen Eintraegen zum Ausdruck kommen.

Die Kapellen sind Kraftraeume, wir spueren in ihnen die Wirklichkeit Gottes.

Wir Klinikseelsorgerinnen pflegen sie: wir raeumen regelmaessig auf und sorgen fuer frische Blumen. Und wir beginnen selbst unseren Arbeitstag dort mit einem Gebet um Kraft und den Heiligen Geist und unterbrechen ihn auch, um fuer einen Kranken zu beten.

Einmal in der Woche feiern wir dort Gottesdienst. Immer abwechselnd: mal evangelisch, mal katholisch. Die Gemeinde ist oekumenisch. Meistens sind es ganz wenige, die kommen. Aber die Gottesdienste werden ueber das Klinikradio uebertragen, wer moechte, kann im Krankenbett den Gottesdienst ueber den Kopfhoerer miterleben.

Denen, die gekommen sind, ist anzusehen, wie dringend sie Trost, Hilfe und Kraft brauchen. Sie suchen sie im Gottesdienst und sie bekommen sie auch: weil wir in allem, was wir singen und sagen, was wir beten und predigen, die liebe-volle Naehe Gottes herbeirufen und bezeugen. Im gemeinsamen Abendmahl feiern wir seine Naehe und seine Begleitung in seinem Sohn Jesus Christus.

Es wird viel geweint in unseren Gottesdiensten. Das stoert niemanden: die Gemeinde ist eine kleine Solidargemeinschaft! Es ist immer wieder wunderbar, wie getroestet die Menschen zurueck in ihre Zimmer gehen.

Bei unseren Krankenbesuchen geschieht etwas aehnliches, aber natuerlich viel individueller.

Wenn ein Mensch ins Krankenhaus kommt, ist nichts ist mehr, wie es war.

Sie sind oft ploetzlich mit dem Lebensende konfrontiert und schauen zurueck. Manche sind sehr scharf in ihrem Urteil. Sie denken: mein Leben war nicht viel wert! Ich habe zu viel Schweres erlebt. Es war zu wenig Freude darin. Oft ist auch Schuld ein großes Thema.

Da sehen wir es als unsere Aufgabe an, „die liebevolle Naehe Gottes zu bezeugen“ und das gelebte Leben mit seinen Augen anzuschauen. So kann auf einmal gewuerdigt werden, was vorher nicht viel wert zu sein schien. Und es kann als wichtig angesehen werden, was vorher als nichts Besonderes galt.

Es gehoert zur Kunst der seelsorglichen Gespraechsfuehrung, den Menschen bei der Deutung ihres Lebens beizustehen. Wir Seelsorger wollen ihnen helfen, Sinn darin zu finden und es fuer wert zu achten. Sie sollen auch lernen, sich selbst zu vergeben! Das Urteilen duerfen wir getrost Gott ueberlassen. Wir vertrauen darauf, dass er uns Gnade und Vergebung schenkt-das ist unsere Botschaft in der Krankenhausseelsorge.

Ich habe immer wieder erlebt, dass eine Patientin zu mir gesagt hat: ich kann nicht mehr beten. “Soll ich es fuer Sie tun?” habe ich dann gefragt. Und wenn sie mir aus ihrer Lebensgeschichte erzaehlt hatte, dann habe ich dies vor Gott ausgebreitet: ich habe gedankt fuer alles Gute in ihrem Leben und Gott um Vergebung gebeten, wenn sie mir Belastendes anvertraut hatte. Fuer ihren weiteren Weg bat ich Gott um Hoffnung, um

Kraft und seinen Heiligen Geist des Trostes und der Ermutigung.

Solch ein Gebet hilft eigentlich immer gegen das Gefuehl der Gottesferne. "Sie haben mir ueber die Schwelle geholfen", so hat mich einmal eine Patientin begrueßt, als ich sie zum zweiten Mal besuchte. Sie hatte bis dahin seit Jahren ihre Sprache zu Gott verloren und auf einmal ging es wieder ganz leicht-sie konnte ihm alles sagen, was ihr auf dem Herzen lag.

Fuer unsere Arbeit sind wir gut vorbereitet: wir haben eine intensive Ausbildung absolviert, wir haben jedes Jahr im großen Klinikpfarrkonvent Fortbildung, wir bekommen Supervision, in der wir regelmaessig unsere Arbeit reflektieren.

Das alles ist wichtig zum Ueberleben in diesem schweren Beruf.

Außerdem hilft es uns fuer die Zusammenarbeit mit den anderen Berufsgruppen in einem Krankenhaus: mit den Sozialarbeitern und Sozialarbeiterinnen, den Krankenschwestern, den Aerztinnen und Aerzten. Sie erkennen unsere Kompetenz und achten darum unsere Arbeit.

Diakonische Praxis in Deutschland

Henry von Bose[1]

Die evangelischen Kirchen in der Bundesrepublik Deutschland haben ihre soziale Arbeit in der Diakonie organisiert. Innerhalb Deutschlands gibt es 22 Landeskirchen. Ihr Gebiet ist meistens deckungsgleich mit den Bundeslaendern. In einzelnen Bundeslaendern gibt es-historisch bedingt-auch mehrere Landeskirchen. Jede einzelne Landeskirche hat ein eigenes Diakonisches Werk. Hier sind die Gemeinden, die diakonischen Dienste und Einrichtungen der Landeskirchen und der evangelisch-methodistischen Kirche Mitglieder.

Es gibt parallele Strukturen. Die Landeskirchen sind auf der Ebene der Bundes-republik Deutschland zu einem Kirchenbund vereint, der Evangelischen Kirche in Deutschland. Die Diakonischen Werke haben sich ebenfalls auf der Bundesebene miteinander verbunden. Sie bilden das Diakonische Werk der Evangelischen Kirche in Deutschland. Es ist der Bundesverband der Diakonie.

Auf der Ebene des Staates sind Kirche und Diakonie auf diese Weise

1) 독일 동아시아선교국 공동대표, 한일장신대 객원교수, 목사.

Partner der Bundesregierung und der Bundesministerien. Sie begleiten die staatliche Gesetzgebung. Der deutsche Staat hat in seiner Verfassung den Kirchen ein Mitspracherecht bei der sozialen Gesetzgebung eingeraeumt.

Das Diakonische Werk der Evangelischen Kirche in Deutschland hat sich ein Leitbild gegeben. Darin ist gesagt, was die Diakonie tut und warum sie es tut. Im Blick auf das Mitspracherecht der Kirchen im oeffentlichen Leben heisst es in diesem Leitbild: "Wir erheben unsere Stimme fuer diejenigen, die nicht gehoert werden. Gemeinsam mit anderen treten wir fuer eine menschenwuerdige Gesetzgebung und eine chancengerechte Gesellschaft ein." Das Ziel der diakonischen Arbeit ist, dass alle Menschen am Leben in der Gemeinschaft teilhaben koennen. Die Integration ausgegrenzter, armer und schwacher Menschen in die Gesellschaft ist eine wichtige Aufgabe der diakonischen Arbeit von Kirchen-gemeinden und kirchlichen sozialen Diensten.

Deshalb haben auch die Diakonischen Werke der einzelnen Landeskirchen fuer ihre regionale Arbeit diesen Grundsatz in ihren Leitbildern beschrieben. Ich komme aus Wuerttemberg, einer Landeskirche im Suedwesten Deutschlands. Im Leitbild des Landesverbands der Diakonie, dem Diakonischen Werk der evangelischen Kirche in Wuerttemberg, heisst es: "Aufgabe der Diakonie ist die Mitgestaltung einer gerechten und solidarischen Gesellschaft."

Das haben wir in dieser Weise beschrieben: „Menschen in sozialer Not haben einen Rechtsanspruch auf Hilfe. Diakonie will in fairer und kritischer Partner-schaft mit den kommunalen Verbaenden und dem Land den Sozialstaat weiter-entwickeln, um im Sinne der Hilfe zur Selbsthilfe die Lebenssituation von Menschen zu verbessern und soziale Ausgrenzung zu verhindern.“

Das bedeutet fuer die Mitglieder des Verbands, Anwalt der Menschen in Not zu sein. In den sozialpolitischen Auseinandersetzungen nehmen sie eindeutig Partei fuer arme und ausgegrenzte Menschen.

Die diakonische Arbeit lebt davon, dass sie von den Christen in den Kirchen-gemeinden mitgetragen und unterstuetzt wird. Die Menschen muessen wissen, warum andere Not leiden und wie ihnen zu helfen ist. Das wissen zu wollen, gehoert zum diakonischen Bewusstsein. Die Diakonie nimmt am Auftrag der Kirche teil, allen Menschen in Wort und Tat die Liebe Gottes zu bezeugen. Sie kann in einer Gemeinde nicht fehlen. Denn Christus selbst ist nicht ohne sein Dienen, ohne seine Hingabe bis ans Kreuz denkbar.

Das diakonische Bewusstsein in den Kirchengemeinden zu foerden, ist ein wesentlicher Auftrag fuer ihre Leitung (Kirchengemeinderat, Presbyterium). Dieser Auftrag wird auf zwei Wegen wahrgenommen, grundsaetzlich und aktuell. Die biblische Begruendung diakonischen Handelns wird in den Gottesdiensten und in der Gemeindearbeit vermittelt. Vor diesem Hintergrund kann dann die konkrete Herausforderung durch eine akute Not dargestellt werden. Der Gemeinde werden Moeglichkeiten aufgezeigt, sich an Hilfen zu beteiligen. Die Gemeinden koennen natuerlich auch selbst Initiativen entwickeln. Wie das geschieht, moechte ich Ihnen an einem aktuellen Beispiel aus Wuerttemberg zeigen.

Die groesste soziale Aufgabe in Deutschland besteht zur Zeit in der Ueber-

windung der Armut. Die Synode unserer Kirche hat sich damit befasst und "Herausforderungen zum Handeln" veroeffentlicht: "Die Kluft zwischen Reichtum und Armut wird weltweit immer offensichtlicher und fuehrt zu sozialen Verwerfungen. Auch in unserem Land geht die Schere zwischen arm und reich immer weiter auseinander und gefaehrdet den sozialen Frieden."

Deshalb muessen Armut und Reichtum zum Thema in der Gesellschaft gemacht werden. Die Synode fordert die Gemeinden auf, sich ueber die Lebenssituation armer Menschen zu informieren. Dann koennen die Gemeinden der Diskrimi-nierung der Armen entgegentreten und sie in ihren Rechtsanspruechen unterstuetzen. Weil sich arme Menschen ihrer Armut schaemen, versuchen viele, sie zu verbergen. Deshalb haben Gemeinden die Aufgabe, arme Menschen zu erkennen und sich solidarisch zu ihnen zu verhalten. "Gemeinde Jesu Christi sind wir nur, wenn darin arme Menschen ihren selbstverstaendlichen Platz haben."

Das Diakonische Werk Wuerttemberg hat diese Anregungen der Synode aufge-nommen. Von den beteiligten Fachabteilungen in der Landesgeschaeftsstelle ist ein Faltblatt (ein Flyer) erarbeitet worden. Mit diesem Faltblatt werden den

Menschen in den Kirchengemeinden grundlegende Informationen vermittelt. Es traegt den Titel: Armut ueberwinden. Teilhabe ermoeglichen." Es ist millio-nenfach in der Landeskirche verteilt worden.

Im einleitenden Text schreiben der Landesbischof und der Vorstandsvorsitzende des Diakonischen Werks: "Dieses Faltblatt will ueber Armut und Reichtum informieren und Kirchengemeinden und Einrichtungen darin bestaerken, auf arme Menschen zuzugehen, ihnen Wege zur Teilhabe zu eroeffnen und fuer eine gerechtere Gesellschaft einzutreten. Als Christinnen und Christen orientieren wir uns am Beispiel Jesu. Er wandte sich armen und ausgegrenzten Menschen in besonderer Weise zu und ergriff oeffentlich fuer sie Partei. Auch heute gilt es, armen Menschen zur Seite zu stehen, fuer ihre Rechte einzutreten und sie vor Verdaechtigungen und Vorurteilen in Schutz zu nehmen."

Mit dem Begriff der Teilhabe ist die Moeglichkeit jedes Menschen gemeint, sich am sozialen, kulturellen und politischen Leben der Gesellschaft zu beteiligen. Jeder einzelne soll von der Erfahrung getragen sein: Ich gehoere dazu.

Das Faltblatt ist anschaulich gestaltet und leicht lesbar. Es erklaert, wer als arm gilt und wie Armut wirkt. „Armut grenzt aus. Sie trifft vor allem Familien, Alleinerziehende und junge Familien. Als arm gilt, wer ueber einen laengeren Zeitraum weniger als 60 Prozent des mittleren Einkommens zur Verfuegung hat."

Die staatliche Unterstuetzung armer Menschen ist unzureichend. Das wird im Faltblatt eingehend begruendet. Es erinnert an ein Urteil des Bundesverfas-sungsgerichts: das verlangt vom Gesetzgeber soziale Leistungen an arme Menschen, die das "Grundrecht auf Gewaehrleistung eines menschenwuerdigen Existenzminimums" wahren. Diese Leistungen muessen auch ein "Mindestmass an Teilhabe am gesellschaftlichen, kulturellen und politischen Leben" umfassen. Der zur Zeit geltende Regelsatz der Sozialleistungen ist dafuer aber zu niedrig.

Besonders skandaloes ist, dass sehr viele Menschen in Deutschland arm sind trotz Arbeit. Sie verdienen so wenig, dass sie auf ergaenzende soziale Leistun-gen angewiesen sind. Eine hohe Zahl von Geringverdienern kennen ihre sozia-len Rechte nicht. Sie beantragen deshalb die ihnen zustehenden Mittel nicht.

Die Schere zwischen Arm und Reich geht in Deutschland immer weiter ausein-ander. Reichtum vermehrt sich, Armut verfestigt sich. 10 Prozent der Bevoel-kerung verfuegt ueber 61 Prozent der Nettovermoegen, die unteren 30 Prozent haben kein Vermoegen, das unterste Zehntel ist zum Grossteil ueberschuldet.

Das Faltblatt stellt deshalb sozialpolitische Forderungen an den Gesetzgeber zusammen. Es schliesst mit Bitten an die Kirchengemeinden und diakonischen Einrichtungen.

Die Diakonie fordert vom Gesetzgeber ein gerechteres Steuersystem. Die Sozialleistungen sollen erhoeht werden. Mindestloehne sollen eingefuehrt werden. Arbeitsplaetze sollen oeffentlich gefoerdert und in die Sozial-versicherung einbezogen sind.

Die Diakonie bittet Kirchengemeinden und Einrichtungen, Armut und Reichtum zum Thema zu machen. Die Mitglieder der Kirchengemeinden sollen sich ueber die Lebenssituation armer und ausgegrenzter Menschen informieren. Sie sollen anwaltschaftlich fuer sie eintreten. In den Gemeinden sollen Orte der Begeg-nung fuer alle geschaffen werden. Sie muessen auch fuer Arme einladend und zugaenglich sein.

Dies ist ein Beispiel diakonischer Praxis bei uns in Deutschland. Mit diesem Faltblatt wird in den Gemeinden dazu angeregt, die gesellschaftliche Wirk-lichkeit und das taegliche Leben aus der Sicht von armen Menschen wahrzu-nehmen. An vielen Orten werden Programme und Projekte entwickelt, die den Glauben zur Tat werden lassen. Armen Menschen wird Teilhabe ermoeglicht. Sie gehoeren dazu und sollen es auch erleben. In den Spruechen Salomos heisst es: “Wer sich des Armen erbarmt, der ehrt Gott“ (14,31). Die Kirchen haben ihrerseits gesagt: „Die versoehnliche Begegnung mit den Armen, die Solida-ritaet mit ihnen, wird zu einem Ort der Gottesbegegnung.”

독일의 병원 목회상담과 디아코니아 실천

1. 병원 목회상담

Pfarrerin Antonia von Bose

저는 오늘 병원 목회상담에 대해서 여러분과 대화를 나눌 수 있음에 대하여 기쁘게 생각합니다.

저는 11년 동안 튜빙엔 대학병원의 부인과 및 신생아실에서 목사로 시무하였습니다. 교회목회가 아닌 병원 목회상담자로 일하였습니다.

이러한 업무는 우리 독일 교회에서 특별한 업무라고 말 할 수 있는데, 교회는 병원, 요양원, 교도소 그리고 산업공단에 기관 목회자리를 개설하고 그곳에서 목회상담업무를 수행토록 하고 있습니다.

여기서 시무하는 목사는 특별한 훈련을 받아야 합니다. 이러한 사역은 일반 목회와 비교할 수 없는 특별한 도전이라고 말할 수 있습니다.

저는 지금 병원 목회의 기본 원칙에 대하여 소개하고자 합니다.

먼저 우리 기관의 “운영 헌장”에 대하여 말씀 드리고자 합니다.

이 기관운영헌장은 외부지향적인 목표를 갖고 있습니다. 누가 저희들의 업무에 대하여 알 수 있겠습니까? 목회자가 환자의 방을 방문하면 많은 사람들이 편견을 갖고 있다는 것을 알 수 있습니다. 대부분의 사람들은 저 사람이 여기서 무엇을 하려고 우리 방에 들어 왔지? 우리를 치료하고 도울 수 있는 사람은 간호사나 의사들이라고 생각합니다. 목사는 우리를 약간 위로할 수 있으나 더 이상은 할 수 없다고 생각합니다.

우리들은 자신의 교회에 우리가 하고 있는 일이 필요하다는 것을 보여주어야 했습니다. 교단의 지도자들은 항상 절약해야 하며, 그 때문에 몇몇의 특수 목회의 자리를 없애려고 합니다.

그리고 질적관리 경영이 중요한데 독일의 모든 기관 및 기업이 그들의 운영헌장을 질적관리 경영기법과 연결시키고 있습니다. 따라서, **이 운영헌장은 우리의 임무를 투명하게 만듭니다.**

이 운영헌장으로 우리는 우리의 과제에 대한 우리의 주장을 입증하고 서비스의 질에 대한 측정을 가능케 합니다.

이 운영헌장은 우리가 우리의 과제를 어떻게 수행하여야 할지에 대한 지침을 제시합니다.

저는 아래의 세 부분에서 병원목회상담의 운영헌장을 소개하고, 아울러 스스로가 경험한 병원 일상의 사례에 약간 언급하려합니다.

1) 병원 목회는 모든 환자, 환자의 친척 및 병원의 직원 등 소속 구성원에 대한 교회의 서비스입니다.

여기서 병원에서의 목회상담의 특수성을 살펴볼 수 있습니다. 우리는 우리 자신을 모든 사람의 상담자로 이해하고 있습니다.

거기에 대해서 병원도 우리와 같이 생각하는 것은 아닙니다. 의사, 간호사, 행정 직원, 수위 그리고 관리직원 모두는 우리를 환자만을 위한 상담자로 생각하고 있습니다. 병원에서는 환자가 항상 우선합니다. 예수 그리스도께서는 말씀하셨습니다. "내가 아팠는데 너희는 나를 방문하였다"(마태복음 25장). 그러나 병원에 있는 환자만이 아픈 것이 아닙니다. 의사의 과로, 간호사의 업무 과부하 현상을 흔히 볼 수가 있습니다. 유아의 죽음 후에 수석 직원의 갑작스런 청각장애 및 소진, 조산사의 좌절 등을 볼 수가 있습니다. 첨단 의학시스템을 운영하는 병원은 모든 직원의 노동력을 압착시키고 있습니다. 그들은 피곤하여 지칠 때까지 일을 해야 하고 환자도 항상 인내심을 갖고 친절해야 합니다.

따라서 병원목회상담자는 그가 보고 듣는 것에 대하여 주의하고 세심한 배려를 아끼지 않아야 합니다. 상담자는 환자와 대화하는 중 지친 간호사에 대하여 듣게 됩니다. 그 후 상담자는 간호사를 찾아가 이렇게 말합니다: "나는 당신이 무척 피곤하게 보입니다. 근무가 끝나면 곧 바로 집에 가십시오. 집에 가면 누군가가 식사준비를 해놓았기를 바랍니다." 이러한 대화만으로도 간호사의 긴장감은 풀리게 됩니다.

긴장한 사람을 침착하게 쳐다보고 충분한 시간을 갖고 대화하면 그들은 큰 위안을 받게 됩니다. 시간이 지나면서, 사람들은 병원 목회상담자에게 신뢰를 갖게 됩니다. 이를 위해서는 열심히 훈련을 해야 합니다.

또한 사람들과의 지속적인 접촉이 필요합니다. 따라서 매일 병동을 방문합니다. 매일 병동에 자신이 왔음을 알려 줍니다. 자신을 보여주어야 하는 것입니다. 그리고 거기서 일하는 사람들과 대화하여야 합니다. 이를 통해서 사람들이 자신의 문제가 있을 때 우리와 대화하게 됩니다.

어느 날 누가 내 방문을 노크했습니다. 조산원이었습니다. 그녀가 잠깐 얘기 좀 할 수 있을까요 하고 물어서 들어오라고 답하였습니다.

그녀는 유방검진을 받았는데 유방암으로 판명되었다는 것입니다.

그녀와 나는 얼마나 자주 함께 병원 출산실에서 죽은 아이들의 명복을 빌지 않았던가? 몇 번이나 우리는 함께 병원에서 사산한 아이들을 보고 슬퍼하지 않았는가? 그녀는 목회상담자의 개입이 인간의 영혼에 깊이 미칠 수 있는 방법이라는 것을 체험 할 수 있었읍니다. 목회상담자의 개입은 감정의 혼란상황을 멈추게 하고 안정과 휴식을 줄 수 있다.

그 때문에 조산원인 그녀는 자신이 환자가 되었을 때 저를 찾았었다.

2) 병원목회상담자는 태어날 때부터 죽을 때까지 불완전한 한 사람, 한 사람을 하나님의 형상으로 보고, 그때문에 인간 생명의 존엄성을 존중합니다.

예수 그리스도의 아버지인, 하나님에 대한 믿음은 생명이 손상되었거나 임종시 그들과 동행하는 것을 의미합니다.

하나님은 이 세상에서 예수 그리스도에 출현하셨고, 아프거나 외롭거나 슬프거나 죄를 지었거나 기절하는 모든 사람들을 위로하십니다. 예수님 스스로가 외롭고, 의기소침하셨고, 심지어는 십자가에서 돌아가셨습니다. 그는 우리를 사랑하십니다. 약점을 갖고 있고 불완전한 사람들을 사랑하고 계십니다.

저는 태아에게 이상증상이 나타났기 때문에, 임신을 중단시켜야 하는 많은 여자들을 만났습니다. 그들이 나에게 전화하여 아동을 하나님께 축복하도록 부탁하였는데, 저는 그를 하나님께 위임하였습니다. 하나님은 불완전한 인간을 사랑하시고 거부하시지 않습니다. 그의 부모는 그를 성장시킬 수 없었으나 이 작은 아이는 하나님의 면전에서 편히 쉴 것입니다.

가끔은 우리의 믿음이 의학의 목적에 위배된다는 인상을 받았습니다. 의학은 치유가 목적입니다. 의사들이 환자를 위해 아무것도 할 수 없다는 것은, 전부는 아니지만, 대부분의 의사에게는 견디기 힘든 일입니다. 때때로 그들은 우리가 당신을 위해 아무것도 할 수 없다는 말을 할 용기가 없기 때문에 치료를 계속합니다. 가끔은 의사가 환자와 아주 짧은 시간만의 대화를 갖는데 그것은 그가 이를 통해 어려운 질문에 대답하는 것을 회피 할 수 있기 때문입니다.

우리의 사역은 상처받고, 무너진 삶에 대한 존경심을 갖고 대처하는 것입니다. 우리의 임무는 첨단 의학 장비에 저항하여 "Stop!"을 외치기도 합니다. 죽음은 우리 삶의 일부입니다! 그것이 병원 내에서 존재하지 않는 것처럼 이를 침묵하고 은폐하다면, 이를 환자들은 진지하게 받아들이지 않을 것입니다. 이것은 비인간적 행위입니다!

3) 병원 목회 상담적 관심은 하나님의 실존을 신뢰하고, 그의 품속에 거하며 그분의 사랑을 확신하는 것입니다.

이 부분에서는 우리의 임무가 무엇인지에서 종합적으로 다루려 합니다.

우리는 말씀을 이해하기 위하여 노력하며, 예배에서, 목회상담적인 대화와 기도에서 사랑의 하나님의 증인이 되려고 노력합니다.

각 병원에는 예배실이 있습니다. 하지만 병원장이 예배실의 필요성을 이해하지 못하기 때문에 이러한 공간의 설치는 항상 투쟁이 전제됩니다.

객실이 항상 대체로 부족하기 때문에 의사나 행정직원이 방을 공유해야 합니다. 의사가 자신의 전용 공간을 갖는 것이 보다 더 중요하지 않을까요?

하지만 작은 예배실이 마련되면, 많은 사람이 지속적으로 방문하게 됩니다. 높은 수준의 예술적인 공연도 이루어집니다.

환자들은 들어오고 나가곤 합니다. 예배실은 조명을 갖추고 밤낮 비추어지고 있습니다. 심지어 의사, 간호사 및 행정요원, 모든 지친 사람들이 이곳을 방문하고 잠시 동안 침묵을 즐기고, 명상, 혹은 기도를 합니다. 많은 사람들은 이곳이 우리 병원에서 가장 아름다운 방이라고 말합니다.

왜냐고요? 그것은 많은 사람들이 힘을 얻었기 때문입니다. 하나님은 거기서 조용히 울고 있는 사람들의 눈물을 보시고 위로 하셨습니다. 거기에는 환자들이 그들의 걱정과 감사를 기록할 수 있는 책이 놓여 있습니다. 때로는 의사들도 그 책을 펼쳐보고 환자들을 알고 이해하게 됩니다. 그들이 걱정과 감사와 감동이 이 책에 표현되어 있기 때문입니다.

예배실은 우리에게 힘을 주는 장소입니다.

병원목회상담자는 이 예배실을 정기적으로 관리하고 항상 싱싱한 꽃으로 장식합니다. 우리는 우리의 일과를 기도로 시작하며 성령에게 힘을 주실 것을 요청하고, 환자를 위해 기도하기 위해 일과를 잠시 멈춥니다.

일주일에 한번씩 예배를 드립니다. 한 주는 개신교식으로, 다른 한 주는 가톨릭식으로 매주 바꿉니다. 우리는 연합교회입니다. 대부분 아주 적은 숫자의 사람들이 참석합니다. 하지만 예배는 병원 라디오를 통하여 중개됩니다. 따라서 원하는 사람들은 이어폰을 통하여 방송을 들을 수 있습니다.

예배에 참석한 사람들은 절실한 위로와, 도움과 힘이 필요한 사람들입니다. 우리가 찬송하고, 대화하고 설교하는 것이 사랑하는 하나님의 곁에 다가가는 것이기 때문에 우리가 구하는 것을 얻게 됩니다. 우리는 성찬식을 통해서 하나님이 임재하시고 그의 아들 예수그리스도의 동행하심을 체험합니다.

예배시간에 많은 사람들이 눈물을 흘립니다. 이것이 아무도 방해하지를 않습니다. 교회는 상호연대하는 작은 공동체입니다. 그들은 위로를 받고 항상 기쁜 마음으로 병실로 돌아갑니다.

우리의 환자방문 절차는 비슷하나 물론 개별적으로 대화를 나눕니다. 사람들이 병원에 오면 오기 전과 완전히 다릅니다.

그들은 갑자기 임종을 생각하고 자신의 과거를 되돌아 보게 됩니다. 때로는 그들 스스로를 자학합니다. 나의 삶은 가치 없었다. 나는 많은 나쁜 체험을 하였다. 삶에 대한 기쁨을 발견하지 못하였다는 등 죄책감이 중요한 주제가 됩니다.

그들이 사랑의 하나님께서 곁에 임재하심을 확신하며, 그 분이 바라보고 계심을 체험하도록 지원하는 것을 우리들의 사역으로 생각합니다. 따라서 이전에 가치 없었던 것으로 보였던 것이 이제 달리 느껴집니다. 이전에 특별한 것이 아닌 것을 중요하게 느끼게 됩니다.

인간이 삶의 의미를 발견하도록 돕는 것이 목회상담의 기법에 속합니다. 우리 목회상담자들은 환자들이 삶의 의미를 찾고 자존감을 찾도록 도와줍니다. 그들은 스스로를 용서하도록 배워야 합니다! 판단은 하나님을 신뢰해야 합니다. 하나님께서 은혜와 용서를 베플으시도록 그를 신뢰하여야 합니다 - 이것이 목회상담의 지침입니다.

저는 환자로부터 그들이 기도할 수 없다고 말하는 것을 흔히 들었습니다. 그러면 제가 그를 대신하여 기도하여도 되느냐고 물었습니다. 그 사람이 체험하였던 어려운 내용을 이야기 듣고 하나님께 기도하였습니다. 그녀의 삶에서의 모든 좋은 일들을 하나님께 감사하고, 부담이 되는 일에 대해서는 용서를 구했습니다. 그녀의 밝은 미래를 위해 희망과 힘을 주시기를 하나님께 기도하고, 성령의 위로와 격려하심을 부탁드렸습니다.

이러한 기도는 하나님과 거리를 두고 있는 사람에게 항상 도움이 됩니다. 제가 다시 환자를 방문하였을 때 당신의 도움으로 이제는 저 혼자서도 기도할 수 있게 되었다고 말합니다. 그분은 그때까지 수년간 하나님과의 언어를 잊어버렸습니다. 이를 극복하고 이제는 그의 마음에 있는 모든 것을 하나님께 가볍게 말할 수 있습니다.

우리의 사역을 위해 우리는 집중적인 교육을 받음으로서 이 사역을 준비하였습니다. 매년 병원 목회상담 훈련을 받습니다. 우리들은 수퍼바이져의 자문을 받고 있으며 이를 통하여 우리의 사역을 정기적으로 검토합니다.

이 모든 것이 이 어려운 사역을 담당하기 위한 과정입니다.

그밖에 병원내의 다른 직업군 즉 사회복지사, 간호사 그리고 의사와 협조하는 것이 중요합니다. 그들은 우리의 임무를 이해하고 상호 존중합니다.

2. 독일에서의 디아코니아 실천

Pfaerrer Kirchenrat Prof. Henry von Bose

독일 연방 공화국의 개신교 교회는 기독교사회봉사국을 통하여 사회 복지 업무를 조직화합니다. 독일에는 22개의 주 교회가 있습니다. 교회의 지역은 연방 주 지역과 대부분 일치합니다. 일부 주에는 역사적인 이유 때문에 여러 개의 주 교회가 있습니다. 각 주 교회는 자신의 기독교사회봉사국을 갖고 있습니다. 디아코니아협의체인 저희 기독교사회봉사국에는 뷰르템베억 주 교회와 독일의 감리교회 디아코니아 봉사활동을 수행합니다.

연방차원에도 주와 같은 병렬 구조가 구축되어 있습니다. 이들은 독일 개신교회에 통합되어 있습니다. 주 차원의 기독교사회봉사국은 연방기독교사회봉사국에 통합되어 있습니다. 이것이 연방 디아코니아 협의 단체입니다.

국가적인 차원에서의 교회와 디아코니아는 독일 정부와 독일 정부 부처의 파트너적인 위치를 확보하고 있습니다.

독일 헌법은 교회가 사회복지입법에 있어서 정부의 협의파트너임을 명문화하였습니다.

독일 개신교의 기독교사회봉사국은 운영헌장이 있습니다. 거기에는 기독교사회봉사국이 무엇을 해야 하며 왜 해야 하는지에 대하여 명기되어 있습니다.

교회의 사회복지에의 참여권은 “들을 수 없는 사람들을 위해 우리가 대변하고” 가난하고 소외받은 사람들을 지원하는 것입니다. 인간의 존엄성을 보장할 수 있는 입법과 균등한 기회의 사회를 위해 개입합니다. 디아코니아 사역의 목표는 모든 사람이 사회공동체의 삶에 참여하는 것입니다.

소외되고, 가난하고, 취약한 사람의 사회통합은 개 교회와 디아코니아 사역의 중요한 과제입니다.

따라서 주 교회의 기독교사회봉사국은 이러한 기본적인 이념을 그들의 헌장에 명기화하였습니다. 저는 남서 독일 뷰르템뷰르크 기독교사회봉사국에서 왔습니다.

뷰르템뷰르크 기독교사회봉사국의 헌장에는: "디아코니아의 과제는 정의로운 사회연대의 형성"이라고 씌여 있습니다.

사회적 필요로 하는 사람들은 법적으로 지원받을 권리를 가진다. 디아코니아는 사람들의 생활 조건을 개선하고 사회적 배제를 방지하기 위해, 스스로가 스스로를 돕기 위한 삶의 여견을 개선하기 위해 국가의 사회 단체의 정의롭고 중요한 파트너이며 동시에 비판자라고 우리는 스스로 이해하고 있습니다. 이것은 여기서 디아코니아 봉사국의 회원이 도움을 필요로 하는 사람들을 옹호하고 지원하는 것을 의미합니다. 사회정책적인 갈등에서 그들은 분명 가난하고 소외 된 사람들의 편에 서 있습니다.

디아코니아 사역은 교회에서의 그리스도인의 협조로 이루어집니다. 사람들은 왜 다른 사람들이 고통을 받고 어떻게 그들을 도와야 하는지에 대해서 알아야만 합니다. 이러한 알고자 하는 마음이 디아코니아적인 인식에 속합니다. 디아코니아는 교회의 위임을 받아 말씀과 행동으로 모든 사람들에게 하나님의 사랑을 증거합니다. 디아코니아 없는 교회는 생각할 수 가 없습니다. 그리스도 자신이 십자가에 달리실 때까지 헌신하고 섬기셨습니다.

개 교회에서의 디아코니아 사역을 촉진하는 것은 당회 및 장로회입니다. 이 과제는 현재 기본적으로 두 가지 방법에 의하여 수행하고 있습니다. 디아코니아 봉사에 대한 성경적 근거는 예배 및 교회사역을 통하여 중재됩니다. 이러한 기반을 중심으로 실제적인 사역은 그의 긴급성에 의하여 결정됩니다. 개 교회가 활동할 수 있도록 기독교봉사국은 도움을 줍니다. 물론 개 교회 스스로도 이니셔티브를 개발할 수 있습니다.

여기에 대해서 뷰르템베업의 사례를 들어 말씀드리겠습니다.

독일에서 가장 큰 사회 문제는 현재 가난의 극복입니다. 독일 교회의 총회는 "부와 빈곤의 격차가 전 세계적으로 점점 더 분명하여 지고, 이것이 사회 불안으로 연결되는 것을 우려하였습니다. 글로벌 차원에서 만이 아니라 역시 독일에서도 빈부 격차는 더욱 커지고 있는데, 이것이 사회적 평화를 위협하기 때문에, 사회적인 액션을 취하여야 한다고 독일교회는 강조하였습니다.[2]

따라서 빈곤과 부가 우리 사회 문제의 주제가 되어야 합니다. 독일개신교총회는 개 교회가 가난한 사람들에게 관심을 갖고 이 문제에 대해서 정보를 수집하길 요청하였습니다. 이를 통하여 가난한 사람들에 대한 차별에 대처하고 그들의 권리실현을 위해 지원할 수가 있습니다. 가난한 사람들은 가난을 부끄러워하기 때문에 많은 사람들이 이것을 숨기려고 시도합니다.

따라서 개 교회는 그들의 문제를 인식하고 그들과 연대해야 합니

2) "부는 적당해야 하고 가난은 한계가 있어야 한다" 2010.7.16 뷔르템베르크 주 교회의 결정.

다. "예수 그리스도의 교회는 가난한 사람들이 그곳에서 당연히 자신의 자리를 찾이 할 수 있어여만합니다".

뷔르템베르크의 기독교봉사국은 총회의 권유를 수용하였습니다. 그리고 디아코니아봉사국 산하 관련 전문부서에서는 전단지를 개발하였습니다.

이 전단지로 개 교회 소속 주민들에게 기본적인 정보를 제공하였습니다. 그 전단지의 제목은 "빈곤을 극복하고 일정부분을 나누어갖도록 허용합시다"입니다. 수백만장의 전단지를 주 교회 산하 전 지역에 배포하였습니다.

주 교회 감독이며 기독교사회봉사국 총재는 전단지의 서문에서 이 전단지는 빈곤과 풍요에 대한 정보를 제공하고 가난한 사람들이 부의 일정부분을 나누어 가질 수 있도록 길을 열어, 정의로운 사회를 구현하도록 개 교회와 교회기관을 지원하려는 목적이 있다고 언급하였습니다.

"그리스도 인으로서 우리는 예수님의 본을 받아야 합니다. 그는 특별한 방법으로 가난하고 소외된 사람들을 찾았고 공개적으로 그들의 편을 들었습니다. 이것은 오늘도 중요합니다. 우리는 가난한 사람들의 편에서야 하며, 그들의 권리를 위해 일해야 하며, 그들을 의심과 편견에서 보호해야 합니다".

일정부분을 갖도록 허용한다는 개념은 인간 누구나가 사회적, 문화적 그리고 정치적 혜택을 누리는 것을 말합니다. 누구나가 다 사회의 구성원인 것입니다.

전단지는 잘 디자인되었으며 따라서 읽기 쉽게 편집되어 있습니다. 여기에는 가난의 개념을 설명하고 있는데 흔히 혼자 사는 사람들이나 젊은 부부들이 여기에 해당됩니다. 국민 평균 수입의 60% 이하의 소득이 장근간 지속될 경우, 이들을 빈곤계층이라고 말할 수 있습니다. 빈곤계층에 대한 국가차원의 지원은 충분치가 않습니다. 전단지와 연관된 설명서에는 이에 관한 이유를 밝혔습니다. 연방헌법제판소의 판결에 의하면 인간다운 최소한의 생활을 영위할 수 있도록 지원되어야 하는 것이 헌법에 명기되어 있는데 여기에 대한 지원은 사회적, 문화적 그리고 정치적 영역에서의 참여가 포함됩니다. 현재 제공하고 있는 공적부조는 이의 기준에 못 미치는 너무 적은 금액이라는 것입니다.

특히, 스캔들이라고 말할 수 있는 것은 독일에서 많은 사람들이 일을 하고 있음에도 불구하고 가난하다는 것입니다. 그들은 너무 적인 수입원을 갖기 때문에 공적부조의 지원을 받아야 합니다. 많은 수의 저임금 근로자가 그들의 사회복지 수급권을 이용하지 않고 있습니다. 많은 사람들이 공적부조를 신청하지 않는다는 것입니다.

빈곤과 부의 격차는 독일에서 점점 더 커지고 있습니다. 부자는 더 부자가 되고 가난한 사람은 더 가난해 집니다. 국민 세후 총 재산 60%를 인구의 10%를 차지하는 부자가 소유하고 있으며, 인구의 30%는 재산이 없고, 인구의 10%에 해당하는 저소득층은 대부분 빚을 지고 있습니다.

이 전단지는 입법자에 대한 사회정책적인 요청을 포함시켰습니다. 또한 개 교회와 교회기관에 대한 요청을 포함시켰다.

디아코니아는 입법자에게 공정한 조세시스템을 마련하는 것을 요청하였습니다. 최소임금제를 도입하고, 일자리를 공적으로 창출하며, 근로자들이 공적보험에 가입하여야 한다는 것도 필요성도 제기하였습니다.

디아코니아는 개 교회와 기관들에게 가난과 부에대한 주제에 대하여 논의하기를 권고하였습니다. 교인들에게 사회에서 배제된 사람들의 생활상을 소개하고 그들이 이들을 위해 옹호자의 역할을 하도록 협조를 구하였습니다. 만남의 장소를 마련하고 가난한 사람들을 초청하는 등, 이들의 삶의 개선을 위해 노력하기를 디아코니아는 개 교회에게 요청하였습니다.

지금까지 독일 디아코니아의 한 실천 사례를 소개드렸습니다. 이 전단지를 통해서 사회의 현실을 가난한 사람들의 시각에서 살펴볼 수 있도록 교인들에게 권면하였습니다.

믿음을 실천으로 옮기기 위한 많은 프로그램을 여러 지역에서 개발하였습니다. 가난한 사람들에게 그들이 일정부분 참여하는 것을 가능케 하였습니다. 그들은 사회의 구성원이고 이를 경험해야 합니다. "궁핍한 사람을 불쌍히 여기는 자는 주를 공경하는 자니라"(14장 31절)라고 솔로몬의 잠언에 쓰여 있습니다.

가난한 사람과의 화해의 만남, 가난한 사람들과의 연대는 하나님과의 만남의 장소가 된다고 교회는 말합니다.[3)]

---

3) 연대와 정의를 위하여. 독일의 경제 및 사회문제에 대한 독일개신교회회의의 선언 1997. S.44 (105).

발표자: 안토니아 폰 보세

튜빙엔 대학병원 목회상담자, 목사

헨리 폰 보세

전 뷰르템베업 기독교봉사국 공동대표,

현재 독일 동아시아선교국 공동대표,

한일장신대 객원교수,

독일 교회자문관(Kirchenrat), 목사

henry.vonbose@t-online.de

번역자: 김덕환

한일장신대 디아코니아 연구소장 역임,

독일 막스프랑크 사회법연구소 연구원으로

2011.10.23 출국-2012. 3.1 귀국, kdeokhwan@gmail.com

교회와 지역 공동체의 협력
-지역 섬김의 사역에 대한 미국교회 사례를 중심으로-[1)]

정희수[2)]

1. 들어가는 말

복음을 통한 건강한 지역 섬김의 운동은 하나님의 은혜 속에서 시작되고 성장한다(행 1:8;6:7; 12:24; 고전 3:9; 엡4:15-16). 급격한 변화의 지역사회 속에서 그리스도의 사랑과 정의의 도구로서의 교회가 지역 섬김의 파트너십을 가지는 일은 심도 깊은 일이며 가장 영향을 크게 줄 수 있는 복음 전령의 일이다.

사회적이고 경제적인 도전을 마주하여 해체되어가는 사회현상은 영적인 지도력을 가지고 관심을 가지는 우리 모두에게 하나님의 평화(shalom)를 앗아가는 파괴력을 보인다.

이제 생태계의 노화현상과 함께 사회경제적인 환경의 변화는 영적인 미래에 직접적으로 위험을 경고하는 요인으로 마주한다.

미국교회는 세속화 현상의 틈에서 심한 균열을 경험하고 있는 지역사회를 내다보면서 하나의 올바른 청지기 역할을 감당할 역사적인 기회로 여기고 있다.

신앙중심의 공동체(faith-based community)의 역할은 21세기 미국사

1) 2011년 한국기독교사회복지학회 추계 학술대회 발표논문에 게재된 내용임.

2) 북일리노이 연회 감독, 목사

회 해체와 아픔을 연방정부와 지방정부들의 공적인 관리의 허약점과 미진함을 보완하는 권위 있는 지역공동체 섬김의 도구로 부각 되었다. 911 이후 뒤흔들린 사회 안전제도에 대한 불신은 견고한 연방정부의 사회적 지도력의 허점을 드러냈고, 캐트리나와 리타의 재난이 강타한 남부해안 지역의 복구는 교회의 지역 섬김을 향한 강한 요구와 기대를 동시에 다발적으로 드러낸 역사적인 계기이다.

바로 미국교회의 지역섬김목회는 복음의 사회적인 공헌을 기초로 한 초대교회의 영향과 전통 속에서 오래 동안 건강한 관계를 유지하여온 것이 사실이나, 현실 속에서 우리들이 하나님의 손이 된다는 역사적인 고백을 보다 구체적으로 지역사회의 필요와 긴급성을 성례전적인 그리스도의 몸으로 다시 고백하고자 하는 신학적인 성찰은 최근 다시 복음을 사회적인 변혁의 도구로 여기는 영적인 회복운동에 불을 부치는 계기가 되었다는 점에 주목하게 된다.

메트로 도시들을 중심으로 교회는 빈민문제, 지역개발, 복지균형, 인력개발, 교육과 리더십 신장, 폭력과 인종차별의 철폐를 향한 강력한 섬기는 봉사자로 교회들이 재구성되고 있다.

연합감리교회는 '교회를 다시 생각한다'(Rethink Churches) 운동을 캠페인으로 벌이면서 새롭게 소통과 지역사회 섬김의 신학적인 동기를 전교회적으로 펼치고 있으며, '교회는 동사형이다'(Church is verb)라는 인식 속에서 행동하는 교회(doing church) 운동을 과감히 펼치고 있다.

교회가 자리하고 있는 그 장에서 지역사회로 나아가는 선교, 교회는 교회에 모이고 집합하는 회중교회의 형태에서 상처와 아픔, 그리고 함께 풀어가야 할 과제들이 산적한 세계 한 복판으로 나가서 저들을 섬기는 일을 하나의 패러다임 전이(shift)로 실천하는 일이 영혼구원과 사회개혁의 통전적인 복음을 그리스도의 뜻과 성령의 운동으로 풀어가는 것이 보다 적극적인 교회의 목회계획으로 자리하게 되었다.

2. 하나님의 나라(God's Reign)운동으로서의 지역섬김목회

지역섬김목회는 우선 사회문제나 교회의 성장과 보존을 위한 해결책을 위해서 시작되는 것이 아니고, 지역사회 속에서 하나님의 나라를 이루는 소명과 책임으로서 출발되어야 한다. 하나님의 도시는 바로 그리스도의 구속을 이루는 약속이며 하나님은 그 나라를 이루시기 위하여 지역공동체를 다시 세우시고 건강하게 하신다(사 61:1-4, 65:17-25, 눅 4:16-21, 24:25-27, 44). 예수 그리스도는 새로운 느헤미야의 도시로서 생명을 살리고, 가정들을 복원하며, 지역공동체를 회복하는 분으로 이해된다. 하나님 나라와 지역사회를 향한 성서적인 바른 이해는 바로 지역섬김목회를 향하여 필수불가결한 초석이 된다.

하나님의 나라는 이미 도래하였으나(막1:15;눅 10:9; 11:20) 아직 마지막의 완성은 우리들의 손에 달려 있다고 믿는다(마6:9-10). "지금 여기에, 그러나 아직 미완성의" 실재를 바로 신학적인 고백으로 여기듯이 슬픔과 죽음, 어둠과 폭력, 가난과 눈물의 도시현상 속에서 주님은 새로운 예루살렘을 이루신다는 사실을 우리는 기쁨의 날, 추수의 날로 기억해야 한다(계21:1-4).

하나님은 지금 여기서 장래 속에 이루실 하나님의 나라를 이루고 살도록 기쁨 가운데 우리를 부르신다. 예수 그리스도의 생과 죽음, 그리고 부활은 바로 이 새로운 도시의 도래를 향한 신실한 약속이시다.

바로 여기서 우리는 도시와 농촌, 그리고 주변도시들 속에서 섬김의 목회를 이루어가며 지역공동체를 사랑하는 사도적인 직분을 감당하여야 할 것이다(눅10:2).

하나님 나라의 실재로서 지역공동체를 바라보고, 그 곳에 대한 열정적인 사랑으로 샬롬과 정의가 실현하고자 하는 사명이 바로 우리들의 몫이다. 그 하나님 나라운동에 동참하면서, 깨어진 균열과 부정의에 파괴된 지역 공동체 속에 상존하는 억압의 구조에 대한 인내와 그리스도께서 어두운 도시를 향하여 가지셨던 자비와 온전함을 가지고 헌신하여 믿음으로 이룰 수 있는 미래와 모두에게 주는 희망의 소재로서의 가능성을 담보하는 것이 목회의 본질이어야 한다. 하나님께서 의로운 일을 이루실 것이라는 비죤을 가지고 그의 나라를 지역사회공동체 속에서 이루기 위한 기갈함으로 나가는 것이 교회가 위치할 장일 것이다.

느헤미야가 그분의 소명을 마주하고 예루살렘을 보고 울고, 통곡하고, 금식하고 기도한 것처럼 지역사회의 쇠잔과 해체를 보고 가슴을 주께 드리는 뜨거운 마음이 지역섬김목회의 소명자의 심정이리라.

3. 장소의 신학(A Theology of Place)에 대한 새로운 각성

지역 섬김의 목회는 장의 변경(relocation)을 향한 부르심으로, 목회의 프로그램을 하나 더하는 일상적인 변화가 아니고, 바로 그 지역의 장을 성화하고 하나님의 나라로 만들겠다는 회심 같은 변혁적인 가슴의 변화 속에서 이루어진다.

이것은 신학적인 결단이며 지역사회를 향한 목회적인 전환의 계기가 되기에 장의 신학으로 대할 필요가 있다. 이것은 인류를 구원하기 위해서 사람의 몸을 입으신 육화의 구체적인 모델로서의 예수 그리스도를 모시는 일이다(요1:14;빌2:6-7).

시편의 신학은 모든 피조물과 세계는 하나님께 속하며, 그분의 손이 닿지 않는 곳이 없다는 고백으로 편만하다. 모든 길목과 언덕, 길과 도시의 뒤안길이 다 그리스도의 통치 속에 있다는 믿음과 그 도시의 거룩성 회복은 바로 하나님의 뜻이라는 철두철미한 생각과 신학이 목회의 흐름을 이웃을 향하여 열게 한다.

그리고 그 지역사회의 현실 속에서 하나님의 평화, 샬롬을 이룩하는 일은 선교의 부스러기나 첨가물이 아니라 본질적인 하나님의 구원을 이루는 거룩한 일이라는 생각을 가지므로 교회가 세상을 일방적으로 고친다는 생각보다는 통전적인 이해와 파트너십이 가능하기에 모든 지역 사회와 공동체를 장의 신학 속에서 이해하는 것은 중요하다.

우리는 온전히 목회와 교회의 선교가 도시와 지역사회를 향한 하나님의 뜻이라는 커다란 안목으로 목회계획과 정책을 세워가게 되는 것이다.

4. 지역공동체와 지역에 대한 이해

미국사회 안에서 지역섬김목회는 사회과학적인 다양한 연구 자료들을 통하여 지역과 이웃에 대한 특성과 분포도를 과학적으로 반영하는 것으로 폭넓게 설정된다. 하나님의 가슴으로 지역섬김의 영적인 결단을 하기 전에 교회와 목회자는 그 지역사회의 특성을 진지하게 이해하고자 함께 학습한다. 그리고 지도자들은 지역사회의 요소요소를 직접 방문하고 경험하는 일을 구체적인 오리엔테이션으로 삼는다. 일반적으로 도시의 기독교단체나 사회그룹은 에큐메니칼하게 지역사회의 특성을 읽히도록 모든 관심 있는 지도자들에게 자료와 기회를 제공한다. 새로운 교회를 개척하는 일에도 우선적으로 조직적인 벤치마크 계획을 가지는데 이는 그 지역사회의 역사적이고 문화적인 특성을 중심으로 그 지역의 필요와 주민들의 심리적인 요인들을 선명히 이해하는 일을 기초단계로 삼는다. 때로는 지역에 오래 살아온 토착적인 리더들을 통하여 구전되는 사화들과 역사들을 익히는 일이 선행된다. 무엇이 이 지역 사회의 강한 점인가? 어떠한 첨예화된 문제와 필요를 안고 있는가? 누가 이미 이 지역사회에서 개혁적인 일과 공동체 섬김을 하고 있는가? 어떻게 공공기관과 다른 신앙공동체의 파트너십을 가져갈 것인가? 무엇이 이미 주께서 이 지역사회 속에서 일하고 계신 흔적들인가?(행18:9-10) 지금 이 지역사회의 기층 속에서 어떤 변화를 갈망하고 진행되고 있는가? 어떤 형태의 지역섬김으로 하나님의 평화를 실현할 수 있는가? 누가 이 지역사회에서 가장 소외된 사람들이며 계층인가?

지역섬김목회는 우리가 살고 있고 일하고 있는 지역에 대한 종합적인 이해를 통하여 깊이 뿌리를 내릴 수 있다. 미국사회는 이민의 역사와 인종의 분포도, 그리고 빈부의 격차와 중산층의 분포를 파악하고 거기서 사회적인 다이나믹스를 발견하는 일이 복합적으로 이루어져야 한다. 지역사회에 대한 학습은 바로 하나님이 일하시는 장을 이해하는 제2의 성경과 같은 직접체험에 속한다. 그 지역사회 구성원들이 어떤 정서적이고 심리적인 의지와 관계 속에서 저들이 살아가는 지를 입체적으로 알기 위해서 교회는 아주 의도적으로 지역사회 속에 융화되고, 위험스런 입지에 이르더라도 자신을 내어놓고 개방할 정직함을 보일 때 하나님의 성령은 새로운 관계를 허락하시고 축복하신다. 그리고 그 위험과 낯설음 속에 자신을 드러낸 교회는 이웃들 속에서 마치 집안 식구처럼 친숙한 신뢰를 성령의 선물로 받게 되는 것이다.

미국의 지역교회는 항상 이런 집안처럼 지역공동체에서 일어나는 모든 일에 자연스럽게 공개되고, 치밀하게 비신자들과 타교인들 까지 아무런 간격 없이 그 교회 공동체의 사역에 봉사하고 소속하게 된 하나의 교회와 지역공동체의 연대를 대부분 효과적으로 이루어 간다. 교회와 목회자는 아주 신성하게 지역공공 기관과 커뮤니티 조직들로 부처 존중받고, 이해의 차이가 있더라도 협력단체로서의 바닥이해는 사회의 성화를 위해서 아주 유리한 조건으로 발전되어 왔다. 그리고 그 교회들은 주기적으로 지역공동체 지도자들로부터 듣고 저들의 이해와 정황을 청종함으로 공동체가 공동선을 함께 추구할 수 있는 신실한 동사자로 평행선을 그어가고 있는 것이다.

미국의 사회적인 선망이 되는 대교회의 선교정책은 대부분 지역사회 섬김을 하나의 주도적인 선교원리로 채택하고 있다. 저들은 생태학적인 보존과 비폭력적인 생명의 평안을 위해서 다양한 연구기관들과 연대하여 과학적인 자료들을 통하여 계층과 사회구성원들을 아주 상세하게 이해하고 있다. 아주 복합적인 사회구조 속에서도 전문기관들의 자문은 교회가 지역사회로부터 소외되지 않고 따돌림 당하지 않는 친밀한 이웃관계를 유지하는 소중한 자원이 되고 있다.

- 지역공동체의 역사: 사회적, 정치적, 인구분포적인 전모에 대한 과거의 역사를 이해하고, 어떠한 지역사회변화의 기점은 어떤 것인지를 바로 연구한다.
- 지질학적인 평명이해: 무엇이 지역사회를 구분하고 역점을 주는 건물과 주택, 아파트와 독특한 유적지, 교통과 산업 분포들에 대한 이해를 교회 공동체가 함께 학습한다.
- 지역 공동체 기관의 자산들: 지역에 현존하는 다른 자산들은 무엇인가 검토하고 성공적인 공동체 운동의 사례를 주의 깊게 성찰한다.
- 지역 사회의 필요와 요청들: 지역사회에서 소외되고 피해를 보는 대상들은 누구이며 사회경제적인 여건 속에서 배제되는 빈민층은 누구인지를 검토한다. 그리고 지역사회 자체가 실제로 가장 바꾸기를 절실하게 여기는 대상들이나 문제가 무엇인지를 묻는다.
- 사회정의와 복지를 위한 조직들: 지역사회에서 사회정의와 복지를 위해 일 해온 기구들은 어떤 것이 있으며, 저들의 장단기계획은 무엇인지를 배운다.
- 커뮤니티의 역동성: 지역사회의 의사결정과 공동체적인 논의가 이루어지는 내면적이고 외재적인 요소들은 무엇인지 묻고, 그 공동 의견과 여론을 만드는 주체가 누구인지를 조사한다. 누가 드러나지 않은 지도자인지를 파악하는 일도 선험된다.
- 종교기관들과 신행단체들: 지역사회에 공존하는 다른 종교단체들과 신행친교단체들을 파악하고 저들이 미치는 영향력이 어떤 것인지를 조사하고, 다른 종교단체들의 대외적인 영향력과 지지도는 과연 어느 정도인지를 파악한다.

실제적으로 지역사회 공동체의 특성과 내력을 파악하는 일은 대학 단체나 전문설문조사단체등에서 파악할 수 있는 객관성 있는 자료와 직접 눈으로 확인하고 창문으로 들여다봄으로 겪는 사례들을 통하여 의도적인 노력을 하는 것이 중요하다.

5. 지역섬김목회를 위한 교회 공동체의 준비과정

지역섬김목회를 위해서 교회 공동체는 자신의 역량을 비판적으로 검토하고 준비하는 일이 선행되어야 한다. 준비성을 하나의 섬김의 역량으로 파악하는 것이다. 오히려 교회 공동체 자체가 역기능성을 가지고 있어서 자기의 실재적인 이미지를 바로 파악하지 못하고,지역섬김목회를 주도할 경우 자주 교회공동체가 오히려 와해되고 해악을 끼치는 경우가 있기 때문이다.

새로운 교회개척운동에 대한 전문가 짐 그리피드(Jim Griffith)는 교회 공동체의 자기이해 결핍 때문에 좋은 동기로 시작하였더라도 자해의 부정적인 결과를 낳게 되는 점을 지적한다. 아무리 좋은 뜻과 동기가 있다하더라도 준비성이 없이 다른 사례들을 흉내 내는 현상을 비판적으로 풍자하면서 “Willow-Back-Rez-Hill-Village-House-Ship-Point Syndrome”이라고 이름 한 적이 있다.

목회자와 교회 리더들이 자기들의 상황을 바로 점검함 없이 다른 교회의 성공사례를 무비판적으로 이식하고자 하면서 경험하는 하나의 혼돈을 지적하는 것이다.

바로 지역사회와 우리가 섬기는 교회의 토착적인 맥락 속에 잘 접맥하는 노력이 의도적으로 필요함을 역설하는 것이 바로 준비과정이다.

* 복음에 기초한 호소력 있는 선교와 비죤의 선명한 이해
* 섬기고자 하는 지역사회와의 순기능적인 부합
* 지역섬김목회를 위한 열정과 에너지
* 지역섬김사역을 실현하고자 하는 인력과 재정적인 자원
* 교회가 지닌 섬김을 위한 가능성과 그 유지도
* 교회의 크기와 지역섬김목회의 병행도 검토: family size church, pastoral size church, program size church, corporate size church, megachurch
* Tipping Points와 변화를 향한 구조적인 준비성: 80/20 의사결정과 지역섬김목회는 20%의 지지자들이 80%의 구성원들을 변화시켜서 함께 섬김의 구조 미래를 구축할 수 있다는 이론이다.
  교회가 지역섬김목회 속에서 가장 효과적이고 영향력을 끼칠 수 있는 분야가 무엇인지를 분석하고 검토하는 일이다(What You Can Be Best in the World at). 다른 파트너들이 함께 지역공동체와 사회를 공동으로 섬기고 변혁해 갈 수 있다는 사실을 인정하고, 목회자 자신과 교회가 가장 효과적인 impact을 줄 수 있는 분야를 선택하고 준비하는 일은 중요하다.
* 무엇이 지역섬김사역을 장기적으로 이끌 수 있는 엔진이 되는지를 분석 평가한다. 자원봉사자, 리더들, 재정력, 파트너십, 건물과 부대시설 등 다양한 자원들을 통합하고 지속적으로 재투자되어서 건강한 환경과 열매를 거둘 준비를 하는 것이다.
* 지역섬김사역을 중심으로 사역 전반이 재정비 되어야 한다. 이 과정은 부수적으로 변화에 저항하는 세력을 수반한다. 변화에 대한 저항과 거부를 직면하였을 때 교회 공동체의 의사를 선도

할 준비와 지도자들이 있는지는 지속적인 후속조치를 위해서 필수적이다.

* 사회의 변혁을 위해서 헌신하고자 하면, 위기와 변화를 거부하는 사례를 자연스럽게 직면하게 된다. 목회자는 지속적으로 지역섬김사역의 전문성을 위해서 연장교육에 임하면서 위기와 갈등을 잘 다스릴 자질을 가지는 것이 요구된다. 이는 하나의 수용적인 리더십(adoptive leadership)이다.
* 목회자는 사람들의 의견을 늘 겸허하게 수용하고, 성서적인 해석과 신학적인 이해에 견고하게 서서 섬김목회의 지평을 확대한다.

6. 지역섬김목회의 모델 사례들

1) Partnering with Government
2) The Church as the "Lead Institution"
3) The Acceptable Year of Our Lord
4) Faith-based Programs in Economic Development
5) Job Creation through Koinonia
6) Church as Urban Education Center
7) The Church in a Servant Ministry to Public Schools
8) What the Church Can Do about Crime: Gun Control
9) Networking for the Kingdom
10) How the Church Can Help Business Development
11) Immigration Free Clinics
12) Anti-Gambling Counseling

13) Drug Rehab

14) Red Line Ministry Team

15) Night Ministries

16) Homeless Shelter Ministry

17) Recycle and Drift Shops

18) Afternoon School Community Project

19) Meals-In-Wheels

20) Community Development Partnership

21) Prison Fellowship and Re-settlement

22) Urban Academy with Poor

23) Tutoring Program for Children

24) Racism Task Force in City

25) Healing Addicted (AA Groups)

26) Micro Bank and Short-Term Loans

27) Street Needle Project Ministry

28) Transtional Housing and Shelter

29) Disaster Recovery Team Ministry

7. 지역섬김목회를 위한 리더십의 새로운 기대

지역 사회의 변혁과 섬김을 위해서 위험을 무릎 쓴 사역(risk taking ministry)이 성장하고 성서적인 감동을 이웃에게 전한다. 미국교회는 2010-2050년 사이의 인구격감 위기를 전망하면서 죽음의 쓰나미가 오고 있다고 경고하고 있다. 결국 개신교의 주요교단들이 이 그동안 자연사망률의 추세에서 배의 격상을 예고하면서 교인들의 자연 쇠퇴를 가장 현저한 도전으로 예상하고 있다. 이 죽음의 쓰나미로 닥칠 인구격감현상에 가장 적게 영향을 미치는 인종이 히스패닉 라틴 아메리칸 계통이고 저들에 대한 적극적인 전도와 섬김은 가장 중요한 임무로 감지되고 있다.

지역섬김목회는 지역개발과 함께 다인종사회의 맥미와 같은 것으로 히스패닉계 인구를 새로운 주체로 맞이하여야 하는 미국사회의 지각변동을 선도하는 긴급한 공동체적인 소명이다.

히스패닉계 아메리칸은 교육수준과 가계수입이 낮고, 상당수는 불법이민자라는 실정이기에, 미국의 사회정책은 여전히 반이민적인 추세가 강하고, 오히려 팽창하는 히스패닉 라틴계의 인종을 대상으로 혐오적인 의식을 가진 백인과 흑인들이 많은 것은 사회불안을 부축이는 역행적인 배타정책을 입안하고 있다.

그러므로 교회가 히스패닉 라틴계 인구를 대상으로 선교의 정책을 수립하는 일은 교단의 미래에 가장 예민하고 촉각을 이루는 분야라고 볼 수 있다.

하나의 사례로 시카고 지역에서 교회성장의 자연적인 추세는 히스패닉 라틴계를 배제하고는 기대할 수 없는 실정이고, 저들의 1%만 교인으로 제자화할 수 있다면, 교회는 배로 성장할 수 있는 통계적인 자료를 가지고 있다.

Harvest 2020라는 연회의 선교정책을 통하여 북일리노이 연회는 히스패닉 라틴계 지역을 집중적으로 선교하고, 거의 20여개의 새로운 교회를 개척하는 강력한 정책의 변화를 추진하고 있다. 여기서 지역공동체 속에서 토착적인 리더들을 발굴하고 저들을 훈련하여 평신도

사역자와 교회개척의 리더로 삼는 일은 전형적인 목회자 중심의 사역이 높은 학력과 까다로운 심사과정으로 굳혀있는 교단의 정책을 우회하고 보다 적극적인 지역지도자 발굴을 히스패닉의 지역공동체 정황 속에서 일구는 일에 집중하게 되었다. 백인중심의 중산층 중심 교단 정책이 반히스패닉 라틴계 리더 배양의 결과를 낳았다는 반성은 새로운 가능성으로 지역섬김목회의 장을 향한 열린 정책을 가지게 된다.

이 추세는 다인종목회와 변화하는 지역공동체를 섬기는 목회자들이 스페인어를 배우고, 영어중심의 사고에서 전환하여야 하는 어려운 과제를 안고 있기도 하다.

영적인 지도자로서 목회자들의 지역목회섬김을 향한 자질과 훈련은 바로 교회의 미래를 건설적으로 세우고 장기적인 tent-making을 할 수 있는 대안으로 보게 된다.

1) Visionary Leader

지역섬김목회를 향한 우선적인 목회자의 품성과 자격은 visionary leader로서의 목회자이다. 지역섬김의 목회를 성서적이고, 제자도의 핵심적인 실천으로 믿으며, 부름 받은 종의 공동체가 함께 섬겨야 하고 개혁해 가야할 커다란 그림을 영적인 눈으로 볼 수 있는 지도자를 우리는 visionary leader라고 이름 한다. 이런 영적인 지도자는 일반적인 사역 속에서 권위 있는 비죤을 통하여 놀라운 변화를 창안한다. 지역사회를 향하여 열린 리더로 different, really different한 결과를 미리 보는 능력을 가진 리더들이다. 그는 과거에 막힌 담을 허물고, 지경과 지경을 넘나들며, 하나님 나라의 이상과 꿈을 중심으로 변혁적인 사회를 만들어가는 지도자이다.

2) Excellence-Run Leader

Excellence-Run Leader는 지역섬김사역 속에서 수월성을 추구하고 그것을 끊임없이 재상산하는 리더이다. 영적인 삶의 본질과 깊이에 근거하여 지역섬김을 하나의 질적인 개별성을 이끌어가는 지도자이다. 5년, 10년, 아니 50년의 장기적인 지역사회 변화를 예측하고 계획하고 실행하는 모든 일에서 수월성(Excellence)을 자연스럽게 창출한다. 그리고 그 수월성을 유지하면서 지역섬김 속에서 탈락되거나 제외된 대상이 누구인지를 감동적인 사랑으로 재방문하고 섬김의 폭을 넓혀가는 리더이다.

3) Listening Leader

지역공동체와 리더들로부터 진심으로 경청하는 리더이다. 그는 지역섬김목회의 컨텍스트를 바로 지역공동체와 리더들의 필요와 요구에 세심한 배려와 일치를 실천할 수 있는 뛰어난 경청의 능력을 가진 사람이다.

경청하는 리더는 실제로 지역공동체에 깊이 함께 하는 현존의 경험을 통하여 지역사회의 문화와 숨을 정직하게 터득한 리더이다. 바로 지역사회로부터 들은 일은 직접적으로 지역사회 구성원들의 잠재력과 자질을 존중하는 리더이기에 항상 사람들에게 추진력과 감화력을 갖게 된다. 지역섬김사역의 시작은 바로 함께 어깨를 마주하고 대화하면서 기회있을 때마다 가슴으로 듣는 지역 속의 리더여야 한다.

4) Non-Anxious Leader

None-anxious Leader는 지역공동체의 다양한 다이나믹스에서 의견과 여론을 집약하는 묘기를 가진 지도자이다. 현대사회는 편견과 험담, 그리고 편가르기의 악한 요소들이 지역공동체를 파괴하는 경향을 자주 마주한다. 경제와 사회위기의 불안정은 지역섬김사역을 방해하고, 쉽게 실망하게 장애물이다. 일반적으로 이런 사회현상은 서로의 신뢰를 갖기 어렵게 하고, 패를 가르는 분열적인 요소가 강한 특징을 갖는다. 영적인 지도자의 품성은 전반적인 구조와 조직 위에 역사하시는 하나님을 믿기에 어떤 위기가 와도 불안에 좌초되지 않은 사람이다. 바로 불안과 근심으로부터 자유한 리더가 지역섬김의 큰 사역을 감당하고 세워갈 수 있다는 말이다. 시스템 분석이론에서는 지도자의 큰 능력은 바로 풍랑치는 거센 시련 속에서도, 구조의 혼돈과 변화의 급진동 속에서도 중심을 유지하고 조직을 돌보고 정비하는 non-anxious leader를 선호한다.

5) Celebrating Leader with Community

지역섬김목회는 작은 성공에 진지하게 감사하고 축하하는 리더에 의하여 깊이 정착한다. 이는 자원과 교회의 자산을 개방적으로 지역사회에 재투자하고, 교회가 섬기는 공동체가 되는 일을 kingdom agenda

로 여기는 리더이다. 지역섬김목회는 주기적으로 지역사회공동체 안에서 함께 지역주민들과 성취한 일들을 축하하고 서로 격려하는 신나는 리더이다.

성취한 사례들을 지역공동체가 함께 자축하고, 또 다른 과제들과 협력해야 할 일들을 소개하고, 그 성취의 원인을 공동체, 그것도 지역공동체에 돌리는 겸허한 리더가 바로 celebrating leader인 것이다.

6) Off-Stage Leadership

교회가 지역사회에서 섬기는 종으로 복음의 전령이 되는 것을 전반적으로 off-stage leadership이라고 말할 수 있다. 교회가 일요일에 이루어지는 예배와 친교, 그리고 각종 행사에 중심으로 두는 전통적인 모습을 On-stage Leadership이라고 이름한다. 미래의 담론과 사회변화의 진정한 리더는 off-stage leadership에서 강력한 영향을 준다는 분석을 본다. 교회가 사회에 영향을 주는 것이 약화되는 것을 조심스럽게 예측하고 있는 현상이다. 신학교육이 어떻게 설교 잘하고 어떻게 성경공부를 잘 가르치고, 어떻게 예식을 잘 할 것이냐 하는 일에 80% 이상을 치중하고 있는 신학교육을 분석하면서 미래적인 지도(Map)은 사실상 과외, 카리큘럼 이외의 장에서 더 강한 영향을 받게 된다는 분석을 주목하게 된다. 교회중심의 리더십을 한 주간 세상에서, 사회 속에서 사는 제자도로 바꾸어 off-stage leadership을 부양하는 일은 미래교회를 위해서 아주 절실한 것이라는 주장이다.

7) Reverse Mentoring

최근 미국사회 전반에서 주목을 받는 것은 바로 reverse mentoring이다. 선생이 제자에게서 배우고, 노인이 청년으로부터 인생을 배우고, 상급자가 하급자에게서 배우게 되는 역멘토링 현상을 사회변화의 중요한 동력으로 보는 견해이다.

지역섬김목회의 키는 바로 지역공동체의 리더들로부터 교회가 reverse mentoring을 받는 일에 열려지는 것이라고 생각한다. 전문인들이 비전문인들에게서 성공의 비밀과 자연적인 카리스마를 배우게 되는 사회적 역전현상을 우리는 사회정체성과 교회침체의 원인을 푸는 열쇄로 받아들여야 한다.

젊은 청년의 silence exodus 현상을 교회는 하나의 동공화현상으로 마주한다. 결국 청년의 언어와 관심을 교회가 무시하거나 아예 모르기 때문이다. senor pastor는 young pastor에게서 social network이나 사회적 현상의 흐름을 배워야 하는 것이다. 젊은 목회자에게 충고를 할 것이 아니라 저들에게 완숙되었다고 생각하는 목회자가 충고를 받고 자문을 구하여야 하는 열린 태도와 그룹역학이 바로 진정한 변화에 부응하고 열린 목회, 지역섬김목회, 부흥하는 종의 공동체를 이룩할 수 있게 된다.

8. 교회를 지역섬김목회의 중심에 두라

우선적으로 교회가 지역사회 속으로 육화하여 재위치하는 영적인 운동은 발전이론과 다양한 사회조건들에 부합하는 하나님 나라를 섬김의 모델로 확산하는 것이다. 이 운동은 전통적으로 Three-R 운동으로 미국전역에서 발전되어왔다. Re-location, Re-conciliation, Re-distribution의 세 가지 R은 지역개발에 그리스도인들이 동참하여 함께 의지하고 사는 정의를 실현하는 점에 의도가 있다.

지역섬김목회의 시도는 복음을 새롭게 이해하고, 통전적으로 구현하고 실천하자는 신학적인 구도이기에 철저하게 성서적인 전통에 뿌리를 내리고 성숙하는 것이 필요하다. 성서적인 해석학의 틀에서 사역의 모델을 주어진 지역사회조건과 구성의 토착적인 모델을 발견하고, 사역이 준비된 내성에 의존하고 믿음으로 세계 속에 하향적인 변형을 실천하는 성육신적인 실천 모델이다. 성서적인 바탕은 어떤 정황 속에서도 섬기는 종의 모델이 된다. 교회와 목회자의 다양한 은사를 이름하고 축복하여 전문적인 공동체 개발을 위해서 지역사회의 깊이로 다가가는 운동은 그리스도교회의 정체성과 권위를 회복하는 지름길이 된다. 함께 나누는 비존이 복음으로 섬기고 깨어지고 소외된 지역사회 공동체에 사명가진 청지기로서 변혁적인 역할을 자원함으로 교회는 교회중심을 포기함으로 교회의 중심을 회복하는 시대적인 요청에 마주한다.

지역섬김목회는 단순한 사회문제 해결의 단추를 교회가 풀고자 하는 것이 주 목적이 아니라고 지적했다. 교회는 보다 그리스도의 빛과 소금의 대리자로서 세상의 중심에 자신을 조건 없이 헌신함으로 세계 속의 승리자이신 그리스도의 몸을 세우고자 하는 결단이다. 내구성을 영적인 자산으로 삼고 장기적인 관계와 재투자를 종교적인 영리를 넘어서서 세상으로 흐르게 하여 함께 사는 세상에서 복음의 증거자로서 역할과 구속을 가속화하는 열린 목회이다.

다른 지역사회 봉사자들과 함께 거대담론에 동참하며 시험과 난관들을 정직하게 대면하고 항상 바른 실천(orthopraxis)을 유지하고 실현해 가는 것은 세상의 희망이며 교회 미래의 소망이 된다. 교회가 지역사회의 냉대와 자기 고립을 경험하는 현실 세속화 시대 속에서 하나님은 재건축자로서 우리와 함께 하시고, 말씀의 선포는 예배당 안에만 머무는 성역이 아니고, 교회 밖에서 아파하는 이웃을 만나고, 병든 도시를 껴안는 거룩한 자기발견 속에서 우리는 성육신의 신비 하나님을 마주하고자 한다.

창조에서 출애굽까지, 십자가에서 부활까지 하나님의 역사를 성서는 쉼없이 역사의 재건축자이신 하나님을 찬양하고 그분의 나라가 하루속히 오는 것을 고대하고 재현한다.

지역섬김목회는 사람들의 요청과 울부짖음을 들으시고 놀라운 역사로 저들을 새롭게 세우시는 하나님의 은총을 축하하는 실천적인 목회이다. 우리는 이러한 성서적인 이야기와 전승을 반복하여 기억하면서 무너져가는 성을 다시 세우는 중심에 영적인 지도력을 헌신하기를 바란다. 하나님 중심으로 예루살렘을 재건하시는 하나님의 백성들의 간증과 감사의 예배는 역동적인 생명의 재생과 구원을 세계 속에서 이루면서 영적인 능력을 확산해 가는 것이다.

열매를 거두는 창조적인 지역섬김의 방향과 선교의 비존이 한국교회를 지역친화적이고 이웃상생적인 변혁적인 사역의 장을 다시 열게 되기를 바란다.

교회가 지난 반세기 성장과 자기 확장의 일변도를 달려왔다. 우리도 모르게 교회중심주의의 신학적 편견에 포로가 되어, 세계로부터 자기소외의 담을 쌓았을 뿐만 아니라 교회의 본질적인 세계변혁의 사명에 소홀하지는 않았는지 반성하게 된다.

그리스도인의 권위를 지역섬김의 목회에서 찾고자 하는 것을 요한 웨슬리의 신학정신으로 보아야 한다.

우리는 World is my parish라고 한 웨슬리의 세계 중심적인 선교의 정신을 마치 My parish is the world라고 거꾸로 바꾸어 이해하고 있지 않은지 물어야 한다. 연계된 교회, 서로 유기체적으로 연결되어 세계를 개혁해 가는 웨슬리적인 꿈을 포기하고, 개교회중심주의의 정체되어 있는 교회와 교단의 모습을 비판적으로 보아야 한다.

이제 새로운 목회적인 비죤과 위임을 확신가운데 구하면서 교회문을 나서는 목회(outwarding Ministry), 교회의 문을 열뿐만(A Door Set Open) 아니라 교회를 세계 속으로 파견하고 재위치하는(re-locating) 의도적인 전환으로 변화하는 세상의 선교와 희망을 재수확 하는 기회를 맞기를 고대한다.

“누가 이 일을 감당하리요?(Who is equal to such a task?)” (고후 2:16) 아멘

<부록>

[기독교사회복지] 논문투고규정

1. 투고자격은 본 학회 회원에게 우선권을 부여하되, 기독교사회복지 관련 분야를 연구하는 교수, 종교인, 대학원생 및 기타 관련자들에게도 투고 자격을 부여할 수 있다.
2. 학회지 원고의 종류는 학술연구논문과 실천연구논문으로 구분한다. 학술연구논문은 주로 기독교사회복지 관련 학자들에 의하여 수행되어지는 학술적 연구를 수행한 논문이다. 실천연구논문은 기독교사회복지 현장의 사례를 분석한 논문으로 주로 기독교사회복지 현장 실무자들에 의해 수행되어지는 연구논문이다. 학술연구와 실천연구를 혼합하여 수행한 연구논문도 가능하다.
3. 학회지의 원고는 출간일을 고려하여 정해진 기간내에 투고하고 접수함을 원칙으로 한다.
4. 투고는 원고와 투고신청서를 파일로 첨부하여 이메일 (kimk1@sjs.ac.kr)로 편집위원장에게 직접 제출한다.
5. 투고 시 원고는 워드프로세서(아래흔글)을 사용하여 작성한다.
6. 본 학회는 원고 투고 및 게재와 관련하여 심사료와 게재료를 납부하지 않으며, 투고자에 대해 별도의 원고료를 지급하지 않는다.
7. 제출된 원고는 3명의 심사위원 중 2명 이상의 게재적격 판정을 받은 것에 한하여 게재한다.
8. 타 학술지(학술대회 발표 논문은 제외)에 이미 게재된 논문은 투고할 수 없다.

9. 게재 확정된 원고의 투고자는 저작권이양동의서를 최종논문 투고 시 본 학회 편집위원장에게 우편 또는 팩스로 제출한다. 이를 통해 투고된 논문의 저작권은 본 학회에 귀속된다. 저작권이양동의서 제출이 요구되기 이전에 투고되어 게재된 논문의 경우 원고의 투고행위로 논문의 저작권이 학회에 이양된 것으로 본다.

[편집위원회 주소]

(464-742) 경기도 광주시 경안동 219-1 서울장신대학교 사회복지학과 김기원 교수
(한국기독교사회복지학회 편집위원장)
전화: (031) 799-9130 이메일: kimk1@sjs.ac.kr

논문투고 Email: kimk1@sjs.ac.kr

[기독교사회복지] 논문심사원칙

1. 편집위원은 3-5명으로 구성하며, 편집위원장은 학회장이 편집위원 가운데 적임자를 선정하여 임명한다.
2. 심사위원은 편집위원회의 추천에 의해 편집위원장이 결정하여 위촉함을 원칙으로 하되, 추천된 심사위원이 없거나 적절하지 않을 경우 편집위원장이 직접 심사위원을 결정하여 위촉할 수 있다.
3. 한편의 논문에 대해 3명의 심사위원이 동시에 심사함을 원칙으로 하며, 심사위원은 공개하지 않는다.
4. 제출된 논문의 게재 여부는 연구의 기독교사회복지와 관련성, 논문의 제목의 적절성, 연구목적과 내용의 일치여부, 연구의 체계와 구성의 타당도, 연구의 독창성, 최근 연구동향의 반영도, 연구의 학문적-실천적 기여도 등을 기준으로 심사하여 결정한다.
5. 제출된 논문은 심사기준에 의하여 2명 이상의 게재적격 판정을 받은 것에 한하여 게재하며, 필요시 수정을 요청할 수 있다.

(1) "게재불가" 판정이 내려진 논문에 대해서는 편집위원장의 명의로 그 사유를 명기하여 투고자에게 통보한다.

(2) "수정후 재심" 판정이 내려진 논문에 대해서는 편집위원장 명의로 수정해야 할 내용을 통보하고, 수정된 논문을 "수정 후 재심" 판정을 내린 심사 위원에게 다시 심사를 의뢰하며, 이 때의 판정은 "게재", "게재불가"로만 한다 (2008.8.2 부분수정)

(3) "수정게재" 판정이 내려진 논문에 대해서는 편집위원장의 명의

로 수정해야 할 내용을 통보하며, 수정요청이 어느 만큼 받아들여졌는지를 편집위원장이 판단한 후 게재한다.

(4) "게재" 판정이 내려진 논문에 대해서는 편집위원장의 명의로 게재사실을 저자에게 통보한 후 게재한다. 이때 저자에게는 자구수정 등의 미미한 수정만이 허락된다.

6. "게재불가" 또는 "수정 후 재심"의 판정에 승복하지 않는 경우 저자는 1회에 한하여 심사결과 불승복에 따르는 재심사를 요청할 수 있으며, 이때 재심사는 이미 심사를 담당하였던 동일 심사위원 3인이 한다. 이때 재심사결과 "게재불가"의 판정이 내려진 논문은 수정 후 재투고할 수 있다. 이 경우 학회지 출간 기한 내에 재심사가 완료되지 않으면 다음 호로 이월된다.

7. 게재가 확정되면 투고자는 최종본을 편집위원장에게 우편발송하며, 편집위원장이 최종본을 검토한 후 출판사에 넘긴 후에는 저자가 직접 출판사에 연락하여 논문을 수정할 수 없다. 단, 명백한 오류 및 오타 등이 발견되었을 때는 편집위원장에게 연락하도록 한다.

8. 심사를 통과하여 게재판정이 내려졌다 하더라도 후에 다른 학술지에 실렸거나 표절(자기표절 포함)이나 타인의 연구에 편승하는 등의 행위를 한 것으로 판명될 때는 게재판정을 취소한다.

9. 동일인(또는 공동연구에서 동일한 제 1 저자)이 2편 이상의 논문을 투고하여 모두 심사를 통과하였다 하더라도 통과된 논문은 투고 순에 따라 한 호당 1편씩만 게재된다.

10. 심사위원은 심사내용에 대해 필자 이외의 타인에게 누설할 수 없으며 투고자 역시 심사내용을 공공연하게 누설할 수 없다.

11. 선정된 논문의 게재순서는 투고 순을 원칙으로 하되, 편집위원회가 따로 정할 수 있다.
12. 심사료 및 게재료를 납부하지 않음을 원칙으로 한다.
13. 상기 심사원칙은 편집위원회의 심의를 거쳐 수정할 수 있다.

[기독교사회복지] 논문작성법

1. 논문의 작성은 워드프로세싱 프로그램 [아래 한글]을 사용하며, 아래의 기준에 의거하여 작성한다.

(1) 글꼴: 휴먼명조

(2) 글씨크기: 11

(3) 문단모양: 왼쪽, 오른쪽, 위, 아래 모두 0; 들여쓰기 2; 줄간격 160; 낱말간격 0; 정렬방식 혼합.

(4) 용지설정: A4용지(여백주기는 A4용지 여백 그대로)

2. 논문의 본문은 한글을 원칙으로 하며, 외국어, 한자이름 등은 첫 번째에만 한글 옆 괄호 속에 기재한다.

3. 모든 논문은 다음과 같은 순서대로 집필되어야 하며, 총 25매를 넘지 않아야 한다.

(1) 논문제목

(2) 성명(소속을 성명 아래 괄호 속에 처리한다.)

(3) 국문초록(한글 10줄 이내)과 주제어

※ 국문초록은 아래 예(굴림 11포인트, 진하게, 네모 틀 안)와 같은 형식으로 작성.

예) [요 약] 본 연구는 ... 주제어: 하나님의 형상, 전통적 선교관, 사회복음

(4) 본문

(5) 참고문헌

(6) 영문초록(1000단어 또는 A4 1장 정도; 논문제목, 성명, 소속, 본문, 영문 Key words의 순)

(7) 부록(필요한 경우)

4. 2인 이상이 논문의 저자인 경우, 필요시 제1 저자와 교신저자를 논문 첫 장에 각주로 주저자 및 교신저자임을 명시한다.

5. 본문의 항목별 번호는 다음의 순에 의한다.

1 2 3, 1) 2) 3), (1) (2) (3), ① ② ③, 가 나 다

6. 논문의 분량은 아래의 기준에 의거하여 작성한다. (반드시 지켜주시기 바랍니다)

(1) 글자모양: 휴먼명조. 글자크기 11. 장평 100. 자간 -10

(주석 글자모양: 휴먼명조. 글자크기 10. 장평 100. 자간 -10)

(2) 문단모양: 들여쓰기 10; 줄간격 160; 정렬방식 혼합.

(주석 문단모양: 들여쓰기 10; 줄간격 130; 정렬방식 혼합)

(3) 용지설정: 용지종류(사용자정의, 폭: 194, 길이: 264)

용지여백(위쪽 20, 머리말 12, 왼쪽 27, 오른쪽 27, 아래쪽 19, 꼬리말 10)

7. 주를 다는 방법은 다음과 같으며 꼭 지켜야 한다. 게재심사는 양식에 맞게 구성된 논문만을 대상으로 한다.

본문과 주에서는, 저자의 이름과 저서의 출판년도를 기재하는 것

을 원칙으로 하되 필요한 경우 인용 페이지를 기재하도록 한다. 타인이나 저자 자신의 기 출판된(출판중인) 연구의 내용을 그대로 쓸 때에는 반드시 " "를 사용하여 직접인용하여야 하며 페이지수를 밝혀야 한다. 직접인용이 두 문장을 넘을 경우에는 " "표를 쓰지 않고 새 문단을 시작하는 위치에서 인용내용을 block quotation으로 처리하고, 괄호 안에 인용처를 밝혀준다. 요약하거나 문장이나 용어의 순서를 바꾸어 쓰는 간접인용시에도 원저자를 본문 중에서 인용하여야 한다.

(1) 저자의 이름이 본문에 언급된 경우에는 그 다음에 출판 연도를 괄호 안에 제시하고 본문에 언급되지 않은 경우에는 이름과 출판 연도를 모두 괄호 안에 제시한다.

예1, ...김00(1989:52), 예2, ...(김00협, 1989:52)

(2) 저자의 이름이 외래어인 경우, 그대로 제시한다.

예, ...Hendricks(1992:224-247)

(3) 2인 공동저술인 경우 두 사람의 이름을 모두 제시한다.

예, ...(김00 · 박00, 1990:42)

(4) 3인 이상의 공동저술인 경우, 첫 번째 인용에서는 모든 저자의 이름을 제시하고 그 이후부터는 "외"를 사용한다.

예, ...(김00 · 구00 · 박00, 1994:78)와 그 이후 (김00 외, 1994:78)

(5) 두 개 이상의 서로 다른 저술을 인용할 때는 연도순으로 새미콜론을 사용하여 저술을 구분한다.

예, ...(김00, 1978:128; 구00, 1988:232; 최00, 2003:322)"

(6) 영어의 '&' 는 사용하지 않으며, 'and' 로 통일한다.

8. 참고문헌을 적는 방법은 다음과 같으며 꼭 지켜야 한다. 게재심사는 양식에 맞게 구성된 논문만을 대상으로 한다.

참고문헌은 본문에 인용 또는 언급된 것으로 제한한다. 국내문헌은 저자 이름의 가나다순으로 먼저 제시하고 그 다음에 외래어 문헌을 알파벳순으로 제시한다.

(1) 같은 저자에 의한 저술은 두 편 이상 제시할 때는 출판년도가 이른 순서대로 나열한다.

(2) 학위논문이나 미간행 저술은 발표된 장소와 날짜를 기재한다.

(3) 같은 저자에 의한 저술로서 같은 연도에 출판된 것이 두 편 이상일 때는 본문에서 인용된 순서대로 출판년도에 영문자 a, b, c 등을 부기하여 구분하고 차례대로 나열한다.

(4) 저자가 2인 이상일 때는 모든 저자의 이름을 기재해야 한다.

(5) 영문으로 된 서적이나 논문의 경우, 제1저자는 last name을 먼저 적고 콤마(,)를 하고 first name을 나중에 적는다. 제2저자 이후에는 first name을 먼저 적고 last name을 나중에 적는다.

(6) 영어의 '&'는 사용하지 않으며, 'and'로 통일한다.

< 참고문헌 작성 예>

(1) 서적

① 단독 저서의 예

김00. 2011.『기독교와 사회복지』. 서울: 00출판사

Garland, D.S,R. 1975. Church Social Work. PA: North American Association of Christian Social Workers.

② 2인 공저의 예

김00 · 박00. 2003.『선교적 사회봉사』. 서울: 00출판사.

Kinsler, R. and Kinsler, G. 1991. Biblical Jubilee and Struggle for life. New York: Orbis Books.

④ 편저의 book chapter 예

구00. 1998. "교회의 사회적 책임". 기독교사회연구소 편.『교회와 사회복지』. 서울: 00출판사. pp. 25-49.

Evans, T. 2010. "The Church Social Ministry." pp. 221-254. in Christian Social Jjustice, edited by J. Lane. London: The Heritage Press.

(2) 논문

① 저자가 1인인 경우

박00. 2005. "목회자의 사회복지 인식도에 관한 연구".『기독교사회복지』 7:242-270.

Evans T, 1988. "Soup Kitchen for the old and NPO service" Journal of Christianity 15:42-62.

② 저자가 2인인 논문

김00 · 최00. 2003. "농촌교회의 사회봉사프로그램".『기독교와 지역사회』 24:43-65.

Daly, H.E., Cobb, J.B. 2006. "Missionary Dillema in the Church" Church Outreach Research 19:232-249.

(3) 번역서

박00 역, 1978. 기독교와 사회복음. Koyama G. 1968. Christianity and Social Gospel Work. 서울: 00출판사.

(4) 인터넷 사이트

Robra, M.. 2009. "New Horizon." http://globalmission.org/SS \ Service.cft.

기독교사회복지

초판인쇄 | 2011년 12월 30일
초판발행 | 2011년 12월 30일

지 은 이 | 한국기독교사회복지학회
펴 낸 이 | 채종준
펴 낸 곳 | 한국학술정보(주)
주　　소 | 경기도 파주시 문발동 파주출판문화정보산업단지 513-5
전　　화 | 031) 908-3181(대표)
팩　　스 | 031) 908-3189
홈페이지 | http://ebook.kstudy.com
E-mail | 출판사업부 publish@kstudy.com
등　　록 | 제일산-115호(2000. 6. 19)

ISBN 978-89-268-3086-4 93230 (Paper Book)
978-89-268-3087-1 98230 (e-Book)